駕洛國記

가락국기 평전

남무희 지음

駕洛國記 가락국기 평전

남무희 지음

책 머리에

　가락국의 역사를 기록한『가락국기(駕洛國記)』는 고려 문종(文宗; 제11대 왕. 재위; 1047~1083) 34년(1080) 무렵에 편찬되었다. 그후 60여 년이 지난 인종(仁宗; 제17대 왕. 재위; 1122~1146) 23년(1145)에 김부식(金富軾; 1075~1151)은 고려 이전의 역사를 정리한『삼국사기』를 편찬하였다. 그런데『삼국사기』에서는『가락국기』를 크게 주목하지 않은 것으로 보인다. 그렇다면 김부식이『가락국기』를 외면한 이유가 무엇인지 궁금하다.

　한편 고려 후기에 일연(一然; 1206~1289)은『삼국유사(三國遺事)』를 편찬할 때,『가락국기』의 내용을 요약해서「기이(紀異)」2 편에 다시 수록하였다. 이때 김부식의『삼국사기』에서 언급하지 않았던『가락국기』를『삼국유사』에 다시 수록한 점은 크게 주목될 수 있다. 하지만『가락국기』를 누가 저술하였는지를 구체적으로 밝히지는 않았다. 그렇다면 일연이『가락국기』의 저자가 누구인지를 구체적으로 밝히지 않은 이유가 무엇인지도 아울러 밝혀져야 할 것이다.

　이와 같은 호기심을 해결하기 위해서는『가락국기』를 새로운 관점에서 읽을 필요가 있다. 또한『삼국유사』에 실려 있는『가락국기』는

'개벽(開闢)'이라는 단어로 시작하고 있다. 그런데 이러한 『가락국기』가 저술된 시기는 고려 문종 34년(1080, 경신) 무렵일 것으로 보인다.

이와 같이 '개벽'이라는 단어로 시작하고 있는 『가락국기』는 60갑자 가운데 경신(庚申)인 해에 저술되었다. 또한 『가락국기』를 거듭해서 읽어보면 하늘[천(天)]과 땅[지(地)] 및 사람[인(人)]이라는 '삼재(三才)'의 관점에서 살펴볼 필요가 있다고 생각된다.

이러한 사실을 주목하면서, 이 책에서는 김태유(金太有)와 허경진(許景辰)이라는 가상의 인물을 등장시켰다. 이를 통해 저자는 김태유와 허경진이 제기하는 문제들을 정리하면서 『가락국기 평전』을 저술하였다. 여기에서 검토한 내용은 우리나라 역사에 관심을 갖고 있는 초등학교 5학년 정도의 수준이면 충분히 읽고 이해할 수 있을 정도로 쉽게 설명하려고 노력하였다.

여러 모로 부족하지만 이 책이 출간되도록 아낌없는 격려를 해준 인생의 친구인 아내에게 감사드린다. 아울러 이 책의 출간이 항상 귀엽게 방긋 방긋 웃는 우리 딸 미래(未來)의 인생에 조금이나마 도움이 되었으면 하는 바람도 가져본다.

아울러 출판 시장의 극심한 침체에도 불구하고 이 글의 출판을 기꺼이 허락해준 한국학술정보(주)의 채종준 대표이사님께 깊이 감사드린다. 또한 이 글이 아담한 한 권의 책으로 태어날 수 있게 정성들여 편집해준 편집부의 여러 선생님들에게도 다시 한번 감사의 마음을 전한다. 나아가 이 책을 읽게 될 독자 여러분들의 많은 질정을 바란다.

2018년 3월 15일
마들 서재에서 저자 남무희 쓰다.

차 례

01

핸드폰 벨 소리가 울리다.

2017년 5월 9일(화요일, 음; 4월 14일)은 임시공휴일로 지정되어 새로운 대통령을 뽑는 선거가 있는 날이었다. 하지만 오늘은 4호선 미아 전철역 부근에 있는 방송통신대학교에서, "한국사의 이해" 강의가 오전 9시부터 12시까지 예정되어 있었다. 또한 이 날은 임시공휴일로 지정되면서, 유치원을 다니는 우리 딸 미래(未來)도 등원하지 않고 집에서 쉬게 되었다. 그런 이유로 5월 4일(목요일, 음력; 4월 9일)에 상계동에 있는 사전 투표소를 들러 딸과 함께 미리 투표를 하였다.

방송통신대학교 강의를 마치고, 오후에는 집 근처의 '반디 어린이 공원'에서 즐겁게 뛰놀고 있는 나이 어린 딸을 지켜 보면서 벤치에 앉아 있었다. 그때 알 수 없는 번호가 뜨면서 핸드폰 벨 소리가 울렸다. 받을까 말까 잠시 머뭇거리다가 전화를 받았다.

"여보세요."

"저 혹시 남무희 교수님 핸드폰 아니신가요?"

"예. 맞습니다. 그런데 누구신지."

"예. 저는 예전에 교수님 강의를 들었던 김태유와 허경진이라는 학생인데요. 오래 전의 일인데, 혹시 기억이 나십니까."

"아. 기억이 나네요. 2002년 1학기와 2003년 1학기 두 번에 걸쳐, 국민대학교 국사학과 전공 과목인 「한국사료강독」이라는 강의를 들었던 것으로 기억합니다만."

"우와. 우리 교수님 기억력은 예전이나 지금이나 변함이 없으시네요. 그때『삼국유사』가운데에서 재미있는 부분들을 중심으로 강의를 해주셨는데요. 지금도 「낙산이대성 관음 정취 조신」과『가락국기』에 대한 부분을 강의하시던 모습이 기억에 남네요."

"아. 그런가요. 그런데 제 전화번호는 어떻게 아시고."

"예. 지난 주에 학과 사무실에 문의해 봤는데요. 조교 선생님이 몇 가지 물어보더니 그냥 알려주던데요."

"아. 그렇군요. 너무 오랜만의 연락이라 잠시 당황했네요. 그런데 무슨 일로."

"예. 저와 경진이는 지금도 헤어지지 않고 사귀고 있어요. 가끔 교수님 이야기를 했었는데, 스승의 날도 얼마 남지 않고 해서 한번 연락을 드려봤습니다. 그런데 주말에 찾아뵈어도 될까요."

"너무 반갑긴한데. 언제 어디에서 만나면 될까요."

"예. 그야 뭐 교수님께서 편하신 시간과 장소를 알려주시면 그대로 하겠습니다."

"뭐 그렇다면. 이번 주 토요일 5월 13일(음력; 4월 18일) 오후 12시를 지나서 7호선 마들역 부근에서 만났으면 합니다. 그러니까 마들역

6번 출구나 7번 출구로 나오면 Alpha 문구라는 가게가 있는데, 그 부근의 커피숍에서 만나는 것으로 하죠."

"예. 알겠습니다. 교수님. 그런데 경진이와 함께 가려고 하는데, 무엇을 준비해야 하나요."

"김영란법도 있고 하니까, 그냥 빈 손으로 오세요. 커피는 제가 살게요."

"예. 알겠습니다. 교수님. 그렇다면 토요일에 찾아 뵙도록 하겠습니다."

"그래요. 그럼 그때 봐요."

　

전화를 끊고 나니, 2002년도 1학기에 「한국사료강독」을 강의하던 그 때의 기억이 조금이나마 되살아났다. 당시 우리 나라 축구는 월드컵에서 4강을 뛰어 넘어 결승전까지 갈 수 있다는 기대감에 부풀어 있었다. 붉은 악마의 응원 열기는 광화문 광장을 넘어 국민대학교 운동장에도 대형 스크린이 설치될 정도로 뜨거웠다.

그 당시 이 강의를 들었던 학생들 가운데 김태유(金太有)와 허경진(許景辰)이라는 학생이 있었다. 김태유는 경상남도 김해에서 태어나 그곳에서 고등학교까지 다닌 후에 곧바로 서울에 있는 국민대학교 국사학과로 진학하였다. 또한 허경진은 전라북도 부안에서 태어나 그곳에서 고등학교를 다닌 후 서울로 와서 직장생활을 몇 년 정도 하다가, 국민대학교 국사학과로 진학하였기 때문에 제법 나이가 있는 여학생이었다.

이 두 친구는 당시 campus couple로 유명하였는데, 강의 초반에는 수업에 진지하게 참여하고 있었다. 그런데 월드컵 열기가 점차 뜨겁게 달아오르면서부터 강의실에서 얼굴을 보는 것이 더욱더 힘들어졌다. 허경진이 온 몸에 태극기를 두르고 학교 운동장을 뛰어 다니면, 김태유는 그녀의 뒤를 열심히 쫓아다니면서 함께 응원을 하였다.

가끔 이 친구들을 만날 때면, 응원도 좋지만 수업에 충실했으면 좋겠다는 충고를 하였다. 하지만 수업보다는 애국심이 먼저라면서 절대로 후회하지 않을 것이니 걱정하지 말라고 하였다. 그 당시에는 "꿈은★이루어진다"라는 응원 구호가 주로 사용되었다. 결국 결승 진출이라는 꿈은 이루어지지 않았지만, 월드컵 4강 신화는 그렇게 하나의 역사가 되었다. 하지만 이 두 친구는 낙제점을 받았고, 2003년도 1학기에 재수강을 해서 좋은 성적을 받을 수 있었다.

『삼국유사』 권3 탑상4 「낙산이대성 관음 정취 조신」에는 조신(調信)이라는 세달사(世達寺) 스님이 태수(太守) 김흔(金昕)의 딸을 사모하다가 꾸었다는 꿈 이야기가 실려 있다. 이러한 내용은 소설이나 영화의 주제가 되기도 하였다. 이를 두고 일연 스님은, "이 몸 다스림의 잘잘못은 진실한 뜻이 먼저인데 홀아비는 미인을 꿈꾸고 (마음의) 도둑은 재물을 꿈꾸네"라고 하는 시구를 남기고 있다.[1] 김태유와 허경진의 꿈은 어떻게 이루어지고 있을지, 이번 주 토요일의 만남이 기다려진다.

---

[1] 치신장부선성의(治身臧否先誠意) 환몽아미적몽장(鰥夢蛾眉賊夢藏).

02

옛 인연을 이어 새로운 인연으로 만나다.

토요일 12시를 조금 지나 김태유와 허경진을 만나기 위해 마들역으로 나갔다. 이 친구들이 2002년도에 대학교를 다닐 때는 20대 초반이었는데, 지금은 30대 후반이 되었을 것이다. 10여년 만에 만나는데 알아 볼 수 있을지 궁금하다. 마들역 6번 출구를 지나 7번 출구 앞으로 걸어가는데, 두 친구는 이미 길에서 기다리고 있었다.

"교수님. 안녕하세요. 오랜만이네요."
"아. 반가워요. 얼굴은 크게 변하지 않았네요. 20대를 지나 30대 후반이 되어 다시 만나니 감회가 새롭군요."

이렇게 10여 년이 지난 후에 두 친구를 다시 만나게 되었다. 근처 카페에서 커피를 마시면서 이런 저런 이야기를 하였다. 얼마 정도 시간이 지난 뒤에, 허경진이 먼저 하고 싶은 이야기를 꺼냈다.

"교수님. 태유와 저는 대학교를 졸업한 뒤 계속 사귀고 있는데요. 아직까지 결혼을 하지 못하고 있어요. 둘 다 취업을 준비하는 취준생인데요. 아직 원하는 직장을 구하지 못하고, 이런 저런 아르바이트를 하면서 취업 준비를 하고 있답니다. 이런 저런 갈등이 많은데요. 교수님이 많이 도와주셨으면 합니다."

"전임교수도 아닌 내가 무슨 힘이 있나요. 도움이 되어 주지 못해 미안하네요."

"그건 아니구요, 교수님. 태유와 저는 예전에 『삼국유사』에 실려 있는 『가락국기』에 대한 강의를 두 번에 걸쳐 들었는데요. 지금 생각해보니, 그때 수업에서 들었던 내용에서 기억에 남는 것이 별로 없더라구요. 몇일전 선거를 통해 새로운 대통령이 당선되셨는데, '나라다운 나라를 만들겠다'라고 하시더라구요. 그래서 가야 전체의 역사를 남기고 있는 『가락국기』에 대해 좀 더 자세하게 공부하고 싶어졌어요. 여러 모로 불편하시겠지만, 주말마다 만나 『가락국기』에 대해 좀 더 깊이 있는 강의를 듣고 싶습니다."

"아. 그래요. 하긴 태유와 경진이는 『가락국기』를 좀 더 자세히 알 필요가 있을 것 같네요. 그렇디면 매주 만나 『가락국기』를 함께 공부해 보는 것으로 해요. 그런데 공부라는 것은 혼자 하는 것이 아니라 교학상장(敎學相長)이 필요하다고 생각되요. 말하자면 가르치고 배우면서 서로 성장해야 하는 것이죠. 앞으로 서로 도움이 되는 방향이 무엇인가를 함께 고민하는 시간이 되었으면 좋겠네요. 또한 우리들의 이런 만남에 무언가 의미를 부여할 필요도 있지 않을까 생각되는데요. 『주역(周易)』64괘 가운데 13번째는 「천화동인(天火同人)」[1]이고, 14번째는 「화천대유(火天大有)」[2]입니다. 이러한 동인(同人)과 대유

(大有) 괘의 의미를 되새기면서, 우리들의 인생에 커다란 전환점이 되는 후천(後天) 개벽(開闢)의 대동(大同) 세계를 한번 꿈꿔보면 어떨까 합니다만."

"아주 좋은데요. 교수님. 작년 10월부터 시작된 촛불 집회와 이에 대응하는 태극기 집회가 계속되면서 대립과 갈등이 한동안 계속될 것 같아요. 하지만 새로운 정부가 들어섰으니 대립과 갈등이 점점 해소되는 사회가 되었으면 합니다. 『가락국기』를 새롭게 검토하면서 교수님께서 말하는 후천 개벽의 대동 세계가 갖는 의미도 다시 한번 되새겨봤으면 하네요. 하하."

이번 만남을 통해 옛 인연을 이어 새로운 인연의 끈이 맺어지게 되었다. 그런데 『가락국기』를 함께 공부하려면 먼저 기본 교재를 정할 필요가 있다. 그래서 일단 아래 3권의 책을 기본 교재로 삼기로 하였다.

강인구·김두진·김상현·장충식·황패강, 『역주 삼국유사』, 한국정신문화연구원, 이회문화사, 2002~2003.
최광식·박대재 역주, 『삼국유사』, 고려대학교 출판부, 2014.
남무희, 『삼국유사 연표』, 자유문고, 2014.

위의 교재를 중심으로 『가락국기』를 다시 공부하는 모임은 이렇게

---

1) 하늘이 위에 있고 불이 아래에 있는 형상으로 「동인(同人)」괘가 된다. 괘사에, "동인우야(同人于野)면 형(亨)하다"고 하였다. 쉽게 풀어 보면, "사람들과 함께 하는 것을 야외에서 하면 형통하다"라는 의미로 이해된다.

2) 하늘이 아래에 있고 불이 위에 있는 형상으로 「대유(大有)」괘가 된다. 대상(大象)에, "알악양선(遏惡揚善)하면 순천휴명(順天休命)한다"라고 하였다. 쉽게 풀어 보면, "나쁜 것을 막고 진실한 것을 드날리면 하늘의 아름다운 운명에 따르게 된다"라는 의미로 이해될 수 있다.

시작되었다. 우선 원문 교감과 기본적인 해석은 내가 먼저 정리하여 카페 게시판에 올려놓기로 하였다. 이때『가락국기』원문을 그냥 순서대로 강독하면 이해하는데 어려움이 많다. 그래서 내가 정리한『삼국유사 연표』를 중심으로『가락국기』원문을 일단 69개로 나누어 분석해 보기로 하였다.

또한 태유와 경진이는 한국고전번역원과[3] 국사편찬위원회 홈페이지를[4] 비롯한 다양한 인터넷을 통해 필요한 자료를 찾아서 정리해 보기로 하였다.

나아가 위에 제시한 교재의 주요 내용을 요약하고, 그때 그때 의문나는 부분이나 보충할 내용은 남무희의 한국사 강의 카페의[5]「가락국기 평전」게시판에 시간이 될 때마다 올려놓기로 하였다.

이렇게 시작하는『가락국기』평전 스터디가 모름지기 두 친구의 취업 준비 및 앞으로의 기나긴 인생을 살아가는데 조금이나마 보탬이 되었으면 한다. 아울러 내 인생에도 새로운 전환점이 되는 후천개벽의 꿈이 이루어졌으면 하는 희망의 꿈을 그려본다.

---

3) http://www.itkc.or.kr.

4) http://www.history.go.kr.

5) http://cafe.daum.net/bulsazoa.

03

후천 개벽의 시대가 열리다.

『삼국유사』권1「기이」2에 실려 있는 『가락국기』는 지금 현재 전하지 않는 『(원본) 가락국기』를 일연 스님이 요약해서 정리한 것이다. 이러한 점을 늘 생각하면서 『가락국기』를 읽을 필요가 있다. 이에 이번 스터디 모임에서는 『가락국기』의 내용을 시간의 흐름에 따라 69개의 부분으로 재구성해서 살펴보기로 하였다.

이렇게 재구성하면 현재 전하고 있는 『가락국기』원문과 사료 배치가 달라지는 부분도 일부 생기게 된다. 하지만 이러한 방식이『가락국기』의 내용을 새롭게 이해하는데 많은 도움이 될 것으로 확신한다. 우선『가락국기』는 아래 제시한 자료 (1)의 내용이 서술되어 있다.

연대(B.C.)	간지	한국	중국
		고조선	전한(前漢)
195	병오	기자조선 준왕 재위기	고조(高祖) 12년

(1) (하늘과 땅이) 개벽한 뒤로 이 땅에는 아직 나라의 호칭이 없었고 또한 임금과 신하의 명칭도 없었다.[1]

『삼국유사』에 기록되어 있는『가락국기』의 본문은 위에 제시한 자료 (1)의 내용으로부터 출발하고 있다.

"교수님. 위의 내용은 가락국이 건국되기 이전의 상황을 설명하는 것으로 보이는데요. 그렇다면 위의 내용은 언제의 모습을 전하는 것으로 볼 수 있을까요.(허경진)"

"맞습니다. 위의 내용은 가락국이 건국되기 이전의 모습을 서술한 것이죠. 그 시기를 정확하게 말할 수는 없지만, 그 하한선은 대충 짐작해볼 수 있어요. 아래 기록을 우선 참고해 볼께요."

『전한서(前漢書)』「조선전(朝鮮傳)」에서 말하기를, (…) 연나라 왕 노관이 (한나라를 배반하고) 흉노로 들어갔다. 연나라 사람 위만도 망명하였는데, 무리 천여 명을 모아 동쪽으로 도망하여 요새를 탈출하였다. 패수를 건너 진(秦) 나라의 옛날 비어 있던 땅인 상하의 요새에서 살았다.;『삼국유사』권1 기이2 「위만조선」.

위의 내용은 기원전 195년 무렵 위만의 망명사건을 서술한 부분이다. 그런데 위에 제시한 (1)의 내용도 기원전 195년에서 그렇게 멀지 않은 시기 김해의 상황을 서술한 것으로 볼 수 있다.

구석기시대를 지나 신석기시대 이래로 김해 지역에 사람들이 살았던 점은 다양한 고고학 발굴을 통해 밝혀지고 있다. 신석기시대 당시 이들은 즐문토기를 제작하고, 어로 생활을 통하여 생업을 유지하였을 것이다.

---

1) (1) 開闢之後 此地 未有邦國之號 亦無君臣之稱.

"그런데 교수님. 『가락국기』는 개벽이라는 단어로 시작하고 있는 점이 재미있어 보이네요. 개벽에는 어떤 의미가 담겨 있나요.(김태유)"

"아주 예리한 지적이네요. 지금껏 이 개벽이라는 단어를 주목한 연구자는 거의 없었던 것으로 보입니다. 『삼국유사』 권3 탑상4의 「가섭불연좌석(迦葉佛宴坐石)」조에는 고려시대 사람들이 개벽을 어떻게 이해하고 있었는지를 알 수 있는 내용이 간략하게 서술되어 있어요. 이러한 사실을 통해 볼 때, 고려시대 사람들도 개벽에 관심이 많았음을 알 수 있을 것 같네요. 아래 자료를 검토해 보겠습니다."

Ⓐ 본조(本朝)의 명사(名士) 오세문(吳世文)이 『역대가(歷代歌)』를 지었는데, 대금(大金)의 정우(貞祐) 7년 기묘(1219)에서 거슬러 올라간 4만 9,600여 세에 이르면 바로 반고(盤古)가 개벽한 무인년(戊寅年)이 된다고 하였다.

Ⓑ 또 연희궁(延禧宮) 녹사(錄事) 김희령(金希寧)이 찬술한 『대일역법(大一歷法)』에서는 개벽한 상원(上元) 갑자(甲子)로부터 원풍(元豐) 갑자(1084)에 이르기까지 193만 7천 6백 41세라고 하였다.

Ⓒ 또한 『찬고도(纂古圖)』에는 개벽에서부터 획린(獲麟; 기원전 477년)까지 276만세라고 하였다.

위의 글에는 고려시대 사람들이 개벽을 어떻게 이해하고 있었는지를 알 수 있는 세 가지 자료를 제시하고 있다. 이 가운데에서 두 번째 자료에 의하면, 개벽한 상원 갑자로부터 원풍 갑자(1084; 선종 원년)에까지 이르는 시간에 대한 설명이 있다. 이때 원풍 갑자(1084)는 고려 문종(文宗) 다음의 순종(順宗; 제12대 왕. 1083년 재위)을[2] 거쳐 왕

---

2) 『고려사절요』 권5 「문종 인효대왕(仁孝大王)」2, 계해 37년조(1083), "왕(필자주; 순종을 말함)은 젊어서부터 병환이 있었다. (문종이 돌아가시고) 상중(喪中)에 있을 때 너무 애통해하여 병이 더욱 위독해졌다. 을미일에 상차(喪次; 여막을 말함)에서 돌아가셨는데 37세였다. 시호는 선혜(宣惠)이고 묘호는 순종이다. (…) 시어사(侍御使) 이자인(李資仁; ?~1091)을 요(遼)나라로 보내 (왕의) 부고를 알렸다."

위를 계승한 선종(宣宗; 제13대 왕. 1084~1094년 재위)[3] 원년에 해당된다. 이러한 기록을 통해 고려 문종대에 저술된 『가락국기』가 개벽이라는 단어로 시작되고 있는 이유도 어느 정도 이해될 수 있을 것이다.

한편 뒤에서 살펴볼 (50)의 ①에서는 이 부분을 두고 아래와 같이 크게 평가하고 있다.

> (50) 『명(銘)』에서는 말하기를, "① 천지가 비로소 개벽하자 해와 달[이안(利眼)]이[4] 처음으로 밝았다. (이하 생략)"[5]

위의 글은 (1)의 내용에 대해 뒤에서 살펴볼 (50)의 명(銘)에서 찬탄한 부분으로, 태초(太初)에 하늘과 땅이 개벽하고 해와 달이 처음으로 밝아 왔다는 뜻이라고 하겠다. 말하자면 이것은 이 김해의 역사가 오래되고 근원이 깊다는 뜻을 포함하고 있으며, 뒤에서 검토할 김수로왕의 탄생이 하늘의 뜻임을 강조한 것이다.[6]

---

3) 『고려사절요』 권6 「선종 사효대왕(思孝大王)」 즉위년조, "이름은 운(運)이고 자는 계천(繼天)이다. (…) 순종의 동생이다. (…) 어려서부터 총명하고 슬기로웠다. 성장해서는 효도·공경·공순·검소하고 식견과 도량이 넓었다. 경사를 박람하였고 제술을 더욱 잘하였다. 왕위에 11년 동안 있었고 46세를 살았다."

4) 이안(利眼)은 해와 달을 말한다. 육기(陸機; 261~303)는 「연련주(演連珠)」에서, "해와 달이 구름을 만나면 비출 수 없다; 이안임운(利眼臨雲) 불능중조(不能重照)"라고 하였다. 육기는 오(吳)나라 출신으로 중국 서진대(西晉代)에 활동한 문학비평가이다.

5) (50) 銘曰 ① 元胎肇啓 利眼初明 (이하 생략).

6) 장성진, 「가락국기 <명(銘)> 고찰」 『한국전통문화연구』 1, 1985, 208쪽.

04

청동기 문명이 발달하면서 추장(酋長)이 등장하다.

연대(B.C.)	간지	한국	중국
		고조선	전한(前漢)
194	정미	위만조선 위만 재위 1년	혜제(惠帝) 재위 1년

(2) 세월이 지나 아도간(我刀干), 여도간(汝刀干), 피도간(彼刀干), 오도간(五刀干), 유수간(留水干), 유천간(留天干), 신천간(神天干), 오천간(五天干), 신귀간(神鬼干) 등의 구간(九干)이 있었다. 이들은 추장으로 모든 백성을 거느렸는데, 대체로 1만호에 75,000명의 사람으로 많았다. 스스로 산과 들을 도읍으로 삼았는데, 우물을 파서 (물을) 마시고 토지를 경작하여 식량을 마련하였다.[1]

"교수님. 위의 내용은 가락국이 건국되기 이전 김해에 구간이라는 추장을 중심으로 많은 사람들이 살고 있던 모습을 서술한 것으로 보

---

[1] (2) 越有我刀干 汝刀干 彼刀干 五刀干 留水干 留天干 神天干 五天干 神鬼干等 九干者 是酋長 領總百姓 凡一萬戶 七萬五千人多 以自都山野 鑿井而飮 耕田而食.

이는데요.(김태유)"

"맞습니다. 가락국이 건국되기 이전에 이 지역은 기원전 6∼7세기 이후부터 농경에 기반을 둔 지석묘(支石墓)와 무문토기문화가 이 지역에서 발달하고 있었다고 볼 수 있어요. 말하자면 이 지역은 신석기문명을 지나 청동기문명이 발전하고 있었던 것으로 보입니다."

"그런데 위의 기록에 의하면 김해 지역에 구간이라는 지도자가 있었던 것으로 보이는데요. 구간의 의미가 무엇인지, 또 그들이 살던 곳이 구체적으로 어디인지 알 수 있을까요.(허경진)"

"글쎄요. 아무래도 위의 글은 가락국이 건국되기 이전에 이미 새로운 국가가 건설될 수 있는 사회 경제적인 분위기가 충분히 무르익었음을 설명하려는 의도를 갖고 있다고 보여집니다. 그런데 저는 김해를 가본 적이 없어서요. 태유는 김해에서 태어나고 자랐으니 한번 조사해보면 좋겠네요."

"아. 교수님. 과제는 싫어요. 저는 위의 글에 보이는 '구(九)'라는 숫자 및 1만호가 가지는 의미가 무엇인지 궁금한데요.(김태유)"

"하긴 그렇네요. 구간에서 칸[간(干)]은 김수로라는 새로운 임금이 등장하기 이전에 이 지역을 통솔하던 추장을 가리킨다고 볼 수 있어요. 또한 이러한 구간이 존재한 시기는 임금과 신하의 구분이 없었을 때로 볼 수 있습니다.

다음으로 굳이 구간(九干)이라고 한 이유가 궁금한데요. 구(九)는 많다는 의미를 갖고 있는 숫자로 생각됩니다. 양수(陽數)인 홀수는 1에서 시작하여 9에서 끝납니다. 말하자면 구(九)는 양수인 홀수 가운데에서 가장 큰 수입니다. 또한 구(九)는 낙서(洛書)의 수이기도 합니다. 예전부터 '하출도낙출서(河出圖洛出書)'라는 말이 있습니다. 말하자면 황하에서는 그림이 나왔고 낙수에서는 글이 나왔다고 합니다. 이때 하도(河圖)는 선천(先天)의 수입니다. 이러한 하도에서 가장 큰 수는 10이구요. 낙서(洛書)는 후천(後天)의 수입니다. 이러한 낙서에서 가장 큰 수는 9입니다. 한편 하도의 수는 상생(相生)의 관계를 보여줍니다. 말하자면 1과 6은 수(水), 2와 7은 화(火), 3과 8은 목(木), 4와 9는 금(金), 5와 10은 토(土)가 됩니다. 그런데 낙서(洛書)는 사람들의 지혜가 발달한 후천의 문명시대를 의미합니다. 말하자면 낙서는 후천(後天) 시대의 상극(相剋) 관계를 의미합니다. 이런 이유로 청동기 문명이 발생하면서 등장한 여러 명의 추장들을 구간으로 표현한 것으로 보입니다.[2] 이제 아래 자료 및 기존의 연구성과를 살펴보겠습니다."

Ⓐ 장유산은 김해부의 남쪽 40리에 있으며, 명월산도 김해부의 남쪽 40리에 있다. 산의 아래가 구랑촌이다. (이하 생략)[3]

Ⓑ 부산광역시 강서구에 편입된 녹산에는 구랑동(九郞洞)이라는 지명이 있다. 구랑리(九郞里), 구랑촌(九郞村)으로 불렸다고 전하는데, 현재 구간과 관련될 수 있는 지명이다. 이곳은 김해만으로 들어오는 첫 번째 정박지로 적합한 지형을 가지고 있다. 녹산 지역에 '나드리'와 '너더리'라는 고개의 이름이 전하는데, 한자 표기가 각각 '아도(我刀)'와 '피도(彼刀)'로 표기되고 있어 아도간이나 피도간과의 관련성을 생각해 볼 수 있다. 김해 시내의 회현리패총과 봉황대 사이의 좁은 소로에 위치한 구릉이 '여시고개' 혹은 '야시고개'라고 불리는데 한자 표기로 '유수(留水)'라고 하며, 유수간과 관련된 지명전승일 가능성도 있다.[4]

---

2) 이구의, 「『가락국기』에 나타난 신이성 고(攷)」『주역철학과 문화』 3, 2005.

3) 『신증동국여지승람(新增東國輿地勝覽)』 권32 경상도 김해도호부 산천조, "長遊山 在府南四十里 明月山 在府南四十里 山下仇良村 (이하 생략)."

4) 박태권, 「김해 방언의 형태」『김해지구종합학술조사보고서』, 부산대학교 한일문화연구소, 1973.

ⓒ 아도간에서 아(我)를 알(謁)로 도(刀)를 돌·들·도리로 읽는다면, 간(干)은 한치·족장·촌장의 뜻이 된다. 이렇게 보면 알도리의 한치 즉 알도리간이 된다.[5]

"그런데 교수님. 기존의 번역에서는 1백호라고 하였는데 교수님은 1만호로 고쳐서 이해했구요. 많았다[다(多)]라는 단어를 앞의 문장과 연관지어 해석하고 있어요. 이렇게 해석한 이유는 무엇인가요.(김태유)"

"좋은 지적입니다. 백(百)이나 만(萬)은 모두 많다라는 의미로 이해됩니다. 그런데 뒤의 75,000명의 사람이라는 언급에 대한 설명으로 좀 더 적합하려면 만(萬)이 더 옳은 것으로 보았구요. 그런 배경에서 많았다라는 다(多)를 이 문장과 연관지어 해석하였습니다."

"아. 그렇군요. 교수님. 그렇다면 위의 글에서 우물이 언급된 이유는 무엇인가요.(허경진)"

"아주 좋은 지적입니다. 신라를 건국한 혁거세 탄생 신화에서는 라정(蘿井)이라는 우물이 보이구요. 혁거세와 혼인하는 알영은 알영정(閼英井)이라는 우물에서 태어나는 것으로 기록되어 있습니다. 그렇다면 건국신화에서 우물이 등장하는 이유가 설명될 수 있다고 생각됩니다. 이러한 우물은 『주역(周易)』 48번째 괘(卦)인 수풍정괘(水風井卦)에서[6] 개읍불개정(改邑不改井)이라고 하였습니다. 이런 의미로

---

5) 정중환, 『가라사연구』, 혜안, 2000, 65쪽.

6) 위는 물이고 아래는 바람이 있는 형상이다. 괘사에, "정(井)은 개읍불개정(改邑不改井)이니 무상무득(无喪无得)이며 왕래정정(往來井井)하니 흘지역미율정(汔至亦未繘井)이니 리기병(羸其甁)이면 흉(凶)하다"라고 하였다. 쉽게 풀이하면, "정(井)은 읍을 고치되 우물은 고치지 못하는 것이다. 잃는 것도 없고 얻는 것도 없으니, 가고 오는 사람들이 마시고 마시는 것이다. (두레박이)거의 이르렀으나 아직 우물에 닿지 못하였을 때에 그 병을 깨버리면 흉하다"라는 의미로 이해된다. 대상(大象)에서는 "노민권상(勞民勸相)"이라고 하였다. 쉽게 풀이하면, "백성을 위로하고 돕는 것을 권하는 것이다"라는 의미이다. 이러한 우물의 시원한 물을 마시기 위해서는 그 병을 깨버리지 말아야 하듯이, 우리의 공부 모임도 끝까지 가야 한다는 의미로 생각하면 좋겠습니다.

볼 때, 이곳에서 우물이 언급된 이유가 설명될 수 있을 것으로 보입니다."

"그렇다면 교수님. 위의 구간사회를 역사적으로는 어떻게 이해하면 좋을까요.(김태유)"

"아주 학구적인 질문입니다. 위의 (2)에 보이는 구간사회는 사로국(斯盧國)의 성립 기반이 되는 신라 경주의 6촌장 사회의 모습과 비슷하다고 보시면 될 것 같아요. 또한 위의 내용은 기원전 194년 무렵 위만조선·마한·진한·78국의 상황을 알려주는 기록과 함께 검토하면 이해가 빠를 수 있을 것으로 보입니다. 아래 자료를 참고하면 좋겠어요."

Ⓐ 『전한서』「조선전」에서 말하기를 (…) 위만은 진번과 조선의 오랑캐들과 옛 연나라와 제나라의 망명자들을 점차 복속시키고 왕이 되어 왕검[이기(李奇)는 지명이라고 하고, 신찬은 왕검성이 낙랑군의 패수 동쪽에 있다고 하였다]에 도읍하였다. 군대의 힘으로 곁에 있는 작은 읍을 침략하여 항복시키니 진번과 임둔이 모두 와서 복속되어 영역이 수천 리가 되었다.;『삼국유사』기이2「위만조선」.

Ⓑ 『삼국지(三國志)』「위지(魏志)」에서 말하기를, "위만이 조선을 치자, 조선왕 준은 궁인과 좌우의 신하를 거느리고 바다를 건너 남쪽으로 한의 땅에 이르러 나라를 세웠는데, 마한이라고 불렀다"라고 하였다.;『삼국유사』권1 기이2「마한(馬韓)」.

Ⓒ 『후한서(後漢書)』에서 말하기를, "진한의 늙은이가 스스로 말하기를, 진나라의 망명인이 한국에 오니 마한이 동쪽 경계의 땅을 떼어 그들에게 주어 서로 부르기를 도(徒)라고 하며, 진나라 말과 비슷하므로 혹은 진한이라고 이름하였다. 12개의 소국이 있어, 각각 만호를 나라라고 일컬었다"라고 하였다.;『삼국유사』권1 기이2「진한(辰韓)[역작진한(亦作秦韓)]」.

Ⓓ 진한의 땅에는 옛날에 육촌이 있었다. 첫째는 알천 양산촌이다. (…) 위의 글을 살펴본다면 이 6부의 조상들은 모두 하늘로부터

내려왔다고 할 수 있다.;『삼국유사』권1 기이2「신라 시조 혁
거세왕(新羅 始祖 赫居世王)」.

Ⓔ 『통전』에서는 말하기를, "조선의 유민이 나뉘어 70여국이 되었
는데, 모두 땅은 사방 백리이다"라고 하였다.『후한서』에서는
말하기를, "서한이 조선의 옛 땅에 처음 4군을 두었는데, 뒤에
는 2부를 두었다. 법령이 점차 번잡해지자 나뉘어 78국이 되었
는데, 각각 만호가 된다[마한은 서쪽에 있어 54개의 소읍이 있
는데 모두 나라라고 불렀다. 진한은 동쪽에 있어 12개의 소읍이
있는데 나라라고 일컬었다. 변한은 남쪽에 있어 12개의 소읍이
있는데 각각 나라라고 불렀다]"라고 하였다.;『삼국유사』기이2
「칠십팔국」.

Ⓕ 이보다 앞서 조선(朝鮮)의 유민(遺民)들이 산골짜기 사이에 나
뉘어 살며 육촌(六村)을 이루고 있었다.;『삼국사기』권1「신라
본기」1 시조 혁거세 거서간조.

한편 뒤에서 검토할 (50)의 ②에서는 이 부분을 두고 아래와 같이
크게 평가하였다.

(50)『명(銘)』에서는 말하기를, "(…) ② 비록 인륜은 생겨났지만 임
금의 지위는 아직 이루어지지 않았다. (이하 생략)"[7]

위의 글은 (2)의 내용에 대해 뒤에서 검토할 (50)에서 찬탄한 부분
으로, 사람의 도리는 비록 생겼으나 임금의 자리는 아직 이루어지지
못했다는 뜻으로 이해된다.[8]

---

7) (50) 銘曰 (…) ② 人倫雖誕 君位未成 (이하 생략).

8) 장성진, 위의 논문, 1985, 208~209쪽.

05

계욕일(禊浴日)에 구지가(龜旨歌)를 부르면서 춤을 추다.

연대 A.D.	간지	왕력 제일				
		중국	신라	고구려	백제	가락국
42	임인	후한 무제 건무 18년	3. 노례니질금 재위 19년	3. 대무신왕 재위 25년	2. 다루왕 재위 15년	수로왕 재위 원년

(3)—㉮ 후한(後漢) 세조(世祖) 광무제(光武帝; 25~57년 재위) 건무
(建武; 25~56) 18년 임인(42) 3월 계욕일(禊浴日)에 자신들이 살고
있던 곳의 북쪽 구지(龜旨)[이것은 작은 산봉우리의 이름인데, 10
마리의 거북이 엎드린 모양과 같으므로 이렇게 불렀다]에서 수상한
소리로 부르는 기운이 있었다. 무리 200~300의 사람이 이곳에 모
이자, 사람의 소리와 같은 것이 있었다. 그 모습은 숨기고 소리를
내며 말하기를, "이곳에 사람이 있는가"라고 하였다. 구간들이 말하
기를, "우리들이 있다"라고 하였다. 또 말하기를, "내가 있는 곳은
어디인가"라고 하였다. (구간들이) 대답하기를, "구지이다"라고 하
였다. 또 말하기를, "황천(皇天)이 나에게 명하기를, '이곳에 가서
새로 나라를 세우고 임금이 되라'고 하였기 때문에 내려온 것이다.
너희들은 모름지기 (구지)봉 정상의 흙을 파면서 노래하기를, '거북
아 거북아, 머리를 드러내어라. 만일 드러내지 않으면 구워 먹겠다'
라고 하면서 발을 구르고 춤을 추어라. 그렇게 하면 대왕을 맞이하

게 되어 기쁘게 펄쩍 펄쩍 뛰며 춤을 추게 될 것이다"라고 하였다.[1]

"교수님. 위의 글에서 말하는 계욕일은 어떤 의미를 갖고 있는 것인가요.(허경진)"

"좋은 질문입니다. 3월 계욕일은 가락국이 건국되는 조짐을 알려주는 날인데요.[2] 3월 상사일(上巳日)이라고도 하는데, 3월 삼짇날인 3월 3일을 말합니다.[3] 이 날은 심신의 묵은 때를 닦아내기 위해 청정한 물로 몸을 씻는 행사를 하는 날입니다.[4] 춘계일(春禊日)이라고도 하는데, 이 날에 백성들이 모두 물가에 나와서 몸을 씻고 제사를 지내 묵은 때와 상서롭지 못한 일을 제거하는 것입니다. 말하자면 춘계일은 지난 해의 묵은 때를 씻어내고 상서롭지 못한 징조를 없애는 날이며, 농사를 짓는 농부들이 씨앗을 뿌리기 시작하는 날로 한 해의 농사를 시작하는 날이기도 합니다."

"그런데 교수님. 김해 북쪽의 구지봉은 언제부터 이런 이름으로 불려졌을까요.(김태유)"

"글쎄요. 구지라는 이름이 붙여지기 이전에 거북의 노래를 먼저 불

---

1) (3)—⑦ 屬後漢 世祖 光武帝 建武 十八年 壬寅 三月 禊浴之日 所居北龜旨[是峯巒之稱 若十朋伏之狀 故云也] 有殊常聲氣呼喚 衆庶二三百人 集會於此 有如人音 隱其形 而發其音曰 此有人否 九干等云 吾徒在 又曰 吾所在爲何 對云 龜旨也 又曰 皇天所以命我者 御是處 惟新家邦 爲君后 爲茲故降矣 爾等 須掘峰頂撮土 歌之云 龜何 龜何 首其現也 若不現也 燔灼而喫也 以之踏舞 則是迎大王 歡喜踴躍之也.

2) 3월 계욕일은 가야 지역에서 토착적인 제의가 행해지는 날로 이해된다(김두진, 「가야 건국신화의 성립과 그 변화」 『한국 고대의 건국신화와 제의』, 일조각, 1999).

3) 허전(許傳; 1797~1886), 『성재집(性齋集)』 「숭선전비(崇善殿碑)」(『성재선생문집(性齋先生文集)』 권19)에서도 '3월 3일'이라고 하였다. 한편 「가락국 태조릉 숭선전비(駕洛國 太祖陵 崇善殿碑)」는 김수로왕의 후손인 공암(孔巖) 허전이 비문(碑文)을 작성하였고, 외가(外家)의 후손으로 한양 조씨인 계당(季棠) 조제화(趙濟華; 1816~?)가 글씨를 썼다. 또한 후손인 장사랑(將士郎) 숭선전 참봉(崇善殿 參奉)인 김현연(金顯淵)이 전액(篆額)을 하였다. 이 비문은 조선 후기 고종 21년(1884) 10월 8일에 세워졌다.

4) 이 당시 아홉 명의 촌장이 목욕하던 곳은 지금의 해반천(海畔川)으로 볼 수 있다.; 이영식, 『새로 쓰는 김해지리지; 김해학, 길 위에 서다』, 미(美)세움, 2014. 11쪽.

렸을 것으로 추측하는 연구자도 있습니다. 하지만 구간들이 '이곳은 구지이다'라고 대답한 것으로 볼 때 김수로가 하늘로부터 내려오기 이전부터 구지라고 불렸을 것으로 보여집니다. 말하자면 이 곳은 청동기문명을 형성하고 있던 구간들이 중요시하던 성스러운 장소였다고 보여집니다."

"아. 그렇군요. 교수님. 문득 생각이 났는데요. 사실 저는 김해에서 중학교와 고등학교를 다닐 때 구지봉을 몇 번 가본 적이 있어요. 그곳에는 상당히 규모가 큰 고인돌이 있었는데요. 그 고인돌에 어떤 글자가 새겨져 있었던 것으로 기억됩니다.(김태유)"

"저는 그곳을 아직 가보지 못했습니다만. 지석묘에는 구지봉석(龜旨峰石)이라는 글씨가 새겨져 있습니다.5) 이 글씨는 조선시대 인물인 석봉(石峰) 한호(韓濩; 1543~1605)가 새긴 글씨로 전해지고 있습니다."

"아. 그렇군요. 교수님. 그렇다면 구지봉 정상에서 흙을 파면서 노래를 부르라고 하는 것은 무슨 의미가 있다고 볼 수 있나요.(허경진)"

"저도 그 의미를 잘 모르겠어요. 막연하게 추측해 본다면, 구지봉 정상에서 흙을 파는 행동은 바다의 거북이 육지로 올라와 알을 낳기 위해 모래를 파헤치는 행동과 닮았다고 생각됩니다. 구지봉은 이 지역 사람들이 부르던 지명을 한문으로 표기한 것인데요. '구지'라는 말은 '굿'이라는 말이고, '봉(峰)'은 벌·불을 한역(漢譯)한 말이라고 합니다. 이러한 굿벌·굿불이라는 말은 이 곳이 김수로가 하늘로부터

---

5) 구지봉석은 수로왕이 등장하기 이전의 무덤이다. 이곳에는 수로왕의 등장을 기원했던 구간시대의 지도자가 묻혔을 것이다. 시내에서 올려다 보이는 곳에 자리잡고 있는데, 청동기시대 사람들이 굿판을 벌이며 풍요를 기원하던 곳이다. 굿을 벌이는 '굿봉'에서 '구지봉'이 되었을 것이다. 일본의 신화에서 건국신이 내려왔다는 '쿠시봉'과도 관련이 있을 것이다. 5~6개의 짧고 둥근 돌로 고여진 뚜껑돌은 무려 2천 2백년 이전에 조성된 지석묘(支石墓)인 고인돌로 볼 수 있다.; 이영식,『새로 쓰는 김해지리지; 김해학, 길 위에 서다』, 미(美)세움, 2014. 25쪽.

내려오기 이전부터 중요시되던 종교적 행사를 하는 신성한 장소임을 나타낸 것으로 볼 수 있습니다.6)"

"그렇다면 교수님. 구지가를 왜 산의 정상에 올라와서 불렀을까요. (김태유)"

"단군신화(檀君神話)에 의하면, 웅녀(熊女)는 삼위태백(三危太伯)의 신단수(神檀樹)가 있는 곳에 자주 올라가 아이를 갖게 해달라는 기원을 올리는 장면이 보입니다. 이런 관점에서 볼 때, 구지봉 정상은 청동기문명을 갖고 있던 구간들에게 성스러운 장소였을 것으로 보입니다. 이러한 곳에서 구지가를 부른 것은 새로운 통치자를 맞이하기 위해 부른 노래로 생각됩니다. 말하자면 구지가를 부른 것은 김해 지방의 청동기 문화기에 거북으로 관념화한 풍요사상이 철기문화의 소유자인 외래의 김수로왕 집단과 서로 결합하여 한 사회를 이루는 설화 내용을 노래 형식으로 표현한 것으로 볼 수 있겠습니다."

구간들이 구지봉에 오른 이유는 중국의 역대 황제들이 태산(泰山)에 올라 하늘의 신인 천신(天神)에게 봉선(封禪)을 거행한 뒤에 대묘(岱廟)에서 토지신에게 제시를 지낸 것과 같은 의미를 갖는다고 볼 수 있다. 조선시대에 양사언(楊士彦, 1517~1584)은 태산과 관련해서 많은 사람들에게 널리 알려진 시조를 지었다.

태산이 높다 하되 하늘 아래 뫼이로다.
오르고 또 오르면 못 오를 리 없건마는
사람은 아니 오르고 뫼만 높다 하더라.

---

6) 정중환, 『가라사연구』, 혜안, 2000, 63쪽.

그런데 사실 양사언은 중국의 태산을 한 번도 가보지 못하였다. 저자는 2008년부터 지금까지 태산은 6번 이상, 대묘는 1번 갔다 온 바 있다. 특히 2010년과 2011년 8월에 중국의 태산을 세 번 다녀왔는데, 이때 양사언 선생에게 화답하는 시를 한 수 지은 적이 있다.

태산이 높다 하네. 양선생 와봤는가.
우리는 왔다 가네. 케이블카 두둥실.
정상을 오르고 보니 공자 마음 알겠네.

"아. 그런데 교수님. 이곳이 거북이를 닮았다고 하는 사실을 강조하고 있는 것 같은데요. 그것이 가지는 의미는 무엇인가요.(허경진)"
"좋은 지적입니다. 구지는 김수로왕의 탄생과 관련된 설화를 전하는 장소입니다. 이러한 설화에서 말하는 십붕복지상(十朋伏之狀)은 『주역』 41번째 괘인 산택손괘(山澤損卦)에서7) 언급되는 거북이를 지칭하는 십붕지구(十朋之龜)의 약칭입니다. 말하자면 구지는 곧 거북이의 형상에서 붙여진 이름으로 볼 수 있습니다. 이와 관련해서는 아래 자료를 살펴보겠습니다."

　　Ⓐ 구지봉; 김해도호부 북쪽 3리 지점에 있다.8)
　　Ⓑ 구지봉; 김해도호부 북쪽으로 5리 지점에 있다. 분산 중턱으로부터 서쪽으로 향해 내려와 엎드린 거북이 같으니 곧 수로왕이

---

7) 산택손괘는 산이 위에 있고 연못이 아래에 있는 형상이다. 괘사에서는, "손(損)은 유부(有孚)니 원길(元吉)이고 무구(無咎)하다. 이궤(二簋)로 가용향(可用享)이다"라고 하였다. 쉽게 풀어보면 손괘는 믿음을 두면 크게 길하고 허물이 없다. 두 개의 대그릇을 사용해 제사를 지낸다는 의미이다. 대상(大象)에서는 징분질욕(懲忿窒欲)이라고 하였다. 쉽게 풀어 보면 성냄을 경계하며 욕심을 막는다는 의미이니, 진실된 마음으로 새로운 지도자를 맞이하는 모습을 상징한다고 볼 수 있다.
8) 『신증동국여지승람』 권32 경상도 김해도호부 산천조, "龜旨峰[在府 北三里]."

탄강한 곳이다.[9]

구지봉은 경상남도 김해시 구산동 산 81-2번지 일대에 있는 해발 200m의 낮은 산이지만 현재 김해시에서 가장 높은 산인 분산의 줄기에 해당된다. 가야의 건국설화를 지니고 있는 성지(聖地)로 인식되어 사적 제429호로 지정되어 있다. 이러한 구지봉은 거북의 머리 모양을 닮았다고 하여 구수봉(龜首峰)이라고도 한다. 현재 수로왕비릉(首露王妃陵)이 있는 평탄한 위치가 거북의 몸체이고, 서쪽으로 쭉 내민 봉우리의 형상이 거북의 머리 모양과 같다고 하여 이와 같은 이름이 붙여진 것으로 보고 있다. 구지봉 남쪽의 완만한 경사면에 위치한 대성동에서는 마을을 방어하기 위해 인공적으로 설치한 못도랑인 환호(環濠) 유적이 조사되었는데, 방어를 위한 시설이라기보다는 하늘에 제사를 지내기 위한 공간으로 이해되고 있다. 한편 뒤에서 살펴볼 (50)의 ⑤와 ⑥ 및 ⑦에서는 이 부분을 두고 아래와 같이 표현하였다.

> (50) 『명(銘)』에서는 말하기를, "(…) ⑤ 스스로 가리어 주관할 사람이 없으면, 누가 백성을 보살피겠는가. ⑥ 마침내 하늘이 만드시어 저 백성을 돌보셨다. ⑦ 하늘이 제왕이 될 사람에게 부명(符命)을 주어 특별히 정령(精靈)을 보내주셨다. (이하 생략)"[10]

위의 글은 (3)—㉮의 내용에 대해 뒤에서 검토할 (50)에서 표현한 부분으로, 김수로왕이 천명(天命)으로 내려올 수밖에 없는 동기를 드러내려는 것으로 이해된다.[11]

---

9) 『경상도읍지』 김해부 읍지 산천조, "龜旨峰[在府 北五里 自盆山 中麓 西向 降伏如龜 即首露王 誕降處].
10) (50) 銘曰 (…) ⑤ 自無銓宰 誰察民氓 ⑥ 遂玆玄造 顧彼蒼生 ⑦ 用授符命 特遣精靈 (이하 생략).
11) 장성진, 위의 논문, 1985, 209쪽.

06

여섯 황금알이 하늘로부터 내려오다.

(3)—㉯ 구간들이 그 말처럼 모두 기쁘게 노래하고 춤을 추었다. 얼마 후에 (하늘을) 우러러 보니 오직 자주색 줄이 하늘로부터 내려와 땅에 닿았다. 줄의 끝을 찾아보니 붉은 보자기로 싸여 있는 금합이 보였다. (금합을) 열어 보니 황금알 여섯 개가 있었는데, 해와 같이 둥글었다. 모여 있는 사람들이 모두 다 놀라고 기뻐하면서 (몸을) 폈다가 일으키면서 백 번 절을 하였다. 조금 뒤에 다시 보자기에 싸서 안고 아도(간)의 집으로 돌아와 평상 위에 두고 그 무리는 각각 흩어졌다.[1]

"교수님. 위의 글에서는 구간들이 기쁘게 노래하고 춤을 추니, 하늘에서 황금알 여섯 개가 내려왔다고 되어 있는데요. 이것은 무슨 의미인가요.(김태유)"

"좋은 지적입니다. 위의 글에 보이는 자주색 줄과 붉은 보자기 및 금합과 황금알 여섯 개는 하늘에 제사를 지내는 제천의식(祭天儀式)을

---

1) (3)—㉯ 九干等 如其言 咸炘而歌舞 未幾仰而觀之 唯紫繩自天 垂而着地 尋繩之下 乃見紅幅 裹金合子 開而視之 有黃金卵六 圓如日者 衆人 悉皆驚喜 俱伸百拜 尋還 裹著抱持 而歸我刀家 真榻上 其衆各散.

설명하는 것으로 보여지기도 합니다. 또한 가락국을 맹주로 하는 6가야 연맹을 상징적으로 표현한 것으로 볼 수도 있지 않을까 합니다.[2]"

"그런데 교수님. 구간의 구(九)와 여섯 개의 황금 알을 상징하는 육(六)에도 어떤 의미가 있지 않을까 생각되는데요.(허경진)"

"아. 그렇게 보이나요. 구(九)는 하늘을 상징하며, 육(六)은 땅을 상징하는 수(數)로 이해됩니다. 『주역』 64괘에서 첫 번째 괘는 중천건(重天乾)으로[3] 구(九)를 강조하고 있는데 하늘을 상징합니다. 또한 두 번째 괘는 중지곤(重地坤)으로[4] 육(六)으로 표현되었는데 땅을 상징합니다.

그런데 김수로왕이 등장하기 이전에 9간으로 대표되는 지도자가 있었다는 사실을 전하고 있는 것은, 국가 성립 이전에 이미 토착세력의 연합적 지배 전통이 있었다는 점을 강조하고 있는 것으로 보입니다."

"그런데 교수님. 무슨 이유로 황금알 여섯 개가 하늘에서 내려온 것인가요.(김태유)"

"잘 모르겠네요. 여섯 개의 황금알은 신성한 탄생을 의미하는 것으

---

2) 6가야 연맹과 관련해서는 단일 연맹체의 존재 자체를 부정하는 연구가 있는데, 아래의 논문이 참고된다.
이영식, 「가야제국의 국가형성문제-가야연맹설의 재검토와 전쟁기사의 분석을 중심으로-」 『백산학보』 32, 1985.
남재우, 「가야사에서의 '연맹'의 의미」 『창원사학』 2, 1995.
한편 지역연맹체라는 용어가 대안으로 제기되었다. 이와 관련해서는 아래 논문이 참고된다.
백승충, 「가야의 지역연맹체론」 『지역과 역사』 17, 2005.
백승충, 「가야제국의 존재형태와 '가야지역국가론'」 『지역과 역사』 34, 2014.

3) 아래와 위 모두 하늘 건(乾)으로 하늘이 거듭되었다. 이러한 중천건은 초구(初九)·구이(九二)·구삼(九三)·구사(九四)·구오(九五)·상구(上九)의 여섯 효(爻)로 구성되어 있다. 상사(象辭)에서는, "자강불식(自彊不息; 스스로 열심히 하며 쉬지 않는다)"이라고 하였다. 『주역』의 괘사를 정리할 때는 김석진(『주역점해』, 대유학당, 1994)의 저서를 참고하였다.

4) 아래와 위 모두 땅 곤(坤)으로 땅이 거듭되었다. 초육(初六)·육이(六二)·육삼(六三)·육사(六四)·육오(六五)·상육(上六)의 여섯 효(爻)로 구성되어 있다. 군자는 곤의 어질고 후한 덕으로 모든 만물을 다 포용한다라는 의미를 갖는 후덕재물(厚德載物)이라는 뜻이 있다.

로 볼 수 있습니다. 황금알의 원천은 하늘에 있습니다. 김수로와 신라를 건국한 박혁거세는 모두 하늘로부터 땅으로 내려온 알에서 태어납니다. 이처럼 하늘로부터 황금알이 내려온 점을 강조하는 것은 하늘 황제의 아들인 천제자(天帝子) 또는 태양의 아들임을 표방하는 것으로 볼 수 있지 않을까 합니다.

또한 구간들이 기쁘게 노래하고 춤을 추면서 황금알을 맞이하고 있는 모습은, 하늘에서 내려온 황금알이 구간 및 백성들의 지지를 받고 있음을 나타내는 것으로 볼 수 있습니다. 말하자면 하늘로부터 여섯 개의 황금알이 내려오는 것은 구간을 비롯한 사람들에게 긍정적으로 받아들여질 만큼, 정통성을 갖고 있다는 점을 강조하려는 의도를 갖고 있다고 할 수 있겠습니다."

한편 뒤에서 살펴볼 (50)의 ⑦에서부터 ⑭에서는 이 부분을 좀더 자세하게 언급하면서 아래와 같이 찬탄하고 있는 점이 주목된다.

(50) 『명(銘)』에서는 말하기를, "(…) ⑦ 하늘이 제왕이 될 사람에게 부명(符命)을 주어 특별히 정령(精靈)을 보내주셨다. ⑧ 산중에 알이 내려오니 안개 속에 형체를 감추었다. ⑨ 안은 밝지 않았으며, 밖도 역시 드러나지 않고 어두웠다. ⑩ 바라보니 형상이 없는 듯했으나, 들으면 곧 소리가 있었다. ⑪ 무리는 노래를 불러 아뢰고 사람들은 춤을 추어 바쳤다. ⑫ 7일이 지난 뒤 한번에 편안해졌다. ⑬ 바람이 불고 구름이 걷히자 공중과 하늘은 푸르렀다. ⑭ 6개의 둥근 알이 한 줄기의 자주색 끈에 달려 내려왔다. (이하 생략)"5)

---

5) (50) 銘曰 (…) ⑦ 用授符命 特遣精靈 ⑧ 山中降卵 霧裏藏形 ⑨ 內猶漠漠 外亦冥冥 ⑩ 望如無象 聞乃有聲 ⑪ 群歌而奏 衆舞而呈 ⑫ 七日而後 一時所寧 ⑬ 風吹雲卷 空碧天靑 ⑭ 下六圓卵 垂一紫縷 (이하 생략).

위의 글은 (3)—ⓝ의 내용에 대해 뒤에서 살펴볼 (50)의 명(銘) 가운데에서 찬탄한 부분이다. 그런데 위의 글은 (3)—ⓝ의 내용에서 언급하지 않은 부분도 추가되어 있는 것으로 보인다. 이런 면은 비명(碑銘)을 찬술한 김양일(金良鎰)과 『가락국기』를 펴낸 광양김씨(光陽金氏) 김양감(金良鑑)의 입장에 미세한 차이가 있었기 때문으로 보인다. 이러한 부분은 후반부에서 다시 검토하고자 한다.

07

대가락의 건국과 함께 6가야 연맹이 출현하다.

(3)—㉰ 12일이 지난 그 이튿날 아침에 다시 무리들이 모여 (금합을) 열어 보니 여섯 개의 알이 어린 아이로 변해 있었는데 용모가 매우 위대하였다. 이에 평상에 앉히고 무리들이 절을 하고 축하하면서 지극하게 공경함을 다하였다. (아이들은) 나날이 커졌는데, 십여 일이 지나자 키가 9척이 되었다. 그렇다면 은(殷)나라의 탕왕(湯王)인 천을(天乙)과 같았고 얼굴은 용처럼 생겨 한(漢)나라의 고조(高祖)와 같았다. 눈썹이 여덟 가지 색채인 것은 당(唐)나라의 요(堯)임금과 같았고, 눈동자가 겹으로 된 것은 우(虞)나라의 순(舜)임금과 같았다. 그 달 보름날에 왕위에 올랐다.

처음으로 (모습을) 드러내었기 때문에 이름을 수로(首露)라고 하였는데, 혹은 수릉(首陵)[수릉은 세상을 떠난 뒤의 시호이다]이라고 하였다. 나라는 대가락(大駕洛)이라고 불렸는데 가야국(伽耶國)이라고도 하였으니, 곧 6가야의 하나였다. 나머지 다섯 명도 각각 돌아가 5가야의 주인이 되었다.

동쪽은 황산강(黃山江)의 서쪽이고, 남쪽은 창해(蒼海)이다. 서북쪽은 지리산(地理山)의 동쪽이고, 북쪽은 가야산(伽耶山)이며 남쪽은 나라의 끝이었다.

임시로 궁궐을 짓고 들어가 살았는데 단지 질박하고 검소한 것을 중요하게 여겼다. 이엉을 자르지 않았으며 흙으로 만든 계단도 3척이었다.[1]

"교수님. 위의 글에서는 대가락의 건국과 6가야 연맹이 출현하는 모습을 서술하고 있는 것으로 보이는데요. 위의 글에서 3월 보름날에 왕위에 오르는 것이 가지는 의미는 무엇인가요.(허경진)"

"좋은 지적입니다. 앞에서 살펴 보았듯이 3월 3일에는 새로운 나라가 건국되는 조짐이 보이고 있구요. 12일이 지난 3월 15일에 김수로의 가락국이 건국되고 있습니다. 음력 3월 15일은 중요한 날로 기념되고 있는 것 같습니다. 대종교에서는 이날을 어천절(御天節)로 기념합니다. 이날 단군 왕검이 하늘로 다시 올라간 것으로 보는 것이죠. 경상북도 대구 팔공산의 부인사(符印寺) 숭모전(崇慕殿)에서는 매년 음력 3월 15일에 선덕여왕(善德女王)을 추모하는 숭모제를 거행하고 있기도 합니다."

"아. 그렇군요. 교수님. 그런데 처음으로 모습을 드러내었기 때문에 수로왕이라고 한 것은 어떤 의미가 있는 것인가요.(김태유)"

"좋은 지적입니다. 이와 관련해서는 아래 자료를 살펴보겠습니다."

> 가락국 시조왕 (…) 또 말하기를, "맨 먼저 세상에 나와서 백성들의 조상이 되었기 때문에 '수로(首露)'로 왕호(王號)를 삼았다"라고 하였다.[2]

위의 기록을 통해, 수로왕이 된 이유를 알 수 있다. 한편 김수로왕

---

1) (3)—ⓐ 過浹辰 翌日平明 衆庶復相 聚集開合 而六卵 化爲童子 容貌甚偉 仍坐於床 衆庶拜賀 盡恭敬止 日日而大 踰十餘晨昏 身長九尺 則殷之天乙 顏如龍焉 則漢之高祖 眉之八彩 則有唐之堯眼之重瞳 則有虞之舜 其於月望日卽位也 始現故 諱首露 或云 首陵[首陵 是崩後諡也] 國稱大駕洛又稱伽耶國 卽六伽耶之一也 餘五人各歸 爲五伽耶主 東以黃山江西 南以滄海 西北以地理山東 北以伽耶山 南而爲國尾 俾創假宮而入御 但要質儉 茅茨不剪 土階三尺.

2) 허전,『성재집』「숭선전비」(『성재선생문집』권19), "駕洛國 始祖王 (…) 又曰 首出爲生民之祖故以首露爲王號'.

의 즉위와 관련된 (3)—㉰의 내용에 대해서 조선후기 인물인 허전(許傳)은 아래와 같이 정리하고 있다.

Ⓐ 왕은 동한(東漢) 광무황제(光武皇帝) 건무(建武) 8년 3월 3일에 태어났으며(32), 날이 갈수록 숙성(熟成)하여 겨우 10살이 되어서는 슬기롭고 용맹하여 그 지혜가 신(神)과 같았다. 9부의 9간 등이 추대하여 왕으로 세웠다.[3]

Ⓑ 건무 18년 임인년(42, 필자주; 11세) 3월 보름에 왕이 대위(大位)에 올라 세상을 개벽하고 만물의 뜻을 통하여 천하의 일을 완수하였다. 세속은 이로 인해 순박해지고 다스려지면서 청정하게 되었다.[4]

Ⓒ 다섯 명의 아우를 봉(封)함으로써 근본과 곁가지의 구분을 밝혔다.[5]

위의 글에서는 김수로왕이 태어난 해를 10년 앞당기고 있다. 그리고 10세가 되었을 때, 9부 9간의 추대를 받아 11세에 왕위에 오른 것으로 이해하였다. 그리고 다른 5가야의 왕들은 아우로 인식하는 태도를 보이고 있다.『가락국기』에서 김수로왕은 태어난 지 얼마 안되어 1세의 나이로 즉위하고 있다. 이런 부분을 좀더 합리적으로 이해하기 위한 조선시대 지식인의 서술태도로 이해할 수 있다.

고려시대에도 5가야에 대한 다양한 이해가 있었던 것으로 보인다. 이와 관련해서는 아래 자료가 참고된다.

5가야[『가락기』의 찬을 살펴보면 말하기를, "하나의 자주색 끈이

---

3) 허전,『성재집』「숭선전비」(『성재선생문집』권19), "王誕降 于東漢 光武皇帝 建武 八年 三月 三月 日就岐嶷 甫十歲 睿聖仁勇 其知如神 九部 九干等 推戴之 立以爲王".

4) 허전,『성재집』「숭선전비」(『성재선생문집』권19), "建武 十八年 壬寅 三月 望日也 王旣登大位 破荒啓土 開物成務 俗尙淳厖 治尙淸靜".

5) 허전,『성재집』「숭선전비」(『성재선생문집』권19), "封五弟 以明本支之分".

드리워져 6개의 둥근 알이 내려왔는데, 5개는 각 읍으로 돌아가고 1개는 이 성에 남아 있었다. 이 하나가 수로왕이 되었고, 나머지 5개는 각기 5가야의 주인이 되었다"라고 하였다. 금관은 5의 수에 넣지 않는 것이 마땅하다. 『본조사략』에서 금관을 아울러 헤아리고 창녕을 함부로 기록한 것은 잘못이다.]

아라[또는 야] 가야[지금의 함안], 고령가야[지금의 함녕], 대가야[지금의 고령], 성산가야[지금의 경산으로 벽진이라고도 한다], 소가야[지금의 고성]이다.6)

"교수님. 위의 글에서 『가락기』의 찬이라고 한 것은 어떤 자료를 말하는 것인가요.(허경진)"

"아마 『가락국기』의 찬이라고 볼 수 있을 것 같은데요. 뒤에서 검토할 (50)의 명(銘)을 여기에서는 찬이라고 표현한 것으로 보입니다. 아래 자료가 참고됩니다."

⑭ 6개의 둥근 알이 한 줄기의 자주색 끈에 달려 내려왔다.7)
⑰ 다섯 분은 각기 읍으로 돌아가고 한 분은 이 성에 계셨다.8)

"아. 그렇군요. 교수님. 그런데 명(銘)이라 하지 않고 찬(贊)이라고 했을까요.(김태유)"

"좋은 지적입니다. 명(銘)에는 여러 가지가 새겨질 수 있는데요. 뒤에서 검토할 (50)의 명(銘)에서는 가락국의 아름다운 행적을 기록하려는 의도가 많이 있었다고 생각됩니다. 그렇기 때문에 찬(贊)이라는

---

6)『삼국유사』권1 기이2「오가야」, "五伽耶[按駕洛記贊云 垂一紫纓 下六圓卵 五歸各邑 一在玆城 則一爲首露王 餘五各爲五伽耶之主 金官不入五數 當矣 而本朝史略 幷數金官 而濫記昌寧誤] 阿羅[一作耶] 伽耶[今咸安] 古寧伽耶[今咸寧] 大伽耶[今高靈] 星山伽耶[今京山 云碧珍] 小伽耶[今固城]".

7) ⑭ 下六圓卵 垂一紫纓. 뒤에서 살펴볼 (50)의 명(銘)에 있는 내용인데, 위에 인용한 자료에서는 거꾸로 서술하고 있다.

8) ⑰ 五歸各邑 一在玆城. 뒤에서 살펴볼 (50)의 명(銘)에 있는 내용이다.

단어로 이해한 것으로 보입니다."

"그렇다면 교수님. 나라 이름을 대가락 또는 가야국이라고 하였다는 것에는 어떤 의미가 있을까요.(허경진)"

"좋은 지적입니다. 대가락이라는 나라 이름을 표방한 것은 가야의 여러 나라 가운데에서 가장 큰 세력이었다는 역사와 자존 의식을 반영한 것으로 생각됩니다. 그렇다면 이러한 나라 이름은 당시 김해 지역의 사람들이 자부심을 갖고 의식적으로 사용하였다고 볼 수 있습니다. 말하자면 여러 가야국 가운데에서 김해의 가락국이 가장 뛰어나다는 생각이 담겨져 있다고 생각됩니다."

"그런데 교수님. 아래 기록에서는 가야의 경계를 설명하고 있는 것으로 보이는데요. 이런 부분은 어떻게 이해할 수 있을까요.(김태유)"

"아. 글쎄요. 이 부분과 관련해서는 일단 아래 자료들을 살펴보도록 하겠습니다."

Ⓐ 탈해 니사금 21년(77) 가을 8월에 아찬 길문이 가야 군사와 황산진 어구에서 싸워 1천여 명의 목을 베었으므로, 길문을 파진찬으로 삼아 공로를 포상하였다.9)
Ⓑ 남쪽에 황산하(黃山河)가 있는데 삽량주(歃良州)에 있다.10)
Ⓒ 황산강은 군의 서쪽 18리에 있다. 신라에서 사대독의 하나로 쳤고 중사에 실려 있다.11)
Ⓓ 황산강은 김해부 동쪽 40리 지점에 있으며 양산군 경계이다. 가야진 혹은 옥지연이라고도 하며, 고을 서쪽 40리 황산강 상류에 있다.12)

---

9) 『삼국사기』 권1 신라본기1 탈해니사금 21년, "秋八月 阿飡吉門與加耶兵 戰於黃山津口 獲一千餘級 以吉門爲波珍 賞功也".

10) 『신증동국여지승람』 권22 경상도 양산군 산천조, "南黃山河[歃良州]"

11) 『신증동국여지승람』 권22 경상도 양산군 산천조, "黃山江 在郡西十八里 新羅爲四瀆之一載中祀".

12) 『신증동국여지승람』 권32 김해도호부(金海都護府) 산천조.
『삼국사기』 권32 잡지1 제사(祭祀) 신라 종묘의 제도(新羅宗廟之制) 중사(中祀) 사독(四瀆)을 설명하고 있는데, 황산하는 삽량주(경남 양산시)에 속하는 강으로 낙동강 하류를 의미한다.

ⓔ 낙동강이 남쪽으로 흘러 도호부의 북쪽 뇌진(磊津)에 이르고, 다시 동쪽으로 흘러 옥지연에 이르러 황산강이 된다.;『신증동 국여지승람』권32 김해도호부 산천조.

ⓕ 오악; 동쪽의 토함산(대성군), 남쪽의 지리산(청주), 서쪽의 계룡 산(웅천주), 북쪽의 태백산(나이군), 중앙의 부악산(공산이라고 도 한다. 압독군이다). 사진; 동쪽의 온말근(아곡정), 남쪽의 해 치야리(실제라고도 한다. 추대군). 서쪽의 가아갑악(마시산군). 북쪽의 웅곡악(비열홀군이다). (중략) 사독; 동쪽의 토지하(참포 라고도 한다. 퇴화군). 남쪽의 황산하(삽량주). 서쪽의 웅천하(웅 천주). 북쪽의 한산하(한산주)이다.13)

위의 자료를 통해 황산강이 어디인지를 알 수 있다. 또한 가락국은 동쪽의 황산강을 경계로 신라와 대립하고 있었다는 사실도 아울러 파악할 수 있다.

나아가 옥지연이 황산강의 상류임을 알 수 있다. 황산강은 현재 경 남 김해시 상동면과 양산시 용원면 원동리 부근에서 낙동강 하구에 위치한 을숙도 부근까지로 볼 수 있다.14) 다음으로 아래 자료가 참고 된다.

현재 김해와 양산을 건널 수 있는 나루로 상동면 용당나루가 있다. 이곳의 가야진사(加耶津祠; 도민속자료 제 7호)는 신라의 내물왕이 가야를 치러가면서 무운을 빌었던 사당에서 비롯되었 다고 한다. 이곳에서 행해지고 있는 용신제(도민속자료 제 19호)의 기원은 신라가 강에 제사를 지내던 사독(四瀆)의 국가제사인 중사(中祀)로 경주에서 특별히 파견되는 칙사가 제물로 돼지 를 용산 앞의 용소에 빠뜨리던 전통을 계승한 것으로 전해지고 있다.; 이영식, 『새로 쓰는 김 해지리지; 김해학, 길 위에 서다』, 미(美)세움, 2014, 317~320쪽.

13)『삼국사기』권32 잡지1 제사(祭祀), "中祀 五岳 東吐含山(大城郡) 南地理山(菁州) 西鷄龍山(熊 川州) 北太伯山(奈已郡) 中父岳(一云公山 押督郡) 四鎭 東溫沫懃(牙谷停) 南海耻也里(一云 悉帝 推大郡) 西加耶岬岳(馬尸山郡) 北熊谷岳(比烈忽郡) (중략) 四瀆 東吐只河(一云 槧浦 退火郡) 南 黃山河(挿良州) 西熊川河(熊川州) 北漢山河(漢山州)".
   삼국시대의 가야진 용신제와 관련해서는 아래 자료가 참고된다.
   양산시립박물관, 『천신과 용신께 고하다; 황산강 가야진』, 양산시립박물관 개관1주년 기념 기 획특별전시, 2014.
   양산시립박물관, 『황산역』, 양산시립박물관 특별기획전, 2017.

14) 김태식, 「가락국기 소재 허왕후 설화의 성격」『한국사연구』102, 1998.

Ⓐ 가야산[주의 서남쪽 48리에 있다. 또 합천에 보인다.15)
Ⓑ 가야산[일명 우두산]이며, 야로현 북쪽 30리에 있는데 서쪽으로
   뻗어서 월류봉이 되었다.16)

가야산은 가야의 북쪽 경계를 이루는 산으로, 현재 경북 성주군과
고령군 및 경남 합천군 가야면 등에 걸쳐 있는 가야산을 의미한다.
한편 왕력의 가락국에서는 아래와 같이 서술하고 있다.

가락국을 또 다른 곳에서는 가야라고 하는데, 지금의 금주이다. 수
로왕은 임인(42) 3월 알에서 태어나 이 달에 즉위하여 158년 동안
다스렸다(42~199). 금알에서 태어났기 때문에 성이 김씨이다. 『개
황력』에 실려 있다.17)

"교수님. 위의 기록에 보이는 『개황력』은 어떤 성격을 갖고 있는
책으로 볼 수 있을까요.(허경진)"

"글쎄요. 앞에서 가락국의 건국은 개벽 이래 가장 큰 사건임을 강
조하고 있는 것으로 보입니다. 그렇다면 개황(開皇)은 개벽 이후에 황
국(皇國)을 개창(開創)하였다라는 의미로 이해됩니다. 그런데 『개황
력』은 뒤에서 검토할 거등왕조에도 보입니다. 좀 더 자세한 검토는
뒤에서 다시 하고자 합니다."

---

15) 『신증동국여지승람』 권28 경상도 성주목 산천조, "伽倻山[在州西南四十八里 又見陜川]"

16) 『신증동국여지승람』 권30 경상도 합천군 산천조, "伽倻山[一名 牛頭山 在冶爐縣 北三十里 西迤爲月
留峰]".

17) 『삼국유사』 권1 왕력1 「가락국」, "駕洛國 一作伽倻 今金州 首露王 壬寅三月卵生 是月卽位 理
一百五十八年 因金卵而生 故姓金氏 開皇曆載".

08

일곱 성인이 머무를만한 좋은 땅에 도성을 쌓다.

연대 A.D.	간지	왕력 제일				
		중국	신라	고구려	백제	가락국
43	계묘	후한 무제 건무 19년	3. 노례니질금 재위 20년	3. 대무신왕 재위 26년	2. 다루왕 재위 16년	수로왕 재위 2년

(4) 2년 계묘(43) 봄 정월에 왕이 말하기를, "짐이 경도(京都)를 정하여 두려고 한다"라고 하였다. 이에 수레를 타고 임시로 지은 궁궐 남쪽의 신답평(新畓坪)[이곳은 옛날부터 한전(閑田)인데, 새로 경작하였기 때문에 이렇게 불렀다. 답(畓)은 (우리나라에서 사용하는) 세속의 글자이다]으로 나아가 사방의 산악을 바라보고 좌우를 돌아보면서 말하기를, "이 땅은 여뀌잎처럼 협소하지만, 빼어나고 기이하여 16은한(銀漢)이 머무를만한 곳이다. 하물며 하나로부터 셋이 이루어지고 셋으로부터 일곱이 이루어지니, 일곱 분의 성인[칠성(七聖)]이 머무를 수 있는 땅으로 진실로 적합하다. 이에 이 땅을 개척하고 강토를 열어 마침내 좋은 곳이 되지 않겠는가"라고 하였다.
1,500보로 주위를 둘러싸는 나성(羅城)과 궁궐 전각 및 여러 관청의 청사와 무기고 및 창고의 자리를 쌓도록 하였다. 일이 끝나자 궁궐로 돌아왔다. 널리 나라 안의 장정과 인부와 장인들을 징발하

여 그 달 20일에 금성탕지를 쌓는 일을 시작하였는데, 3월 10일이 되어 공사를 마쳤다. 그 궁궐과 옥사(屋舍)는 농한기를 기다려서 지었으므로, 그 해 10월부터 시작하였다.[1]

"교수님. 위의 글은 수로왕이 즉위한 다음 해(43) 정월에 서울인 경도(京都)를 확정하는 이야기가 서술되어 있습니다. 그런데 내용이 난해합니다. 이러한 부분은 어떻게 이해하면 좋을까요.(김태유)"

"그렇죠. 이 부분은 기존 연구에서도 잘 설명되지 않고 있는 것 같아요. 궁금한 내용을 중심으로 하나씩 검토해 봐야 될 것 같아요. 이와 관련해서는 일단 아래 자료가 참고됩니다."

분산(盆山)의 남쪽에 도읍하였다.[2]

위의 자료를 통해 김수로왕이 도읍으로 정한 곳이 구체적으로 어디인지를 알 수 있다. 이러한 김해의 진산인 분산은 김수로왕의 왕궁이 있었던 봉황대를 밖으로 두른 평지의 토성이기도 하다.[3]

"아. 그렇군요. 그렇다면 교수님. 김수로왕이 수레를 타고 신답평으로 나아가 사방의 산악을 살펴보았다고 하는 사실은 어떻게 이해하

---

1) (4) 二年 癸卯 春正月 王若曰 朕欲定置京都 仍駕幸 假宮之南 新畓坪[是古來閑田 新耕作 故云也 畓乃俗文也] 四望山嶽 顧左右曰 此地狹小 如蓼葉 然而秀異 可爲十六銀[필자주; 라(羅)를 은(銀)으로 수정함]漢住地 何況自一成三 自三成七 七聖住地 固合于是 托土開疆 終然允臧歟 築置一千五百步 周廻羅城 宮禁殿宇 及諸有司屋宇 武庫倉廩之地 事訖還宮 偏徵國內 丁壯人夫工匠 以其月二十日 資始金湯 曁三月十日役畢 其宮闕屋舍 侯農隙而作之 經始于厥年十月.

2) 허전, 『성재집』 「숭선전비」(『성재선생문집』 권19), "都于盆山之陽".

3) 김해 시내에는 옛날부터 가락국의 왕궁후보지 3곳이 전해지고 있다. 2003년 11월 수로왕릉 건너편의 발굴조사에서 봉황토성이 발견되었다. 이러한 이유로 봉황대 동쪽에 있는 '가락국시조왕궁허(駕洛國始祖王宮墟)'라는 비석이 새겨져 있는 곳이 더욱 신뢰를 받게 되었다.; 이영식, 『새로 쓰는 김해지리지; 김해학, 길 위에 서다』, 미(美)세움, 2014. 48쪽.

면 좋을까요.(허경진)"

"좋은 지적입니다. 일단 김수로왕은 수레를 타고 북쪽에서 남쪽의 신답평으로 옮겼다는 사실이 중요한 것으로 보입니다. 이때 김수로왕이 도착한 신답평은 궁궐 남쪽에 새로 개척한 땅으로, 구지봉의 남쪽이며 시조왕릉의 북쪽인 지금의 대성동(大成洞) 논실[답곡(畓谷)] 마을이라고 합니다.4)

김해시 회현동 패총과 봉황대 기슭에 위치한 평지를 '논실'이라고 부르는데, 논은 신답평의 답(畓)을 의미하고 실은 평(平)을 말하는 것으로 이해됩니다. 이러한 신답평은 봉황대 일대로 비정되고 있습니다. 봉황대에서는 청동기시대 환호가 확인되었다고 합니다.5) 이러한 유적은 위의 자료에서 언급한 1,500보 둘레의 나성과 관련될 가능성이 있다고 합니다."

"아. 그렇군요. 교수님. 그렇다면 김수로왕이 이 땅은 여뀌잎처럼6) 협소하다라고 말한 부분은 어떻게 이해하면 좋을까요.(김태유)"

---

4) 정중환, 『가라사연구』(혜안, 2000, 389쪽)에서는 김원태의 주장을 소개하고 있다.

5) 회현동 패총의 훵허게 비워긴 공터 한 가운데에는 오래된 은행나무 바로 앞에 '가락국시조왕궁허'라는 글자를 깊고 두툼하게 새긴 비석이 있다. 뒷면의 명문에 의하면, 331년 전인 조선 숙종 6년(1680)에 축대를 만들어 비를 세우고 은행나무를 심었음을 알 수 있다.; 이영식, 『새로 쓰는 김해지리지; 김해학, 길 위에 서다』, 미(美)세움, 2014. 81~82쪽.
2003년 11월에는 왕궁을 둘러싸고 있던 성벽의 일부가 발견되었는데, 봉황동에 흙을 다져 만든 토성이기 때문에 '봉황토성'으로 불려진다. 우리나라에서 가장 먼저 발견된 초기 철기시대의 대표적인 유적으로, 수로왕릉 남쪽의 봉황대에서 동쪽으로 뻗어 내린 낮고 길쭉한 언덕에 있다. 이곳은 가야 사람들이 먹고 버린 조개껍질들이 생활쓰레기와 함께 쌓여 생긴 유적이다. 이곳에서 발굴된 탄화미는 2천년 이전 건국기의 가락국에서 쌀농사가 활발하게 이루어지고 있었음을 알려준다.; 이영식, 『이야기로 떠나는 가야 역사기행』, 지식산업사, 2009, 34~36쪽.

6) 여뀌는 좁고 기다란 잎을 가진 한해살이 풀로, 천변과 습지에서 흔히 마주칠 수 있는 마디풀과의 수변식물이다. 여뀌는 물고기를 잡는데 쓰일 정도로 쓴 맛이지만, 지혈이나 어혈 제거에 유용한 식물이다. 수로왕이 김해를 가락국의 서울로 정할 때, 김해 땅의 특징과 지리적 이점을 형용하는 비유로 사용하고 있다. 좁고 기다란 여뀌 잎의 모양을 김해의 땅으로 비유하고 있다. 가락국 건국의 어려움을 이겨내면서 가락국이 번성하기를 예견하는 비유였을 것으로 생각된다.; 이영식, 『새로 쓰는 김해지리지; 김해학, 길 위에 서다』, 미(美)세움, 2014. 13쪽.

"글쎄요. 김수로왕이 말한 이 땅은 구지봉에서 봉황대까지 남쪽을 향하여 뻗어 내려간 구릉 지대를 지칭한 것이라는 견해가 참고됩니다."[7)]

"아. 그렇군요. 그런데 교수님께서는 16나한(羅漢)으로 이해한 기존의 연구를 따르지 않고 16은한(銀漢)으로 고쳤습니다. 그 이유가 무엇인지 궁금합니다.(허경진)"

"좋은 지적입니다. 일단 이 시기에 불교가 가락국에 전래되었다고 볼 수 없기 때문입니다.[8)] 그렇다면 이 기록은 어떤 이유인지는 모르지만 약간 수정이 되었다고 생각됩니다. 조금 전에 수로왕은 북쪽에서 남쪽으로 이동하였다고 했습니다. 이때 북쪽은 물을 뜻하는 수(水)를 상징합니다. 그래서 저는 16나한을 16은한으로 고쳐서 이해했습니다. 여기의 16은 1과 6으로 수(水)에 해당합니다. 그리고 은한은 은하수(銀河水)를 말합니다. 황금알에서 태어난 김수로왕은 금생수(金生水)라는 『주역』의 원리에 따라 16은한이라는 표현을 하였을 것으로 생각됩니다."

"아. 그렇군요. 교수님. 그렇다면 일(一)로부터 삼(三)과 칠(七)이 이루어진다라는 이야기는 무엇을 말하려는 것인가요.(김태유)"

"글쎄요. 『주역』의 설명에 의하면, 1과 6은 수(水)를 상징하고 2와

---

7) 정중환, 『가라사연구』(혜안, 2000, 389쪽)에서는 김원태의 주장을 소개하고 있다.
8) 최근 한국불교사학회 한국불교사연구소 및 인제대학교 가야문화연구소에서는 가야 불교와 관련된 문제를 비교적 심도있게 검토하였다. 이와 관련된 연구는 아래와 같다.
고영섭, 「'가야' 명칭의 어원과 가야불교의 시원」 『한국불교사연구』, 한국불교사학회 한국불교사연구소, 2017년 제12호.
정진원, 「가야불교 인물의 발굴과 활동 분석」 『한국불교사연구』, 한국불교사학회 한국불교사연구소, 2017년 제12호.
최경아, 「남아시아불교와 가야불교의 접점」 『한국불교사연구』, 한국불교사학회 한국불교사연구소, 2017년 제12호.
김복순, 「가야불교와 신라불교의 특성과 차이」 『한국불교사연구』, 한국불교사학회 한국불교사연구소, 2017년 제12호.
인제대학교 가야문화연구소, 『가야인의 불교와 사상』, 주류성, 2017.

7은 화(火)를 상징합니다. 그리고 3과 8은 목(木)을 상징하고 4와 9는 금(金)을 상징하며 5와 10은 토(土)를 상징합니다. 이러한 오행설을 따른다면 숫자 1을 상징하는 수(水)로부터 3을 상징하는 목(木)이 나오고, 그 목(木)에서 숫자 7을 상징하는 화(火)가 생긴다고 할 수 있습니다. 그렇다면 1수(水)에서 3목(木)이 생기고, 3목에서 7화(火)가 생겨날 수 있구요. 이러한 변화는 상생(相生)의 관계임을 강조하려는 의미를 담고 있다고 할 수 있습니다. 이와 관련해서는 아래의 자료를 좀더 살펴볼 필요가 있습니다."

지금 김해의 서쪽에서 남으로 뻗어간 산형(山形)을 말하는 것이다. 일(一)에서 삼(三)으로 삼에서 칠(七)로 변한 것은 그 산의 변화를 의미하니, 북에서 동으로 굽었다가 동에서 다시 남으로 뻗었다는 뜻이다.

용마하도(龍馬河圖)의 선천팔괘(先天八卦)에 의하면 일육수(一六水)는 북쪽이고, 이칠화(二七火)는 남쪽이다. 삼팔목(三八木)은 동쪽이고, 사구금(四九金)은 서쪽이며 오십토(五十土)는 가운데이다. 일과 삼 및 칠의 숫자를 통해 산세의 방위와 오행(五行)의 상생(相生)을 논한 것이다. 일(一)은 논실[답곡(畓谷)] 마을 서쪽에 있는 '애구지봉'으로 북쪽 구지봉의 연맥이다. 삼(三)은 시조왕릉 서쪽에 있었던 '말무덤봉'으로 김해운동장을 설치할 때 없어졌다. 칠(七)은 봉황동(봉황동 호현리와 회현리)의 뒷산인 봉황대를 지칭한 것으로 추정된다.

북쪽 구지봉에서 뻗은 일(一)의 '애구지봉'이 동쪽으로 좌회룡(左回龍)하여 삼(三)의 '말무덤봉'을 형성하고 삼(三)의 말무덤봉은 다시 남으로 좌회룡하여 칠(七)의 봉황대를 형성했으니 반단형(半丹形)의 산세(山勢)가 되었다. 일(一)은 수(水)이고, 삼(三)은 목(木)이고 칠(七)은 화(火)이다. 오행상생(五行相生)으로는 수생목(水生木) 목생화(木生火)가 되므로 길(吉)하다는 것이다. 그래서 당시 황궁터는 봉황대의 동쪽인 호현리에 정했음을 알 수 있다.9)

---

9) 정중환, 『가라사연구』(혜안, 2000, 389쪽)에서는 김원태의 주장을 소개하고 있다. 또한 지금 그 곳에는 가락국시조왕궁허(駕洛國始祖王宮墟)라는 표석이 건립되어 있다. 『김해읍지』에서는, "수

"아. 그렇군요. 교수님. 그렇다면 일곱 분의 성인(聖人)이 머무를 수 있는 땅이라고 강조하고 있는 부분은 어떻게 이해하면 좋을까요. (허경진)"

"좋은 지적입니다. 이러한 부분을 어떻게 이해하면 좋을지는 저도 잘 모르겠습니다. 일단 아래 자료를 살펴보도록 하겠습니다."

  Ⓐ 이곳 신답평에서 7세를 지나고 8세 때 지금의 김해읍으로 도읍을 옮겨온 것으로 해석된다.[10]
  Ⓑ 칠성(七聖)이 머무를 수 있는 땅이니, 궁궐터가 풍수상으로 명당의 자리라는 것을 표현한 것이니, 이것은 가락의 칠성군(七聖君)을 뜻하는 것으로 추측된다.[11]
  Ⓒ (고려 시대에) 광종이 임금이 되어 나라를 다스린 지 4년 째 되던 해(953) 봄에 대사(大師)는 부처님 사리 3과를 얻어 유리 항아리에 담아 법당(法堂)에 안치하였다. 그로부터 수일(數日)이 지난 후, 어느날 밤 꿈에 일곱 분의 스님이 동방(東方)에서 왔다.[12]

위의 내용에서 Ⓐ와 Ⓑ는 김원태의 주장이고, Ⓒ는 고려 광종대에 활동한 법인국사 탄문을 추모한 비문에 쓰여 있는 내용이다. 김원태는 김해에서 직접 살면서 답사한 경험을 토대로 위와 같은 주장을 하였다고 보여진다. 그런데 이러한 관념은 토착신앙뿐만 아니라 불교에서도 강조되고 있음이 주목된다.

로왕궁의 유지가 있다. 이 지역에서 전하기를 옛날 궁궐의 유적지이다. 지금은 옛날 서문 밖 호현리에 있으니 흙으로 만든 계단이 삼등이다; 首露王宮遺址 諺傳 古宮遺址 在今古西門外 狐峴里 而土階三等"라고 한 사실도 제시하고 있다.

10) 정중환, 『가라사연구』(혜안, 2000, 67쪽)에서는 김원태의 주장을 소개하고 있다. 김두진도 칠성은 토착신앙과 연관되었음이 분명하다고 보았다(「가야 건국신화의 성립과 그 변화」 『한국 고대의 건국신화와 제의』, 일조각, 1999).

11) 정중환, 『가라사연구』(혜안, 2000, 389쪽)에서는 김원태의 주장을 소개하고 있다.

12) 「보원사지 법인국사탑비(普願寺址 法印國師塔碑), "光宗御宇四年春 大師得佛舍利三粒 以瑠璃甖 盛安置法宇 數日後 夜夢 有七僧自東方來"; 김두진, 『고려 전기 교종과 선종의 교섭사상사 연구』, 일조각, 2006.

"아. 그렇군요. 교수님. 그렇다면 1,500보로 나성과 궁궐 전각 등을 쌓도록 하여 금성탕지(金城湯池)를 쌓는 공사를 시작하였다라고 한 부분은 어떻게 이해할 수 있을까요.(김태유)"

"좋은 지적입니다. 위에서 말한 금성탕지를 두고는 두 가지 해석이 있습니다. 우선 '자시금양(資始金陽)'으로 보는 입장이니, 금양으로부터 시작한다는 말로 이해하는 경우입니다. 이렇게 보면 금양문(金陽門)으로부터 공사를 시작한다는 말이 됩니다. 이때 금양문이라고 보면 사문(四門) 가운데 남문이나 서문에 해당하는 대문으로 볼 수 있습니다.

두 번째로는 금성탕지(金城湯池)이니, 견고한 성지로 보는 입장입니다. 금성탕지로 보면 나성(羅城) 전체로 볼 수 있습니다. 위의 내용에 의하면 1,500보로 주위를 둘러싸는 나성과 부속 건물들을 마련하였다고 하였습니다. 이러한 서술을 존중하여 금성탕지로 보는 견해를 따랐습니다."[13]

"아. 그렇군요. 교수님. 처음에는 난해한 내용으로 보였는데요. 하나씩 분석해 나가니 조금씩 이해가 됩니다. 그렇다면 나성을 쌓는 공사를 정월 20일부터 시작히여 3월 10일에 마쳤고, 궁궐과 옥사는 10월부터 공사를 시작하였다는 부분은 어떻게 이해하면 좋을까요.(허경진)"

"아. 경진이의 격물치지(格物致知)하는 분석이 돋보입니다. 위의 내용에 의하면 도성을 쌓는 공사는 정월 20일에 시작해서 3월 10일에 마치고 있습니다. 그렇다면 50일을 넘기지 않는 기간에 공사를 마쳤다는 것을 알 수 있구요. 또 농사철에는 공사를 중단하고 10월부터

---

13) 정중환, 『가라사연구』(혜안, 2000, 390쪽)에서는 성문의 이름으로 해석함이 타당하다고 보았다.

다시 공사가 시작하였다고 되어 있습니다. 이러한 부분은 수로왕이 백성을 사랑한다는 애민(愛民) 정신을 강조하려는 측면을 반영한 것으로 볼 수 있겠습니다."

09

재주로 도전하는 탈해를 더 우월한 재주로 제압하다.

연대	간지	왕력 제일				
A.D.		중국	신라	고구려	백제	가락국
44	갑진	후한 무제 건무 20년	3. 노례니질금 재위 21년	4. 민중왕 원년	2. 다루왕 재위 17년	수로왕 재위 3년

(5) 갑진(44) 2월에 이르러 완공하였다. 좋은 날을 택하여 새로운 궁궐로 옮겨 들어가서 모든 정사를 처리하고 여러 업무도 부지런히 처리하였다.

갑사기 완하국(琓夏國) 함달왕(含達王)의 부인이 임신을 하였는데, 10달이 되어 알을 낳았다. 알이 사람으로 변하였는데 이름을 탈해(脫解)라고 하였다. (탈해는) 바다로부터 왔는데, 키가 9척 5촌이었고 머리 둘레는 3척 2촌이었다. (탈해는) 즐거운 마음으로 대궐에 가서 왕에게 말하기를, "나는 왕의 자리를 빼앗으려고 하였기 때문에 왔다"라고 하였다. 왕이 대답하기를, "하늘이 나에게 명하여 왕위에 오르게 하였다. (나는) 장차 나라 안을 안정시키고 아래로 백성을 편안하도록 하였다. 감히 천명을 어기고 왕위를 (자네에게) 줄 수 없다. 또 감히 내 나라와 내 백성을 자네에게 맡길 수도 없다"라고 하였다. 탈해가 말하기를, "그렇다면 술수로 다툴 수 있다"라고 하였다. 왕이 말하기를, "좋다"라고 하였다. 잠깐 사이에 탈해가 변하여 매가 되니 왕은 변하여 독수리가 되었다. 또 탈해가 변하여 참새가 되니, 왕은 변하여 새매가 되었다. 이렇게 하는 것이 매우 짧은 시간이었다. 탈해가 본래의 몸으로 돌아오니, 왕도 역시 (본래의 몸으로) 돌아왔다. 탈해가 항복하면서 말하기를, "제가 술수를 다투는 마당에서 매가 독수리에게서, 참새가 새매에게 잡힘을 모면한 것은 모두 성인이 살생을 싫어하는 인자함 때문이었습니다. 제가 왕과 더불어 왕위를 다투는 일은 진실로 어렵습니다"라고 하였다. 곧바로 (탈해는) 작별하는 절을 하고 나가서는 인근 교외의 나루터에 이르러 중국으로부터 오는 배가 닿는 물길을 따라 가려고 하였다.

왕은 (탈해가) 머물면서 반란을 일으킬 것을 마음으로 염려하였다. 급히 수군을 실은 배 500척을 보내어 뒤쫓도록 하였다. 탈해가 도망하여 계림의 땅 경계로 들어가니, 수군들은 모두 돌아왔다. (그런데) 이러한 일이 실려 있는 기록은 신라의 것과는 다른 것이 많이 있다.[1]

"교수님. 위의 글에 의하면 작년(43) 10월부터 시작된 궁궐 공사가 이해(44) 2월에 완성되었음을 전하고 있습니다. 이런 부분은 어떻게 이해할 수 있을까요.(허경진)"

"앞에서도 살펴 보았듯이 궁궐 공사는 농한기에 이루어지고 있습니다. 또한 그 기간도 5개월 정도로 비교적 짧은 시간이 소요된 것으로 보입니다. 이런 과정을 통해 김수로왕의 통치 기반이 점차 뿌리를 내려가고 있다는 사실을 알려주는 것으로 이해할 수 있겠습니다."

"아. 그렇군요. 그렇다면 재주 대결을 통해 탈해를 제압하고 있는 내용은 어떻게 볼 수 있을까요.(김태유)"

---

1) (5) 逮甲辰二月而成 涓吉辰御新宮 理萬機而勳庶務 忽有琓夏國 含達王之夫人妊娠 彌月生卵 卵化爲人 名曰脫解 從海而來 身長九尺七寸 頭圍三尺二寸 悅焉詣闕 語於王云 我欲奪王之位 故來耳 王答曰 天命我俾卽于位 將令安中國 而綏下民 不敢違天之命 以與之位 又不敢以吾國吾民 付囑於汝 解云 若爾可爭其術 王曰可也 俄頃之間 解化爲鷹 王化爲鷲 又解化爲雀 王化爲鸇 于此際也 寸陰未移 解還本身 王亦復然 解乃伏膺曰 僕也 適于角術之場 鷹之於鷲 雀之於鸇 獲免焉 此盖聖人惡殺之仁而然乎 僕之與王 爭位良難 便拜辭而出 到鄰郊外渡頭 將中朝來泊之水道而行 王竊恐滯留謀亂 急發舟師 五百艘而追之 解奔入雞林地界 舟師盡還 事記所載 多異與新羅.

"글쎄요. 고구려 건국신화에서 해모수는 재주 대결을 통해 하백을 제압하고 있습니다. 또한 고주몽은 비류왕을 제압하고 있습니다. 이러한 내용은 철기문명을 가지고 있는 두 세력이 우위를 다투는 모습을 전하는 것으로 볼 수 있을 것 같습니다. 그렇다면 철기문명을 갖고 있던 탈해 집단이 김해 지역에서 김수로왕 집단과 우위 경쟁을 하였던 사실을 전하는 내용으로 볼 수 있을 것 같습니다. 말하자면 탈해가 신라로 이동해 오는 과정에서 김해 지역의 가락국과 영토분쟁을 일으켰던 것으로 보여지기도 합니다. 또한 수로왕과 탈해의 재주내기 시합은 단순한 설화라기보다는 두 세력집단 사이의 무력 충돌이 있었던 것으로도 볼 수 있겠습니다.2)"

"아. 그렇군요. 그런데 위의 기록은 신라의 기록과 다른 점이 많이 있다라고 되어 있습니다. 이러한 부분은 어떻게 이해하면 좋을까요. (허경진)"

"아. 무척 난해한 질문입니다. 『삼국사기』와 『삼국유사』에 전하는 석탈해와 물계자(勿稽子) 관련 기록은 좀더 검토할 필요가 있다고 생각됩니다. 석탈해와 관련된 내용은 아래 자료들이 참고됩니다."

> Ⓐ (신라) 남해왕대(南解王代; 4~24년 재위)에 가락국의 바다에 배가 와서 머물렀다. 그 나라의 수로왕이 신하와 백성들과 함께 북을 치고 환영하면서 머무르게 하였다. 그러나 배는 빠르게 달아나 계림의 동쪽 하서지촌(下西知村) 아진포(阿珍浦)에 이르렀다.; 『삼국유사』권1 기이2 「제사탈해왕(第四脫解王)」조.
> Ⓑ (남해 차차웅) 재위 5년(A.D. 8) 봄 정월에 왕이 탈해가 어질다는 소문을 듣고 장녀(長女)를 그에게 시집보냈다.
> 재위 7년(10) 가을 7월에 탈해를 대보(大輔)로 삼아 군무(軍務)

---

2) 김두진, 「가야 건국신화의 성립과 그 변화」 『한국 고대의 건국신화와 제의』, 일조각, 1999.

와 국정(國政)을 맡겼다.;『삼국사기』권1 「신라본기」1 남해 차
차웅 5년과 7년조.
ⓒ 탈해 니사금이 왕위에 올랐다(57; 수로왕 재위 16년). 그때 나이
는 62세였다. (탈해는) 석씨(昔氏)로 왕비는 아효부인(阿孝夫人)
이다.;『삼국사기』권1 「신라본기」1 탈해 니사금조.

위의 내용을 살펴보면, 신라측 기록과 가락국의 내용에 커다란 차
이가 있음을 알 수 있다. 이러한 부분에 대한 검토는 앞으로의 과제
로 일단 남겨두고자 한다.

10

구간으로 하여금 왕후를 맞이할 준비를 하다.

연대 A.D.	간지	왕력 제일				
		중국	신라	고구려	백제	가락국
48	무신	후한 무제 건무 24년	3. 노례니질금 재위 25년	5. 모본왕 원년	2. 다루왕 재위 21년	수로왕 재위 7년

(6)—㉮ 건무 24년 무신(48) 7월 27일에 구간 등이 조알(朝謁)할 때에 건의하여 말하기를, "대왕께서 하늘로부터 신령하게 내려오신이래로 아직까지 좋은 배필을 얻지 못하였습니다. 청컨대 신(臣)등의 딸 가운데에서 가장 좋은 사람을 골라 궁중으로 들여 배필로 삼으시기 바랍니다"라고 하였다. 왕이 말하기를, "짐이 이곳에 내려온 것은 하늘의 명령이다. 짐의 배필로 왕후가 되는 것도 또한 하늘이 명령할 것이다. 경들은 염려하지 말라"라고 하였다. 드디어유천간에게 가벼운 배와 빠른 말을 가지고 망산도에 이르러 서서기다리게 하였다. 또 신귀간에게 명령하여 승점[망산도는 서울 남쪽의 섬이고, 승점은 (임금이 타고 있는) 수레 아래의 나라이다]으로 나가도록 하였다.[1]

---

1) (6)—㉮ 屬建武 二十四年 戊申 七月 二十七日 九干等 朝謁之次 獻言曰 大王 降靈己來 好仇未得 請臣等所有處女絶好者 選入宮闈 俾爲伉儷 王曰 朕降于玆 天命也 配朕而作后 亦天之命 卿等無慮 遂命留天干 押輕舟 持駿馬 到望山島立待 申命神鬼干 就乘岾[望山島 京南島嶼也 乘岾 輦下國也].

"교수님, 위의 내용에 의하면 수로왕 재위 7년 7월 27일에 구간들이 자신들의 딸 가운데에서 왕후를 맞이할 것을 건의하고 있습니다. 이런 내용은 어떻게 이해하면 좋을까요.(허경진)"

"글쎄요. 음력 7월 7일은 칠석(七夕)이구요. 이달 보름은 백중날입니다. 이러한 백중날로부터 12일이 지난 날이 7월 27일입니다. 7세로 재위 7년이 되는 수로왕에게 구간들이 이날 혼인문제를 거론한 것으로 볼 수 있을 것으로 생각됩니다."

"아. 그렇게 볼 수 있을지 수긍이 되지는 않네요. 그렇다면 9간의 요구를 수로왕이 거절하는 이유는 어떻게 이해할 수 있을까요.(김태유)"

"아. 그런가요. 당시 수로왕이 구간의 처녀 가운데 하나를 선택하지 못하는 것은 당시 왕권이 구간을 압도할 정도가 되지 못하고 오히려 그들로부터 많은 제약을 받고 있었음을 반영한다는 연구도 있습니다.[2]

하지만 수로왕이 왕후가 될 사람이 올 것이라는 이야기를 하고 있는 것으로 볼 때, 9간보다 김수로왕이 우월하다는 사실을 전하는 내용으로 이해할 수도 있을 것 같습니다. 당시 유천간과 신귀간에게 왕후를 맞이할 준비를 하도록 김수로왕이 시키고 있는 점도 이런 사실을 반영하는 것으로 보입니다."

"아. 그렇군요. 교수님. 그렇다면 망산도와 승점은 어디로 볼 수 있을까요.(허경진)"

"좋은 지적입니다. 이런 부분은 태유가 설명을 해 줄 수 있나요."

"그게. 사실은. 저도 잘 모르겠습니다.(김태유)"

---

2) 김태식, 「가락국기 소재 허왕후 설화의 성격」『한국사연구』 102, 1998.

"아. 그렇군요. 이 부분은 태유가 좀더 찾아보았으면 합니다. 일단 아래 자료를 살펴보겠습니다."

Ⓐ 망산도는 김해 남쪽의 섬으로 볼 수 있다. 조선 초기(1530) 지리 상황을 알려주는 『신증동국여지승람』권32,「김해도호부 산천」 조에 의하면, 김해부 남쪽에 바다가 있고 그 부근에 많은 섬들이 있다. 그러한 섬 가운데에서 전산도(前山島)는 음이나 뜻이 망산도에 가깝다. 조선후기의 김정호(金正浩)도 두 곳을 동일한 곳으로 추정하였으므로,3) 전산도를 망산도로 볼 수 있다. 망산도 즉 전산도는 조선 후기(1861)에 제작된 『대동여지도(大東輿地圖)』로 볼 때, 칠점산(七點山)과 명지도(鳴旨島)에 둘러싸인 내해(內海)의 작은 섬들 가운데 하나로, 지금은 김해시 풍류동(豊留洞)과 명법동(明法洞)에 걸쳐 여러 봉우리가 이어져 있는 칠산(七山)에 해당된다.

Ⓑ 승점은 김해시 서상동과 봉황동 및 칠산 북쪽의 풍류동 사이에 있는 높은 지대일 것이다. 그 가운데에서 궁궐에서 가까운 언덕이라고 할 수 있는 곳은 봉황대이다.4)

위의 내용을 통해, 망산도와 승점이 어디에 있었는지를 알 수 있다. 그런데 위에서 말한 칠산(七山)은 아래와 같은 이야기가 전해지고 있다는 사실도 주목된다.

Ⓐ 초현대(招賢臺)는 부 동쪽 5리에 있다.[세상에 전하기를, "가락국 거등왕(居登王)이 여기에 올라서 칠점산(七點山)에 머물러 사는 참시선인(旵始仙人)을 부르니, 참시가 배를 타고 거문고를 가지고 와서 서로 놀며 희롱하였으므로, 이름을 초현대라고 하였다"라고 하였다.];『세종실록지리지』경상도 김해도호부조.

Ⓑ 초현대는 부 동쪽 7리 지점에 있으며 작은 산이다. 전설에는, 가

---

3) 『대동지지(大東地志)』권10,「김해」조, "전산도를 또 다른 곳에서는 망산도라고도 하는데 남으로 5리이다; 前山島 一云 望山島 南五里."

4) 김태식,「가락국기 소재 허왕후 설화의 성격」『한국사연구』102, 1998.

락국 거등왕이 칠점산 참시산인(旵始山人)을 초청하니, 참시가 배를 타고 거문고를 가져와서 서로 더불어 즐겼으므로 그대로 이름하였다. 왕이 앉았던 연화석(蓮花石)과 바둑판 돌은 지금까지도 남아 있다.;『신증동국여지승람』권32 경상도 김해도호부조.

ⓒ 가야국 거등왕(居登王)이 칠점산(七點山)의 참시선인을 초빙하니 참시가 배를 타고 비파를 안고 와서 더불어 즐겁게 놀았다.; 안정복(安鼎福)의『동사강목(東史綱目)』제2상 계유년조(253).

위의 내용을 통해, 칠산 지역은 가락국의 역사와 깊은 관련이 있음을 알 수 있다. 현재 김해시 안동 마을에는 신어천을 향해 앉아 있는 초선대(招仙臺) 마애불상이 있는데, 경상남도 유형문화재 제78호로 지정되어 있다. 이와 관련해서는 신어산을 노래한 곽여(郭興; 1058~1130)의 시 및 고려말 포은(圃隱) 정몽주(鄭夢周; 1337~1392)가 초선대의 경관을 읊은 시가 지금까지 전해지고 있다.5)

한편 무척산(無隻山) 모은암(母恩庵)은 거등왕이 어머니인 허왕후를 위해 창건한 사찰이라는 전승도 전해지고 있다.6)

한편 진영의 봉화산은 김해 시내의 분산성 봉화를 받아 밀양의 남산봉수로 연락을 전하던 봉화대가 있었기 때문에 봉화산이라고 이름하였는데, 조선시대에는 자암산봉수라고 불리워졌다. 이러한 자암산은 자암(子庵)이라는 절 이름에서 유래되었다고 한다. 자암은 아들 자(子)니 아들의 절이란 뜻이다. 아버지는 수로왕이고, 어머니는 허왕후로 각각을 기념하는 부은암(삼랑진 안대리) 및 모은암(생림면 생철리)과 함께 지어졌다고 전해진다.『김해읍지』에 의하면 고종 3년(1866) 당시 층층바위가 무너져 기울어진 불당이 있었다고 전한다. 무너진

---

5) 이영식,『새로 쓰는 김해지리지; 김해학, 길 위에 서다』, 미(美)세움, 2014, 125쪽.
6) 이영식,『새로 쓰는 김해지리지; 김해학, 길 위에 서다』, 미(美)세움, 2014, 307쪽.

층층바위 사이에 부처님 한 분이 누워 있는데, 경상남도유형문화재 제40호의 봉화산 마애불이다. 당나라에서 밤마다 꿈에 나타나 황후를 괴롭히던 청년을 법력으로 바위틈에 가둬 신라 자암산(紫岩山)의 석불이 되게 하였다는 이야기가 전해진다. 말하자면 허왕후의 아들을 기념하는 절에 있던 석불이라는 전설이 있었던 것으로 볼 수 있다.[7]

---

7) '허왕후와 가야불교'를 분석한 연구는 아래 논문이 참고된다.
장재진, 「'허왕후와 가야불교' 연구에 대한 분석과 방향모색」『동아시아불교문화』29, 2017.

11

바다로부터 왕후의 배가 들어오는 것을 기다리다.

(6)—④ 홀연히 바다 서남쪽의 모퉁이로부터 붉은 비단돛을 달고, 적황색기를 펄럭이는 배가 북쪽을 향해 오고 있었다. 유천간 등이 섬에서 먼저 불을 올리니, (배에 타고 있던 사람들이) 다투어 물을 건너 육지로 내려와 앞다투어 달려왔다. 신귀간이 이것을 바라보고 궁궐로 달려들어가 (왕에게) 아뢰었다. 왕이 듣고 좋아하였다. 이에 구간 등을 보내 목란으로 만든 노를 정비하고, 계수나무로 만든 아름다운 돛대를 펴고 영접하면서 빠르게 대궐 안으로 모시려고 하였다. 이에 왕후가 말하기를, "나는 너희들을 평생 동안 처음 보는데 어찌 감히 경솔하게 따라가겠는가"라고 하였다. 유천간 등이 돌아와 왕후의 말씀을 전달하였다. 왕도 그렇다고 여겨 관리를 거느리고 어가를 움직여 궁궐 아래로부터 서남쪽으로 6,000여보 거리의 땅 산자락에 장막으로 친 궁전을 설치하고 (왕후를) 기다렸다.[1]

"교수님. 위의 글에서 유천간 등이 섬에서 먼저 불을 올려 바다에서 배가 오고 있다는 사실을 알리고 있네요. 그러자 신귀간이 궁궐로

---

1) (6)—④ 忽自海之西南隅 掛緋帆 張茜旗 而指乎北 留天等 先擧火於島上 則競渡下陸 爭奔而來 神鬼望之 走入闕奏之 上聞欣欣 尋遣九干等 整蘭橈 揚桂楫而迎之 旋欲陪入內 王后乃曰 我與爾等 素昧平生 焉敢輕忽 相隨而去 留天等返 達后之語 王然之 率有司動蹕 從闕下西南 六十[천(千)으로 수정]步許地 山邊設幔殿祗候.

달려 들어가 왕에게 이러한 사실을 아뢰었다고 되어 있습니다. 그렇다면 이것은 어떤 상황을 보여주는 것으로 볼 수 있을까요.(허경진)"

"아주 흥미있는 지적입니다. 아마 당시의 가장 빠른 통신수단을 보여주는 것으로 생각됩니다. 섬에서 불을 올렸다고 하는 것은 당시에 벌써 봉수대(烽燧臺)가 운영되고 있다는 사실을 전하는 것으로 보입니다.2) 이러한 봉수대에서 알려 주는 정보를 육지에서 기다리던 신귀간이 말을 달려 김수로왕에게 알렸던 모습을 전하는 것으로 보여집니다. 이러한 모습은 고려시대에 다시 이 지방의 풍속 놀이로 부활되는 것으로 보여집니다. 이와 관련해서는 뒤에서 살펴볼 (51)의 기록과도 연관되는 것으로 보입니다. 관련 자료를 살펴보도록 하겠습니다."

> (51) (…) 이 무렵에 다시 놀고 즐기면서 (수로왕을) 사모하는 행사가 있었다. 매년 7월 29일에 이 지역 사람과 관리 및 군사들이 승점(乘岾)으로 올라가 장막을 설치하고, 술과 음식을 먹고 즐기면서 환호하였다. 동서로 눈길을 보내며 건장한 인부들을 좌우로 나누어 망산도로부터 말을 급히 달리면서 육지로 빠르게 달리고, 훌륭한 배들은 물 위에 떠 서로 밀면서 북쪽의 옛날 포구[고포(古浦)]를 향하여 다투어 빨리 갔다. 무릇 이것은 옛날 유천간(留天干)과 신귀간(神鬼干) 등이 허왕후가 오는 것을 바라보고 수로왕에게 급하게 아뢰었던 유적이다.3)

위의 글을 통해 (6)―㉯는 7월 29일에 실제로 있었던 이야기를 전하는 것으로 볼 수 있다.

---

2) 역사 기록에 전하는 분산봉수(盆山烽燧)는 남해 가덕도 쪽에서 오는 신호를 받아 북쪽 밀양으로 전하는 역할의 일부를 담당했던 것으로 보인다.; 이영식, 『새로 쓰는 김해지리지; 김해학, 길 위에 서다』, 미(美)세움, 2014. 13쪽.

3) (51) (…) 此中更有戲樂思慕之事 每以七月 二十九日 土人吏卒 陟乘岾 設帷幕 酒食歡呼 而東西送目 壯健人夫 分類以左右之 自望山島 駮蹄駸駸 而競湊於陸 鷁首泛泛 而相推於水 北指古浦而爭趨 蓋此昔留天神鬼等 望后之來 急促告君之遺迹也.

"그런데 교수님. 위의 글에서는 바다로부터 왕후의 배가 들어오고, 김수로왕이 왕후를 맞이하기 위해 산자락에 장막을 친 궁전을 설치하고 왕후를 기다리는 모습을 서술하고 있는데요. 이러한 부분을 두고 위의 두 교재에서는 궁궐 아래로부터 서남쪽으로 60여보의 거리라고 하였는데, 조금 이상하네요.(김태유)"

"예. 저도 60여보는 너무 가까운 거리라고 생각됩니다.(허경진)"

"그렇습니다. 60여보는 너무 가까운 거리네요. 그래서 6천여보로 고쳐서 해석했습니다. 그리고 당시 허왕후를 맞이하기 위하여 장막 궁전이 설치되었던 곳은 신문리(新文里) 일대 반룡산(盤龍山) 산자락으로 볼 수 있다는 견해를 따르고자 합니다.4)"

---

4) 김태식, 「가락국기 소재 허왕후 설화의 성격」『한국사연구』102, 1998.

12

수로왕이 왕후를 맞이하다.

(6)—㉰ 왕후는 산 너머 별포의 나루에 배를 매어두고 뭍으로 올라 높은 언덕에서 쉬었다. (왕후는) 입었던 비단 바지를 벗어 예물로 삼아 산신령에게 보냈다. 그 나라에서 시종한 잉신(媵臣) 두 사람은 이름을 신보와 조광이라고 하였다. 두 사람의 처는 모정과 모량이라고 하였다. 또 다른 노비는 합해서 20여 명이었다. 가지고 온 금수능라와 의상필단 및 금은주옥과 아름다운 패옥이 달린 옷 및 보배로운 기물 등은 모두 다 기록할 수 없었다.

왕후가 점점 행궁으로 가까이 오니, 왕이 나와 맞이하면서 함께 장막을 친 궁궐로 들어갔다. 잉신 이하 무리들이 계단 아래로 나아가 뵙고 곧바로 물러나왔다. 왕이 관리에게 명하여 잉신 부부를 인도하며 말하기를, "사람들은 각각 한 방에 편안하게 있도록 하고, 이하 노비는 각기 한 방에 대여섯 명씩 편안하게 있도록 하라"라고 하였다. (그들에게) 난초로 만든 음료와 혜초로 빚은 술을 주고 무늬와 채색이 있는 자리에서 자도록 하였다. 의복과 필단 및 보화류는 많은 군인을 가려 모아 지키게 하였다.[1]

---

[1] (6)—㉰ 王后於山外 別浦津頭 維舟登陸 憩於高嶠 解所著綾袴爲贄 遺于山靈也 其地侍從腰臣二員 名曰 申輔 趙匡 其妻二人 號慕貞 慕良 或臧獲 幷計二十餘口 所賷錦繡綾羅 衣裳疋段 金銀珠玉 瓊玖服玩器 不可勝記 王后漸近在 上出迎之 同入帷宮 腰臣已下衆人 就階下而 見之卽退 上命 有司 引腰臣夫妻曰 人各以一房安置 已下臧獲 各一房 五六人安置 給之以蘭液蕙醑 寢之以文茵彩 薦 至於衣服疋段 寶貨之類 多以軍夫 遴集而護之.

"교수님. 위의 글은 허왕후가 타고 온 배에서 내려 김수로왕의 영접을 받고 있는 광경을 서술하고 있네요. 이러한 점은 어떻게 보아야 할까요.(허경진)"

"글쎄요. 왕후는 일단 별포의 나루에 타고온 배를 정박시킵니다. 그런 다음 높은 언덕에서 쉬고 있습니다. 이때 입었던 비단 바지를 예물로 삼아 산신령에게 보내고 있네요. 이러한 모습은 뒤에 하나의 역사적 유적지로 기념되고 있습니다. 이와 관련해서는 뒤에 검토할 내용 및 아래 자료가 참고됩니다."

> (10) 왕후가 처음 와서 닻을 내린 도두촌(渡頭村)을 주포촌이라 부르고, 비단 바지를 벗었던 높은 언덕을 능현이라고 하며, 붉은 깃발을 달고 들어온 바닷가 언덕은 기출변이라고 하였다.[2]
> 지금은 주포라고 한다. 처음 언덕 위에서 비단 바지를 벗었던 곳을 능현이라고 하고, 붉은 기가 처음 해안에 들어온 곳을 기출변이라고 하였다.[3]

위의 자료에 보이듯이 허왕후의 행적과 관련된 장소는 후일 storytelling이 되면서 중요한 역사적인 유적지로 부각되고 있음이 주목된다. 앞에서 검토하였던 탈해도 도두촌(渡頭村)에서 신라로 떠나는 모습을 보이고 있다. 하지만 탈해가 신라로 떠난 도두촌과 허왕후가 들어온 도두촌이 같은 장소인지 여부는 자세하지 않다. 이때 탈해와 관련된 장소들은 뒤에 중요한 역사 유적지로 기념되지 않고 있다. 이런 배경을 이해하면서 수로왕이 허왕후를 맞이하는 과정을 서술한

---

2) (10) (…) 初來 下纜渡頭村 曰主浦村 解綾袴高岡 曰綾峴 茜旗 行入海涯 曰旗出邊.

3)『삼국유사』 권3 탑상4 「금관성파사석탑」, "今云 主浦 初解綾綺 於岡上處 曰綾峴 茜旗 初入海涯 曰旗出邊".

이유가 이해될 수 있을 것이다.

"그런데 교수님. 당시 허왕후가 비단 바지를 벗어 산신령에게 폐백으로 보낸 것은 어떤 의미를 갖고 있는 것인가요.(김태유)"

"좋은 지적입니다. 비단 바지를 벗어 산신령에게 폐백으로 보냈다는 사실을 통해, 왕후의 신분이 보통이 아니었다는 측면을 강조하려는 의도가 있었다고 보여집니다. 또한 이러한 왕후의 행동이 가지는 의미는 처음 오는 장소인 초행지(初行地)를 통과할 때의 통과의례적인 면모를 보이는 것으로도 생각됩니다."

"아. 그렇군요. 교수님. 그런데 이 부분에서는 왕후와 김수로왕 이외에 많은 사람들이 등장하고 있구요. 또 그들을 어떻게 대우하고 있는지도 서술하고 있어요. 이런 부분은 어떻게 이해하면 좋을까요(허경진)."

"글쎄요. 무슨 이유로 이런 서술을 남겼을까요. 막연히 추측해 보면 허왕후 집단의 문화 수준이 상당히 높았다는 점을 부각시키려는 의도가 있었다고 보여집니다. 그러면서도 김수로왕은 더 높은 수준의 문화를 갖고 있었디는 점을 드러내려는 측면도 가지고 있다고 생각됩니다. 이런 서술을 통해서 이방인으로 들어오는 허왕후 집단과 가락국을 건국한 김수로왕 집단의 결합에 어떤 갈등이나 이질적인 요소가 없이 잘 소통되고 있다는 면을 부각시키려는 의도가 있었다고 생각됩니다."

13

허왕후와 수로왕이 함께 침전에 들다.

(6)—㉑ 이에 왕과 왕후는 함께 궁궐의 침전에 있었는데 (왕후가) 왕에게 조용하게 말하기를, "저는 아유타국의 공주로 성은 허씨이고 이름은 황옥으로 나이는 16세입니다. 본국에 있을 때인 금년 5월에 부왕이 황후와 더불어 저를 돌아보시며 말씀하시기를, '아버지와 어머니가 어젯밤 꿈에 함께 황천상제를 뵈었는데 말씀하시기를, 가락국의 원군(元君)인 수로는 하늘에서 내려 보내 왕위에 오르게 하였으니, 신성함은 오직 그 분이다. 또 새롭게 국가를 다스림에 아직 배필을 정하지 못하였다. 경 등은 모름지기 공주를 보내 짝이 되게 하라고 하였습니다. (황천상제는) 말을 마치고 하늘로 올라가셨는데, 꿈을 깬 뒤에도 상제의 말씀이 오히려 귀에 남아 있으니 너는 이제 부모를 하직하고 그곳을 향해 가라'고 하였습니다. 저는 바다에 떠서 멀리 증조를 찾아 가기도 하고 방향을 바꾸어 멀리 가서 반도를 찾아 아름다운 모습을 감히 탐하여 용안을 가까이 하게 되었습니다"라고 하였다. 왕이 대답하여 말하기를, "짐은 태어날 때부터 자못 신성하여 공주가 먼 곳으로부터 오시는 것을 미리 알고, 아래 신하들이 왕비를 들이라는 요청을 감히 따르지 않았소. 지금 현숙한 공주가 스스로 오시니 나에게도 다행입니다"라고 하였다. 드디어 동침하여 맑은 밤 이틀을 지내고 또 하루 낮을 보냈다. 이에 드디어 타고 돌아온 배를 돌려보냈는데 뱃사공 15명 모두에게 각각 식량 10석과 베 30필을 주면서 본국으로 돌아가게 하였다.[1]

"교수님. 위의 글에서는 김수로왕과 허왕후가 만나 함께 침전에 들어가는 과정을 서술하고 있습니다. 여기에서 궁금한 것은 김수로왕과 허황후는 어떻게 대화가 통하였을지 궁금합니다.(김태유)"

"글쎄요. 난해한 질문이네요. 앞에서 살펴 보았듯이, 김수로왕은 황천(皇天)의 지시로 구지봉에 내려옵니다. 그런데 허황옥의 부모는 황천상제(皇天上帝)의 지시를 따라 허왕후를 김수로왕에게 보내고 있습니다. 이렇게 볼 때, 당시 국제적인 문화 교류 속에 언어 소통에는 크게 문제가 없었던 것으로 보여집니다."

"아. 그렇게 볼 수도 있겠습니다. 그런데 위의 기록을 그대로 받아들인다면 김수로왕은 7세이고, 허왕후는 16세입니다. 말하자면 최초의 연상연하 커플인 것으로 보입니다. 하긴 저희도 연상연하 커플이긴 하지만요. 이러한 부분은 어떻게 이해하면 좋을까요.(허경진)"

"글쎄요. 위의 기록을 그대로 믿을 수도 있구요. 또 다른 측면에서 이러한 내용에 어떤 의미가 담겨 있는지를 검토해보는 방법도 있을 것입니다. 위의 기록에 의하면, 허왕후는 16세이고 김수로왕은 7세입니다. 이렇게 보면 허왕후는 9년 연상입니다. 이러한 기록을 통해 허왕후기 김수로왕보다 나이기 많았다라는 의미로 이해할 수 있을 것 같아요.

그런데 저는 일단 뒤의 입장을 따르고자 합니다. 허왕후가 16세라고 말한 것은 앞에서 검토한 16은한과 연관되어 있다고 봅니다. 이렇

---

1) (6)―㉮ 於是 王與后 共在御國寢 從容語王曰 妾是 阿踰陁國 公主也 姓許 名黃玉 年二八矣 在本國時 今年 五月中 父王與皇后 顧妾而語曰 爺孃一昨夢中 同見皇天上帝 謂曰 駕洛國 元君 首露者 天所降而 俾御大寶 乃神乃聖 惟其人乎 且以新茙家邦 未定匹偶 卿等 須遣公主 而配之 言訖升天 形開之後 上帝之言 其猶在耳 爾於此而忽辭親 向彼乎往矣 妾也 浮海遐尋於蒸棗 移天夐赴於蟠桃 蟾首敢叨 龍顔是近 王答曰 朕生而頗聖 先知公主 自遠而屆 下臣 有納妃之請 不敢從焉 今也 淑質自臻 眇躬多幸 遂以合歡 兩過清宵 一經白晝 於是 遂還來船 篙工楫師 共十有五人 各賜糧粳 米十碩 布三十疋 令歸本國.

게 보면 김수로왕과 허왕후는 모두 황천상제와 연결되는 존재라는 의미를 갖는 것으로 볼 수 있다고 생각됩니다."

"아. 그렇게도 볼 수 있겠네요. 그런데 위의 글에서는 김수로왕을 원군(元君)이라고 표현하고 있습니다. 그렇다면 여기에는 어떤 의미가 있는 것인가요.(김태유)"

"글쎄요.『가락국기』에서 원군이라는 표현은 뒤에도 여러 번 나오고 있습니다.2) 이와 관련해서는 아래 자료를 참고해보겠습니다."

왕을 존경하여 대왕원군이라고 하였다.3)

위의 기록을 통해 볼 때, 원군이라는 호칭에는 왕을 존경하는 의미가 담겨 있음을 알 수 있다.

"아. 그렇군요. 그렇다면 위에 보이는 허왕후 관련 기록은 어떻게 이해하면 좋을까요.(허경진)"

"아. 좋은 지적입니다. 허왕후와 관련된 기록을 어떻게 이해할 것인가라는 문제는 지금까지도 다양한 주장들이 제기되고 있습니다. 일단 조선시대에는 어떻게 이해하고 있었는지는 아래 자료를 통해 살펴보도록 하겠습니다."

Ⓐ 왕후는 건무 계사년(33) 7월 7일에 태어났다.4)
Ⓑ 대체로 아유타국(阿隃陀國) 임금의 딸이라고도 하고 남천축국

---

2) 뒤에서 검토할 (11)과 (28) 및 (40)―㉠에도 원군이라는 표현이 보이고 있다.
3) 허전,『성재집』「숭선전비」(『성재선생문집』 권19), "尊王爲大王元君".
4) 허전,『성재집』「숭선전비」(『성재선생문집』 권19), "后生于 建武 癸巳 七月 七日".

(南天竺國) 임금의 딸이라고도 하며 서역허국(西域許國) 임금의 딸이라고도 한다. 또한 허황국(許黃國)은 우리나라 밖에 있는 다른 나라라고 하여 보첩(譜牒)과 『금관고사(金官古事)』, 『동사강목(東史綱目)』 등의 책에 섞여 나오는 것이 동일하지 않다.5)

ⓒ 왕후를 맞이함으로써 혼인(婚姻)의 예(禮)를 바로 잡았다.6)

ⓓ 왕이 마침내 그를 세워 태후로 삼았다. 황옥부인(皇玉夫人)이라고 하였는데 보주태후(普州太后)라고도 하였다.7)

위의 내용을 통해 조선 후기 지식인인 허전(許傳)이 허왕후를 어떻게 이해하고 있었는지를 알 수 있다. 또한 김수로왕과 허왕후의 혼인을 어떻게 평가하고 있는지도 아울러 살펴볼 수 있다.

"아. 그렇군요. 교수님. 그렇다면 지금의 연구에서는 허왕후를 어떻게 파악하고 있는지 궁금합니다.(김태유)"

"허왕후에 대해서는 지금까지 다양한 입장에서 연구가 진행되었습니다. 앞으로도 다양한 연구 성과들이 소개될 것으로 기대됩니다.8) 일단 지금까지의 연구 성과를 간략하게 살펴보도록 하겠습니다."

Ⓐ 신령(神靈)과의 결혼 제의(祭儀)를 담당하는 해변(海邊)의 공창무녀(空唱巫女)로 보면서, 아유타국에서 왔다는 것은 사실이 아니라 불교적으로 가장 인연이 깊은 나라였다는 점과 관련이 깊다는 주장이다.9)

---

5) 허전, 『성재집』 「숭선전비」(『성재선생문집』 권19), "盖云 阿隃陀國君之女 或曰 南天竺國君之女 或曰 西域許國君之女 亦云 許黃之國 方外別國 諸牒及金官古事 東史綱目等書 雜出者 不一也".

6) 허전, 『성재집』 「숭선전비」(『성재선생문집』 권19), "聘王后 以正婚姻之禮".

7) 허전, 『성재집』 「숭선전비」(『성재선생문집』 권19), "王遂立以爲后 盖皇玉夫人 亦曰 普州太后".

8) 김태식, 「가락국기 소재 허왕후 설화의 성격」 『한국사연구』 102, 1998.

9) 三品彰英, 「首露傳說-祭儀と神話-」 『日鮮神話傳說の研究』, 1943; 『增補日鮮神話傳說の研究』, 三品彰影論文集 4권, 平凡社, 1972. 아유타국은 인도 갠지스강 상류인 사라유강의 동쪽 언덕에 있던 고대 도시국가인 아요디아(Ayodyha) 왕국을 가리키며, 아소카왕의 옛 자취가 있고, 저명한

ⓑ 일본에 있던 가락국의 분국(分國)에서 본국인과 결혼을 위해 돌아온 왕녀로 보는 주장이다.[10]

ⓒ 인도 아요오디아(Ayodhya) 왕국이 1세기 이전에 타이 메남강가에 건설한 식민국(植民國)인 아유티아(Ayuthya)에서 온 왕녀라는 주장이다.[11]

ⓓ 인도 아요디아국에서 중국 사천성(四川省) 안악현(安岳縣)으로 집단 이주해 살던 허씨족(許氏族) 가운데에서 배를 타고 황해를 건너온 소녀라는 주장이다.[12]

위의 연구 성과들을 살펴보면 허왕후가 인도에서 왔다는 주장을 부정하는 견해도 있다. 그렇지만 이와 달리 허왕후가 실제로 아유타국에서 온 것으로 인정하는 견해도 있다. 또다른 연구에서는 아유타국을 일본에 있던 가락국의 분국(分國)으로 보는 견해도 있음을 알 수 있다. 허왕후의 실체를 밝히려는 노력은 앞으로도 계속될 것으로 전망된다.

스님들이 머물던 곳이므로 불교와 밀접한 관련이 있다는 입장이다.

10) 김석형, 『초기조일관계연구』, 사회과학원출판사, 1966; 『古代朝日關係史-大和政權と任那-』, 朝鮮史硏究會譯, 1969.

11) 이병기, 『가락국탐사』, 일지사, 1977.

12) 김병모, 『허황옥 루트; 인도에서 가야까지』, 역사의아침, 2008. 허황옥이 아유타국에서 가져왔다는 파사석탑(婆娑石塔)의 "파사"는 중국인들이 서역을 통칭하는 말로 사용했던 "파사(波斯)"로 페르시아라는 뜻으로 풀이하고 있다.

14

허왕후와 함께 수로왕이 궁궐로 돌아오다.

(6)—⑭ 8월 1일에 왕후와 함께 수레를 타고 궁궐로 돌아오는데, 잉신 부부도 말머리를 가지런히 하여 수레를 탔다. 한(漢)나라의 저자에서 산 여러 종류의 물건도 모두 수레에 싣도록 하고 천천히 궁궐로 들어오니 시계는 정오가 되려 하였다. 왕후는 중궁에 거처하게 하고, 잉신 부부와 그들에게 속한 사람들에게는 빈방 2개를 나누어 주어 들어가게 하였다. 나머지 따라온 사람들은 빈관(賓館) 한 채의 20여 칸을 주어 사람 수에 따라 구별하여 편안히 있게 하면서 매일 풍부한 물품을 지급하였다. 그들이 싣고 온 진귀한 보물들은 내고(內庫)에 저장해두고, 왕후가 사시의 비용으로 쓰도록 하였다.[1]

"교수님. 위의 글은 수로왕이 허왕후와 함께 수레를 타고 궁궐로 돌아오는 모습을 서술하고 있네요. 이 내용에서는 어떤 점을 주목해 봐야 할까요.(허경진)"

"글쎄요. 저도 잘 모르겠습니다. 우선 여기에 수레가 등장하고 있

---

1) (6)—⑭ 八月 一日 廻鑾 與后同輦 媵臣夫妻 齊鑣幷駕 其漢肆雜物 咸使乘載 徐徐入闕 時銅壺欲午 王后 爰處中宮 勅賜 媵臣夫妻 私屬空閑 二室分入 餘外從者 以賓館 一坐 二十餘間 酌定人數 區別安置 日給豐羨 其所載珍物 藏於內庫 以爲王后 四時之費.

다는 점이 주목됩니다. 김수로왕과 왕후가 수레를 타고 있구요. 잉신 부부도 또다른 수레를 타고 있어요. 그리고 허왕후가 가지고 온 값진 물건들도 수레로 운반되고 있습니다. 이를 통해 당시 김수로왕과 허 왕후집단이 가지고 있었던 경제적 규모가 어떠하였는지도 아울러 상 상해 볼 수 있을 것입니다."

"아. 그렇군요. 교수님. 그런데 허왕후 일행의 물건을 어떻게 관리 하고 있는지를 서술하고 있는데요. 이런 서술은 어떻게 보아야 할까 요.(김태유)"

"좋은 지적입니다. 허왕후 일행이 가지고 온 진귀한 보물들은 모두 내고에 보관되면서, 왕후가 사계절마다 사용하는 비용으로 하였다는 점이 주목됩니다. 이를 통해 볼 때, 왕후는 독자적으로 재산권을 행사 했다고 볼 수 있겠습니다.2) 그런데 당시 허왕후가 어떤 일을 주관하 였는지는 구체적으로 알 수 없습니다. 이와 관련해서는 아래 자료를 참고해 보도록 하겠습니다."

> Ⓐ 수로왕이 그를 맞아들여 함께 나라를 다스린 지 1백 50여 년이
> 나 되었다. 그러나 그때 해동에는 아직 절을 세우고 불법을 받
> 드는 일이 없었다. 대개 상교가 아직 들어오지 않아서 그 지방
> 사람들이 불교를 믿지 않았으므로 「본기(本記)」에도 절을 세웠
> 다는 기록은 없다.3)

---

2) 허왕후릉 남쪽 동상동사무소 앞의 연화사 안에 허왕후의 중궁이 있었다는 전설이 있다. 허왕후 집단이 수로왕 집단과 구별되는 별개의 지역기반을 가지고 있었던 것을 반영하는 전설로 생각 된다. 말하자면 독립적 지역기반을 가지고 있던 왕비족의 수장이 허왕후였다고 볼 수 있다.; 이 영식, 『이야기로 떠나는 가야 역사기행』, 지식산업사, 2009, 64~65쪽.
지금 김해시 동상동의 연화사 경내에는 '가락국고도궁허(駕洛國古都宮墟)'라는 글씨가 새겨진 비석이 있다. 이곳에 허왕후의 중궁(中宮)이 있었고, 허씨 일족이 대대로 살았다는 전승이 있는 것으로 보아 허왕후 집단의 근거지였을 것으로도 볼 수 있다. 한편 봉황동의 시조왕궁터와 동상 동의 고도궁터라는 글자 차이에서 수로왕 후대의 왕궁이나 별궁이 있었던 것으로 보는 추정도 가능하다.; 이영식, 『새로 쓰는 김해지리지; 김해학, 길 위에 서다』, 미(美)세움, 2014. 48쪽.

ⓑ 금관 호계사의 파사석탑은 옛날 이 고을이 금관국일 때 세조 수
로왕의 비 허황후 황옥이 동한 건무 24년 무신(48)에 서역 아유
타국에서 싣고 온 것이다. 처음에 공주가 부모의 명령을 받들어
바다를 건너 동쪽으로 향하려다가 파도 신의 노여움을 받아 가
지 못하고 돌아가서 부왕에게 아뢰니, 부왕은 이 탑을 싣고 가
라고 하였다. 그제야 순조로이 바다를 건너 남쪽 해안에 와서
정박하였다. 배는 붉은 비단 돛과 붉은 깃발 및 주옥으로 아름
답게 꾸몄다. (이곳을) 지금은 주포라고 한다. 처음 언덕 위에서
비단 바지를 벗었던 곳을 능현이라고 하고, 붉은 기가 처음 해
안에 들어온 곳을 기출변이라고 하였다.4)

ⓒ 『고기』에서 말하기를, "만어사는 옛 자성산인데 또는 아야사산
으로,[마땅히 마야사로 써야 한다. 이것은 물고기를 말한다] 곁
에 가라국이 있다. 옛날 하늘에서 알이 바닷가로 내려와 사람이
되어 나라를 다스렸으니 곧 수로왕이다. 이 때 경내에 옥지가
있었는데, 연못에 독룡이 있었다. 만어산에 다섯 나찰녀가 있었
는데, (독룡과) 왕래하면서 사귀고 통하면서 때로 번개와 비를
내려 4년 동안 오곡이 익지 않았다. 왕이 주술로 금하려 했으
나 할 수 없게 되자, 머리를 조아려 부처님께 법을 설해 줄 것
을 요청하였다. 그런 뒤에 나찰녀가 오계를 받은 이후부터 재해
가 없어졌다. 이러한 이유로 동해의 어룡이 드디어 골짜기에 가
득한 돌로 변하였는데, 각각 종과 경쇠의 소리가 났다"라고 하
였다.[이상은 『고기』에 실려 있는 내용이다.]5)

위의 내용에서 허왕후가 구체적으로 어떤 역할을 하였는지는 자세
히 알 수 없다. 하지만 허왕후 집단이 이 지역으로 오면서부터 가락

3) 『삼국유사』 권3 탑상(塔像)4 「금관성파사석탑(金官城婆娑石塔)」, "首露王 聘迎之 同御國 一百五
十餘年 然于海東 未有創寺 奉法之事 蓋像教未至 而士人 不信伏 故本記 無創寺之文".

4) 『삼국유사』 권3 탑상4 「금관성파사석탑」, "金官 虎溪寺 婆娑石塔者 昔此邑 爲金官國時 世祖 首
露王之妃 許皇后 名黃玉 以東漢 建武 二十四年 戊申 自西域 阿踰陁國 所載來 初公主 承二親之
命 泛海將指東 阻波神之怒 不克而還 白父王 父王 命載玆塔 乃獲利涉 來泊南涯 有緋帆 茜旗 珠
玉之美 今云 主浦 初解綾綺 於岡上處 曰綾峴 茜旗 初入海涯 曰旗出邊".

5) 『삼국유사』 권3 탑상4 「어산불영(魚山佛影)」, "古記云 萬魚寺者 古之慈成山也 又阿耶斯山[當作
摩耶斯 此云 魚也] 傍有呵囉國 昔天卵下于海邊 作人御國 即首露王 當此時 境內 有玉池 池有毒
龍焉 萬魚山 有五羅剎女 往來交通 故時降電雨 歷四年 五穀不成 王呪禁不能 稽首請佛說法 然後
羅剎女 受五戒 而無後害 故東海魚龍 遂化爲滿洞之石 各有鍾磬之聲[己上古記]".

국을 건국한 김수로왕 집단에게 부족했던 부분을 보완하는 역할을
하였을 것으로 볼 수 있다.6) 이와 관련된 부분은 뒤에서 살펴볼 내용
인 수로왕이 관직 제도를 개혁하는 부분에 상당히 수용되었을 것으
로 생각된다.

6) 남무희, 「불교가 한국 고대인의 윤리관에 끼친 영향」 『한국불교사연구』 7, 2015.

15

수로왕이 관직 제도를 개혁하다.

(6)—⑭ 하루는 왕이 신하에게 말하기를, "구간 등은 모두 관료의 우두머리이지만 그 지위와 이름이 모두 소인(宵人)과 시골 사람[야부(野夫)]의 호칭으로 고귀한 직위의 호칭이 될 수 없다. 만일 외부에 알려지면 반드시 웃음거리가 될 것이다"라고 하였다. 드디어 아도를 아궁으로, 여도를 여해로, 피도를 피장으로, 오도를 오상으로 고쳤다. 유수와 유천이란 이름은 윗글자는 움직이지 않고, 아래 글자를 고쳐 유공과 유덕으로 하였다. 신천은 고쳐서 신도로 하고, 오천은 고쳐서 오능으로 하였다. 신귀(神鬼)의 음은 바꾸지 않고, 뜻만 고쳐서 신귀(臣貴)로 하였다. 계림의 직제를 취해 각간, 아질간, 급간의 등급을 두었다. 그 아래의 관료는 주(周)와 한(漢)의 제도로 나누어 정하였다. 이것은 옛 것을 고쳐서 새 것으로 정하고, 관직을 설치하고 직책을 나누는 도리였다. 이에 나라를 다스리고 집안을 고르게 하여, 백성을 자식과 같이 사랑하였다. 그 교화는 엄숙하지 않으면서도 위엄이 있었고, 그 정치는 엄격하지 않으면서도 다스려졌다.

하물며 왕후와 더불어 머무른 것을 비유하면 하늘에 대하여 땅이 있고, 해에 대하여 달이 있고 양에 대하여 음이 있는 것과 같았다. 그 공은 도산씨가 하나라의 (우임금을) 돕고, 요임금의 딸들이 (순임금의) 요씨를 일으킨 것과 같았다.[1]

---

1) (6)—⑭ 一日 上語 臣下曰 九干等 俱爲庶僚之長 其位與名 皆是宵人 野夫之號 頓非簪履 職位之

"교수님. 위의 글은 수로왕이 관직 제도를 개혁하고 있는 모습을 서술한 것으로 보이는데요. 이러한 기록이 갖는 의미는 어떻게 이해하면 좋을까요.(김태유)"

"글쎄요. 제 생각에는 세 가지 방향으로 관직 제도가 개혁되었다는 측면을 이야기하는 것으로 보입니다. 말하자면 ① 구간의 명칭을 변경함. ② 계림의 관직 제도를 수용함. ③ 중국의 주(周)와 한(漢)의 제도를 도입하고 있다는 점을 강조하는 것으로 보입니다."

"아. 그렇군요. 교수님. 그런데 구간의 명칭을 모두 고친 것은 어떤 의미가 있을까요.(허경진)"

"점점 어려운 질문을 하시네요. 막연하지만 추측해본다면, 아도·여도·피도·오도는 모두 뒤의 글자가 도(刀)로 되어 있습니다. 이러한 도(刀)를 좀더 구체적으로 설명하기 위해서 아궁·여해·피장·오상이라는 좀더 품격이 있는 단어로 바꾼 것으로 보입니다.

또한 유천·신천·오천은 모두 뒤의 글자가 천(天)으로 되어 있는데, 이러한 천을 좀더 세분하기 위해서 유덕·신도·오능으로 고친 것으로 보이구요. 유수를 유공으로, 신귀(神鬼)를 신귀(臣貴)로 바꾼 것도 이런 의미가 있지 않을까라는 생각입니다."

"그렇다면 교수님. 신라의 관직 제도를 수용하면서 각간과 아질간 및 급간의 등급을 둔 이유는 어떻게 보아야 할까요.(김태유)"

"저도 잘 모르죠. 다만 막연하지만 추측을 해보겠습니다. 신라 17관등제 가운데 제1관등인 각간(또는 이벌찬), 제6관등인 아질간(또는

稱 儻化外傳聞 必有嗤笑之耻 遂改我刀爲我躬 汝刀爲汝諧 彼刀爲彼藏 五刀爲五常 留水 留天之名 不動上字 改下字 留功 留德 神天改爲神道 五天改爲五能 神鬼之音 不易 改訓爲臣貴 取雞林職儀 置角干 阿叱干 級干之秩 其下官僚 以周判漢儀 而分定之 斯所以革古鼎新 設官分職之道歟 於是乎 理國齊家 愛民如子 其教 不肅而威 其政 不嚴而理 況與王后而居也 比如天之有地 日之有月 陽之有陰 其功也 塗山翼夏 唐媛興姚.

아간), 제9관등인 급간(또는 급찬)을 기준으로 세 등급으로 나눈 것으로 보여집니다. 널리 알려져 있듯이, 신라에는 골품제도라는 신분제도가 있었잖아요. 가야에서도 신라만큼 엄격하지는 않았지만, 나름대로 신분을 구분하려는 의도가 있지 않았을까 합니다. 이와 관련해서는 아래 자료가 참고됩니다."

> (유리 니사금) 재위 9년(32) 봄에 6부의 이름을 바꾸고 그에 따라 성을 내려주었다.;『삼국사기』「신라본기」1 유리 니사금 9년조.

신라는 박혁거세 거서간과 남해 차차웅을 지나 유리 니사금대에 위와 같이 6부의 이름을 개편하고 그에 따라 6촌장에게 각각 성씨를 하사하는 모습이 기록되어 있다. 신라보다 늦게 출발한 가락국은 김수로왕대에 서둘러 관직 제도를 개편할 필요가 있었을 것으로 보인다.

"아. 그렇군요. 교수님. 그런데 마지막 부분에서 왕후의 역할이 강조되고 있는 것으로 보입니다. 이러한 부분은 어떻게 이해할 수 있을까요.(허경진)"

"신라에서는 박혁거세와 알영을 두 명의 성인인 이성(二聖)으로 추앙하고 있습니다. 이를 통해 신라에서는 왕과 왕비를 모두 존중하는 이성(二聖) 신앙이 있었던 것으로 볼 수 있습니다. 가락국도 신라와 마찬가지로 김수로왕과 허왕후를 모두 존경하는 이성(二聖) 관념이 일찍부터 형성되어 있었을 것으로 보입니다. 이와 관련해서는 아래 자료를 검토해 보겠습니다."

(50) 『명(銘)』에서는 말하기를, "(…) ⑲ 진실로 하늘이 덕있는 사람
　　 을 내셨으니 세상을 위하여 법도(法度)를 만드셨다. ⑳ 보위에
　　 처음 오르자 천하가 깨끗해졌다. (…)".[2]
　 9경(卿)을 세움으로써 관직 제도를 정하였다.[3]

　　뒤에서 살펴볼 (50)의 내용 및 허전의 「숭선전비」에서는 김수로왕
의 관직 제도 개혁을 위와 같이 높게 평가하였음을 알 수 있다.

2) (50) (…) 銘曰 (…) ⑲ 實天生德 爲世作程 ⑳ 寶位初陟 寰區欲淸 (…).
3) 허전, 『성재집』 「숭선전비」(『성재선생문집』 권19), "立九卿 以定官職之制."

16

고향을 그리워하며 세상을 떠나는 사람들.

연대	간지	왕력 제일				
A.D.		중국	신라	고구려	백제	가락국
55	을묘	후한 무제 건무 31년	3. 노례니질금 재위 32년	6. 국조왕 재위 3년	2. 다루왕 재위 28년	수로왕 재위 14년

(7) 그 나머지 노비 무리는 (가락국에) 온 지 7, 8년 사이에 자녀를 낳지 못하였다. 오직 고향을 그리워하는 슬픔을 안고 모두 고향으로 머리를 향하면서 죽었다.[1]

"교수님. 위에 제시한 내용은 참으로 가슴 아픈 내용이네요. 저나 태유 모두 제대로 된 직장을 구하지 못하고 아르바이트로 생활하다 보니 서글픈 일을 겪는 경우가 많은데요. 이들도 제대로 된 평가를 받지 못하고 있는 것 같아 제 마음도 서글퍼집니다.(허경진)"

"그렇군요. 저도 아직 전임이 되지 못하고 시간 강사로 세월을 보

---

1) (7) 其餘 臧獲之輩 自來七八年間 未有玆子生 唯抱懷土之悲 皆首丘而沒.

내고 있으니 그 마음이 이해가 됩니다."

"그런데 교수님. 오직 고향을 그리워하는 슬픔을 안고 고향으로 머리를 향하면서 죽었다는 부분이 더욱 저의 가슴에 아픔으로 와닿습니다. 그렇다면 이러한 사실을 굳이 『가락국기』에서 기록으로 남기고 있는 이유는 무엇일까요.(김태유)"

"글쎄요. 일단 원문의 내용을 다시 한번 살펴볼 필요가 있겠습니다. 수구(首丘)는 여우가 머리를 자신이 살고 있던 언덕을 향해 두는 마음을 가리킵니다. 산의 언덕에 살고 있던 여우는 죽을 때에 자신이 살고 있던 여우굴이 있는 산의 언덕을 향해 머리를 두고 죽는다고 합니다. 비유하면 자신의 근본을 잊지 않으려는 태도 또는 죽어서라도 고향 땅에 묻히고 싶어하는 마음을 비유한 것으로 보입니다. 이와 관련해서는 아래 자료를 살펴보도록 하겠습니다."

> Ⓐ 강태공(姜太公)은 제(齊)나라의 영구(營丘)에 봉해져 5대에 이르기까지 살았으나 모두 주(周)나라에 와서 장례(葬禮)를 지냈다. 군자가 말하기를, "음악은 자연적으로 발생하는 바를 즐기고, 예는 근본을 잊지 않는 것이다. 옛사람이 말하기를, '여우가 죽을 때에는 언덕으로 머리를 향한다'라고 했는데 그것이 바로 인(仁)이다"라고 하였다.2)
> Ⓑ 새는 날아서 고향으로 돌아가고, 여우는 죽으면 머리를 언덕으로 향한다.3)

"아. 교수님. 우리들이 가끔 사용하는 사자성어(四字成語)에서 '수구지정(首丘之情)' 또는 '수구초심(首丘初心)'이나 '호사수구(狐死首

---

2) 『예기(禮記)』「단궁(檀弓)」 상(上), "太公 封於營丘 比及五世 皆反葬於周 君子曰 樂 樂其所自生 禮 不忘其本 古之人有言曰 狐死正丘首 仁也."

3) "조비반고향혜(鳥飛反故鄉兮) 호사필수구(狐死必首丘)." 초(楚)나라의 시인이자 정치가였던 굴원(屈原)은 「구장(九章)」·「섭강(涉江)」이라는 시에서 위와 같은 구절을 사용하였다.

丘)'라는 말과도 통한다고 볼 수 있겠네요.(허경진)"

"그렇죠. 경진이가 아는 것이 많네요."

"하하. 어쩌다 보니 문자를 좀 사용해 보았네요. 그런데『가락국기』
에서 이러한 기록을 남긴 이유는 무엇일까요.(허경진)"

"글쎄요. 가락국의 김수로왕과 허왕후가 만나는 과정에서 온갖 고
생을 하면서 살았던 사람들에 대한 최소한의 배려가 아니었을까라는
생각을 해봅니다. 정확한 대답이 되었는지 모르겠네요. 다음 단락으
로 넘어가도 될까요."

"교수님. 잠깐만요. 위의 번역 및 교수님께서도 '장획(臧獲)'이라는
단어를 노비로 번역했는데요. 어떤 근거로 이렇게 해석했나요.(김태유)"

"글쎄요. 기존 번역에서도 모두 노비로 번역했더라구요. 하지만 태
유가 문제를 지적했으니 다시 고민해봐야겠어요. 중국 고전인『장자
(莊子)』와『양자방언(揚子方言)』을 찾아보겠습니다. 일단 아래 자료
가 참고됩니다."

 Ⓐ 장(臧. 필자주; 사내종)과 곡(穀. 필자주; 계집종) 두 사람이 서로
  함께 양을 길렀는데, 모두 그 양을 잃어버렸다. 사내종에게 어
  찌된 일이냐고 물으니, 책을 끌어안고 읽고 있었습니다라고 하
  였다. 계집종에게 어찌된 일이냐고 물으니, 커다란 주사위를 가
  지고 놀았습니다라고 하였다. 두 사람이 하던 일은 같지 않았지
  만, 그 양을 잃어버림에 있어서는 같은 것이다.[4]
 Ⓑ 남자 노비를 모욕하는 것을 장(臧)이라 하고, 여자 노비를 모욕
  하는 것은 획(獲)이라 한다.[5]

---

4)『莊子』「騈拇篇」, "臧與穀 二人相與牧羊 而俱亡其羊 問臧奚事 則挾策讀書 問穀奚事 則博塞以游
 二人者 事業不同 其於亡羊均也."

5)『揚子方言』, "罵奴曰臧 罵婢曰獲."

위에 제시한『장자』「변무」편과『양자방언』의 기록을 통해 '장획'을 노비로 번역한 이유를 알 수 있다. 그런데『장자』「변무」편의 내용은 '장곡망양(臧穀亡羊)'이라는 고사로도 널리 알려져 있다. 이러한 기록을 통해 노비에 대한 좋지 않은 인식이 가미된 용어가 장획이라는 사실도 알 수 있다.

17

거등공의 탄생과 두 딸이 태어나다.

연대 A.D.	간지	왕력 제일				
		중국	신라	고구려	백제	가락국
78	무인	후한 장제 건초 3년	4. 탈해니질금 재위 22년	6. 국조왕 재위 26년	3. 기루왕 재위 2년	수로왕 재위 37년

(8) 해마다 용맹한 남자[웅비(熊羆)]를 얻는 조짐의 꿈이 있더니, 태자 거등공이 탄생하였다.[1]

(9) 잉신 천부경 신보와 종정감 조광 등은 나라에 도착한 지 30년 만에 각각 두 딸을 낳았다. (이들) 부부는 1, 2년 지나 모두 세상을 떠났다.[2]

"위의 글에 의하면 태자 거등공이 탄생하였다라는 점이 기록되어 있는데요. 여기에는 어떤 의미가 담겨 있을까요.(김태유)"

"좋은 질문입니다. 사실 위의 기록만으로는 태자 거등공이 언제 태

---

1) (8) 頻年 有夢 得熊羆之兆 誕生 太子 居登公.

2) (9) 媵臣 泉府卿 申輔 宗正監 趙匡等 到國 三十年後 各産 二女焉 夫與婦 踰一二年 而皆抛信也.

어났는지를 정확하게 알 수 없습니다. 그런데 뒤에서 살펴보겠지만, 거등왕의 왕비는 천부경 신보의 부인인 모정부인이 낳은 딸인 모정이었다고 되어 있습니다. 그렇다면 모정부인이 태어나는 해와 비슷한 시기에 거등왕도 태어났을 것으로 보아야 할 것입니다. 그래서 일단 이곳에 관련 자료를 제시했습니다."

"그렇군요. 교수님. 그런데 여기서 웅비(熊羆)를 얻는 조짐의 꿈이라고 서술한 것은 무엇을 말하는 것으로 볼 수 있을까요.(김태유)"

"글쎄요. 아래 자료를 참고해 보겠습니다."

> Ⓐ 길몽은 무엇인가. 곰과 큰 곰이다. 곰과 큰 곰은 남자를 낳을 조짐이다.3)
> Ⓑ 태자를 세워 적자(嫡子)가 계통을 이어받는 중요함을 엄격하게 하였다.4)

위에 제시한 두 자료의 내용을 통해 김수로왕의 가락국 창업을 계승할 태자 거등공의 탄생이 갖는 의미가 무엇인지를 알 수 있다고 생각된다.

"아. 그렇군요. 교수님. 그렇다면 잉신 천부경 신보와 종정감 조광이 각각 두 딸을 낳았다는 사실을 기록한 점에는 어떤 의미가 있을까요.(허경진)"

"아주 날카로운 지적이네요. 앞에서 살펴본 (6)―㉣와 (6)―㉮에도 잉신 신보 및 조광과 관련된 이야기가 보입니다. 그런데 그곳에서는

---

3) 『시경(詩經)』「소아(小雅)」편, "吉夢維何 維熊維羆 維熊維羆 男子之祥".
4) 허전, 『성재집』「숭선전비」(『성재선생문집』 권19), "建太子以嚴嫡統之重."

천부경과 종정감이라는 관직이 보이지 않는 점이 주목됩니다. 그렇다면 이 글은 앞에서 이미 살펴본 (6)—㉾의 수로왕이 관직 제도를 개혁한 내용과 함께 살펴볼 필요가 있다고 생각됩니다.

한편 뒤에서 살펴보겠지만, 천부경 신보와 아내인 모정부인이 낳은 딸인 모정은 뒤에 거등왕의 왕비가 되고 있구요. 종정감 조광의 손녀인 호구는 마품왕의 왕비가 되고 있습니다. 이러한 사실과 연관시킬 필요가 있기 때문에 이러한 기록을 남겼다고 볼 수 있을 것 같습니다."

"아. 그렇군요. 교수님. 그렇다면 이곳에 보이는 천부경과 종정감이라는 관직은 어떤 관점에서 이해하면 좋을까요.(허경진)"

"역시 좋은 지적입니다. 기존 연구에 의하면, 천부경이나 종정감에 임명된 신보나 조광은 허왕후 집단에서 활동한 남계(男系) 수장의 위치에 있었던 인물로 보기도 합니다. 또한 이들이 가졌던 천부경이나 종정감은 허왕후 집단에서 제의나 의례를 관장했던 관직으로 보기도 합니다.[5]

그런데 앞에서 김수로왕이 관직 제도를 개혁하는 모습을 살펴 보았습니다. 그러한 내용에서 주니라와 한나라의 중국 제도를 수용하는 부분이 있었습니다. 이러한 사실과 연관된다고 보시면 좋을 것 같아요. 여기에 보이는 천부경은 주대(周代)에 시세(市稅)를 받는 일과 공비(公費)로 시장에서 팔리지 않는 물품을 사들여 다시 그것을 원가로 파는 일을 맡아 물가를 조절하던 관직입니다.[6] 또한 종정감은 주관(周官)의 소종백(小宗伯)으로서 황족의 일을 담당하였습니다.[7] 이러

---

5) 김두진, 「가야 건국신화의 성립과 그 변화」『한국 고대의 건국신화와 제의』, 일조각, 1999.
6) 『주례(周禮)』 지관(地官) 「천부(泉府)」조.

한 사실을 통해 김수로왕이 관직 제도를 개혁한 내용이 구체적으로 현실에 반영되고 있음을 알 수 있습니다. 이와 관련해서는 아래 자료들도 함께 살펴볼 필요가 있습니다."

Ⓐ (탈해 니사금) 재위 21년(77; 수로왕 재위 36년) 가을 8월에 아찬 길문(吉門)이 가야(加耶) 군사와 황산진(黃山津) 어구에서 싸워 1천여 명을 목베었으므로 길문을 파진찬으로 삼아 공로를 포상하였다.;『삼국사기』 권1 「신라본기」1 탈해 니사금 21년조.

Ⓑ (파사 니사금) 재위 8년(87; 수로왕 재위 46년) 가을 7월에 영(令)을 내려 말하기를, "나는 덕이 없으면서도 이 나라를 다스리고 있으며, 서쪽으로는 백제와 이웃하여 있고 남쪽은 가야와 연접해 있다. (나의) 덕은 (백성을) 편안하게 하지 못하고 위엄은 (이웃 나라를) 두렵게 하기에 부족하니 마땅히 성루(城壘)를 수리하여 침입에 대비하라"고 하였다.

재위 15년(94; 수로왕 재위 53년) 봄 2월에 가야의 적(賊)이 마두성(馬頭城)을 포위하였으므로 아찬 길원을 보내 기병 1천 명을 이끌고 가서 공격하여 쫓았다.

재위 17년(96; 수로왕 재위 55년) 9월에 가야인이 남쪽 변경을 습격하였으므로 가성주(可城主) 장세(長世)를 보내 막게 하였으나 적군에게 죽임을 당하였다. 왕이 분노하여 용맹한 군사 5천 명을 거느리고 나가서 싸워 그들을 깨뜨렸는데, 사로잡거나 죽인 자가 매우 많았다.

재위 18년(97; 수로왕 재위 56년) 봄 정월에 군사를 일으켜 가야를 정벌하려고 하였으나, 그 나라 임금이 사신을 보내 사죄하였으므로 그만두었다.

재위 23년(102; 수로왕 재위 61년) 가을 8월에 음즙벌국(音汁伐國)과 실직곡국(悉直谷國)이 강역을 다투다가 왕을 찾아와 해결해 주기를 청하였다. 왕이 이를 어렵게 여겨 말하기를, "금관국 수로왕은 나이가 많고 지식이 많다"고 하였다. 수로왕을 불러 물었더니 수로가 의논하여 다투던 땅을 음즙벌국에 속하게 하였다. 이에 왕이 6부에 명하여 수로를 위한 연회에 모이게 하였는데, 5부는 모두 이찬으로서 접대 주인을 삼았으나 오직 한기

---

7) 『문헌통고(文獻通考)』 직관고(職官考) 「제경(諸卿) 종정경(宗正卿)」조.

부(漢祇部)만은 지위가 낮은 사람으로 주관하게 하였다. 수로가 노하여 노탐하리(奴眈下里)에게 명하여 한기부의 우두머리 보제(保齊)를 죽이게 하고 돌아갔다. 그 종은 도망하여 음즙벌국의 우두머리 타추간(陀鄒干)의 집에 의지해 있었다. 왕이 사람을 시켜 그 종을 찾았으나 타추(간)이 보내주지 않았다. 왕이 노하여 군사로 음즙벌국을 치니 그 우두머리가 무리와 함께 스스로 항복하였다. 실질국과 압독국 두 나라의 왕도 와서 항복하였다. 재위 27년(106; 수로왕 재위 65년) 가을 8월에 마두성주(馬頭城主)에게 명하여 가야를 치게 하였다.;『삼국사기』권1「신라본기」1 파사 니사금조.

ⓒ (지마 니사금) 재위 4년(115; 수로왕 재위 74년) 봄 2월에 가야가 남쪽 변경을 노략질하였다. 가을 7월에 몸소 가야를 정벌하였는데 보병과 기병을 거느리고 황산하(黃山河)를 건넜다. 가야인이 군사를 수풀 속에 숨겨 두고 기다리고 있었는데, 왕이 깨닫지 못하고 똑바로 나아가니 복병이 일어나 몇 겹으로 에워쌌다. 왕이 군사를 지휘하여 분발하여 싸워 포위를 뚫고 퇴각하였다. 재위 5년(116; 수로왕 재위 75년) 가을 8월에 장수를 보내 가야를 침입케 하고 왕은 정예 군사 1만 명을 거느리고 뒤따랐다. 가야는 성에 들어앉아 굳게 지키고만 있었는데, 마침 오랫동안 비가 내렸으므로 되돌아 왔다.;『삼국사기』권1「신라본기」1 지마 니사금조.

위의 내용은 탈해 니사금과 파사 니사금 및 지마 니사금대에 신라와 가야가 황산진 또는 황산하 일대에서 서로 주도권 다툼을 심하게 하였음을 알려 주고 있다. 이러한 시기는 대체로 1세기와 2세기에 지속적으로 전개되었다. 이러한 위의 내용은 모두 김수로왕대의 사실로 기록되어 있다. 비록 기록에는 전하지 않지만 이 시기에 태자인 거등공의 활약도 있었을 것으로 보인다. 그런 속에서 태자 거등공의 탄생과 관련된 꿈 이야기가 기록으로 남을 수 있었을 것으로 보인다.

18

돌아가신 허왕후를 추모하는 전승이 계승되다.

연대 A.D.	간지	왕력 제일				
		중국	신라	고구려	백제	가락국
188	무진	후한 영제 중평 5년	9. 벌휴니질금 재위 5년	9. 고국천왕 재위 10년	5. 초고왕 재위 23년	수로왕 재위 147년
189	기사	홍농 또는 헌제 영한 1년	재위 6년	재위 11년	재위 24년	재위 148년

(10) [후한(後漢)] 영제 중평 6년 기사(189) 3월 1일에 왕후가 돌아가시니 세수(世壽) 157세였다. 나라 사람들은 마치 땅이 무너진 것처럼 통탄하면서 구지봉 동북쪽 언덕에 장사지냈다. 마침내 (황후가) 아래 백성들을 자식처럼 사랑한 은혜를 잊어버리지 않기 위하여 (왕후가) 처음 와서 닻을 내린 도두촌(渡頭村)을 주포촌이라 부르고, 비단 바지를 벗었던 높은 언덕을 능현이라고 하며, 붉은 깃발을 달고 들어온 바닷가 언덕은 기출변이라고 하였다.[1]

"교수님. 위의 글에 의하면, 왕력과 다르게 『가락국기』에서는 후한

---

1) (10) 靈帝 中平 六年 己巳 三月 一日 后崩 壽一百五十七 國人 如嘆坤崩 葬於龜旨 東北塢 遂欲不忘 子愛下民之惠 因號初來 下纜渡頭村 曰主浦村 解綾袴高岡 曰綾峴 茜旗 行入海涯 曰旗出邊

영제 중평 6년의 일이라고 하였습니다. 이런 차이는 어떻게 이해해야 할까요.(허경진)"

"글쎄요. 위에 제시한 연표를 참고하면 중평 6년으로 볼 수도 있다고 생각됩니다. 그런데 두 기록이 차이를 보이는 것은 서로 참고한 원전이 달랐기 때문일 것으로 생각됩니다."

"아. 그렇군요. 교수님. 그런데 위의 글에서는 허왕후(33~189)가 돌아가셨다는 사실을 기록하면서 '붕(崩)'이라는 단어를 사용하고 있습니다. 이런 부분은 어떻게 이해할 수 있을까요.(김태유)"

"아. 좋은 지적이네요. 위의 글에서는 사람의 죽음에 대하여 쓸 수 있는 용어 가운데에서 가장 격이 높은 표현을 사용하고 있습니다. 이와 관련해서는 아래 자료가 참고됩니다."

> 천자(天子)의 죽음은 붕(崩)이라고 하고 제후는 훙(薨)이라고 한다. 대부는 졸(卒)이라고 하며 선비는 불록(不祿)이라고 하고 보통 사람들은 사(死)라고 한다.2)

위에서 살펴본 『가락국기』에서는 허왕후의 돌아가심을 두고 붕(崩)이라는 단어로 표현하였다. 나아가 수로왕을 제외한 거등왕부터 모든 왕들의 죽음도 붕(崩)이라는 단어로 표현하였다. 또한 백성들이 슬퍼하는 모습을 두고는 땅이 무너진 것과 같다는 의미를 갖는 '곤붕(坤崩)'이라는 표현을 사용하였다.

그런데 60여 년이 지난 인종 23년(1145)에 김부식이 찬술한 『삼국사기』에서는 붕(崩)이라는 단어 대신에 제후에게 사용하는 훙(薨)이

---

2) 『예기(禮記)』「곡례(曲禮)」(하편), "天子死曰崩 諸侯曰薨 大夫曰卒 士曰不祿 庶人曰死." 이 자료를 통해, 전근대사회에서는 사람의 죽음을 표현할 때, 그 신분에 따라 각기 차등이 있었음을 알 수 있다.

라는 용어를 사용하였다. 이렇게 볼 때 『가락국기』의 저자와 김부식의 역사관(歷史觀)에는 커다란 차이가 있었다고 볼 수 있다. 아울러 이러한 이유 때문에 『삼국사기』에서 『가락국기』를 자료로 적극 수용하지 않게 된 이유가 되었다고 볼 수 있다.

"아. 그렇군요. 교수님. 그런데 위의 기록에 의하면, 허왕후가 돌아가신 이후에 주포촌과 능현 및 기출변이라는 사적지가 형성되는데요. 이런 부분은 어떻게 이해할 수 있을까요.(허경진)"

"좋은 지적입니다. 앞에서도 간략하게 살펴본 적이 있습니다만, 왕후가 처음 와서 닻을 내린 도두촌을 주포촌이라고 하였는데요. 앞에서 살펴본 탈해도 또한 도두촌에서 신라로 도망하고 있습니다. 탈해가 도망쳤던 도두촌과 왕후가 들어온 도두촌이 같은 곳인지는 자세하지 않습니다. 하지만 당시 사람들에게는 탈해보다 허왕후가 들어온 장소를 더 기념하려는 생각을 가지고 있었다고 생각됩니다. 이와 관련해서는 아래 자료도 참고됩니다."

> 금관 호계사의 파사석탑은 옛날 이 고을이 금관국일 때 세조 수로왕의 비 허황후 황옥이 동한 건무 24년 무신(48)에 서역 아유타국에서 싣고 온 것이다. 처음에 공주가 부모의 명령을 받들어 바다를 건너 동쪽으로 향하려다가 파도 신의 노여움을 받아 가지 못하고 돌아가서 부왕에게 아뢰니, 부왕은 이 탑을 싣고 가라고 하였다. 그제야 순조로이 바다를 건너 남쪽 해안에 와서 정박하였다. 배는 붉은 비단 돛과 붉은 깃발 및 주옥으로 아름답게 꾸몄다. (이곳을) 지금은 주포라고 한다. 처음 언덕 위에서 비단 바지를 벗었던 곳을 능현이라고 하고, 붉은 기가 처음 해안에 들어온 곳을 기출변이라고 하였다.; 『삼국유사』 권3 탑상4 「금관성파사석탑」.

"그렇다면 교수님. 허왕후를 구지(龜旨)의 동북쪽 언덕에 장사지냈다라는 위의 기록은 어떻게 이해할 수 있을까요.(허경진)"

"이 부분은 태유가 설명했으면 하는데요. 지금 김해시 구산동(龜山洞)에 있는 왕후릉의 위치와 비교해 볼 때 사실 그대로입니다. 이때 능현(綾峴)은 미음동과 김해시 장유면 응달리(應達里)와 장유리(長有里)를 연결하는 태정고개로 보는 주장이 있구요. 기출변은 부산광역시 강서구 범방동(凡方洞)의 조만포 나루터 부근으로 추정되고 있습니다. 또한 왕후가 배를 맨 산 너머의 별포 나룻터는 위에 제시한 「금관성파사석탑」(『삼국유사』 권3 탑상4)에 의하면, 뒤에 주포(主浦)라고 하였음을 알 수 있습니다. 이러한 주포는 장유산(옥녀봉)이나 명월산(금병산)에 거의 인접해 있으면서도, 금병산으로부터의 물줄기가 남쪽으로 뻗어 바다로 닿는 곳이어야 한다고 합니다. 이렇게 보면 미음동 와룡마을이 타당한데, 이 곳에서 산 기슭을 오르면 바로 장유치(長有峙)를 건너 장유면 장유리로 넘어갈 수 있다고 합니다. 지금의 녹산지구 미음동은 옛날 낙동강 하구에서 김해지역으로 들어오거나 나갈 때 항상 통과하게 되어 있는 길목과 같은 지점으로, 허황후가 상륙힌 주포는 부신광역시 강서구 미음동(美音洞) 와룡마을의 나루터였을 것으로 추정된다고 하는 연구가 참고됩니다.3) 또한 『신증동국여지승람』(권32) 김해도호부 산천조에서 김해로부터 남쪽 방면의 고개를 찾아보면 율천현(栗川峴), 웅저현(熊猪峴), 능현(綾峴) 등이 보이고 있습니다. 한편 아래 자료도 살펴보도록 하겠습니다."

태후는 (후한 무제) 건무 계사년(33)에 태어나서 건안 기묘년(199)

---

3) 김태식, 「가락국기 소재 허왕후 설화의 성격」『한국사연구』 102, 1998.

3월 초하루에 훙서하니, 향년은 167세였다. 수로왕릉에서 서북쪽으로 1리(里) 정도되는 근처에 장례(葬禮)를 치렀는데 또한 자좌(子坐)이다.4)

위의 기록에서는 허왕후의 생몰년과 왕후릉의 위치에 대해 서술하고 있다. 그런데 위의 기록에서는 왕후가 건안 기묘년에 돌아가셨는데 당시 나이가 167세라고 하였다. 이 부분은 김수로왕이 돌아가신 해와 혼동한 것으로 보인다. 그러다보니 157세에 돌아가신 허왕후의 나이를 167세라고 서술하였다.

그런데 뒤에서 검토하겠지만, 김수로왕은 158세에 세쌍을 떠나고 있다. 이렇게 보면 조선후기에 『가락국기』와는 다르게 이해하려는 시각도 있었던 것으로 보인다. 그렇다면 이러한 부분은 기록의 착오로 볼 수 있겠지만, 김수로왕과 허왕후가 같은 해에 돌아가신 것으로 조선시대 지식인들이 이해하였을 가능성도 있다.

한편 분산성(盆山城)에는 바다에서 온 허왕후의 은혜를 기리기 위해 세워진 해은사(海恩寺)가 있다. 이곳에는 가장 오래된 허왕후의 영정이 있는데, 17~18세기 무렵에 그려졌을 것으로 추정된다. 또한 허왕후가 가져온 영험한 돌에 쌀을 붙이면 아들을 낳을 수 있다는 이야기도 전해지고 있다.5)

---

4) 허전, 『성재집』 「숭선전비」(『성재선생문집』 권19), "后生于 建武 癸巳 七月 七日 薨于 建安 己卯 三月 朔日 壽一百六十七 葬王陵西北一里而近 亦子坐".

5) 이영식, 『새로 쓰는 김해지리지; 김해학, 길 위에 서다』, 미(美)세움, 2014. 12쪽.

19

수로왕을 추모하면서 수릉왕묘를 조성하다.

연대 A.D.	간지	왕력 제일				
		중국	신라	고구려	백제	가락국
199	기묘	후한 헌제 건안 4년	10. 나해니질금 재위 4년	10. 산상왕 재위 3년	5. 초고왕 재위 34년	수로왕 재위 158년 2. 거등왕 원년

(11) (허황옥을 따라온 사람들이) 머물러 지내던 빈관은 전부 비었고, 원군(元君)은 매일 홀아비의 외로움을 읊으면서 몹시 슬퍼하였다. (왕후가 돌아가신 지) 10여 년이 지나 헌제 건안 4년 기묘(199) 3월 23일에 돌아가시니[조락(殂落)], 세수(世壽) 158세였다. 나라안 사람들은 하늘이 무너진 것처럼 비통해하였는데 왕후가 돌아가신 날보다 심하였다. 드디어 대궐의 동북방[간방(艮方)] 평지에 높이가 1장이고 둘레가 3백 보인 빈궁을 세워 장사지내고 수릉왕묘라고 이름하였다.[1]

"교수님. 앞에서 허왕후의 돌아가심은 붕(崩)이라고 표현했는데요.

---

1) (11) 所舍賓館 関其無人 元君乃每歌鰥枕 悲嘆良多 隔二五歲 以獻帝 建安 四年 己卯 三月 二十三日 而殂落 壽一百五十八歲矣 國中之人 若亡天只 悲慟甚於后崩之日 遂於闕之 艮方平地 造立殯宮 高一丈 周三百步而葬之 號首陵王廟也.

여기에서 김수로왕의 돌아가심은 '조락(殂落)'이라는 단어를 사용하고 있습니다. 여기에는 어떤 의미가 있나요.(김태유)"

"아. 좋은 지적입니다. '조락'이라는 표현은 『가락국기』에서 김수로왕에게만 사용하고 있습니다. 제가 추측하기로는, 허왕후와 이후 왕들의 죽음보다 더 큰 의미를 부여하기 위해 이 단어를 사용한 것으로 보입니다. 이와 관련해서는 아래 자료가 참고됩니다."

> 28년에 요(堯) 임금께서 돌아가셨다. 임금이 세상을 떠나자 백성이 마치 부모의 상을 당한 것처럼 삼년복을 입었고, 천하에 음악 소리가 끊어져 조용해졌다."[2]

"아. 그렇군요. 교수님. 조락(殂落)이라는 표현은 천자(天子)가 돌아가심을 의미하는군요. 그래서 김수로왕이 돌아가심을 두고 하늘이 없어진 것처럼 비통해하신 것이군요.(허경진)"

"예. 그렇습니다. 앞에서 허왕후의 돌아가심을 두고 땅이 무너졌다는 '곤붕(坤崩)'이라는 단어를 사용하였듯이, 여기에서는 김수로왕의 돌아가심을 '천지(天只)'라는 단어로 대비시키고 있습니다. 그런데 사실 천지(天只)라는 단어에는 또 다른 의미도 있습니다. 아래 자료를 살펴보도록 하겠습니다."

> 어머니는 하늘이신데, 이처럼 사람 마음을 몰라주시는가.[3]

위의 글을 통해 '천지(天只)'는 어머니의 별칭으로 사용되었음을

---

2) 『서경(書經)』2 「순전(舜典)」, "二十有八載 帝乃殂落 百姓如喪考 妣三載 四海遏密八音."

3) 『시경(詩經)』 「용풍(鄘風)」 백주(柏舟)」, "모야천지(母也天只) 불량인지(不諒人只)." 여기에서 천지(天只)는 어머니의 별칭으로 사용되고 있다.

알 수 있다. 충무공(忠武公) 이순신(李舜臣; 1545~1598)은 충청남도 아산에 홀로 계시던 78세 어머니의 안부를 늘 걱정하였다. 그가 남긴 『난중일기(亂中日記)』를 보면, 임진년(1592) 새해 첫날의 일기에 어머니에 대한 그리움을 적은 내용으로 시작하고 있다. 이때 어머니에 대한 표현은 '어미 모(母)'를 쓰지 않고 '천지(天只)'라고 표현하였다. 충무공 이순신에게는 어머니가 하늘과 같은 존재였기 때문에 이러한 표현을 사용하였을 것이다. 이와 달리 『가락국기』에서는 '곤붕(坤崩)'과 대비되는 용어로 '천지(天只)'라는 표현을 사용하였다.

"그런데 교수님. 위의 글에서는 대궐의 동북방 평지에 높이가 1장이고 둘레가 3백보인 빈궁을 세워 장사지내고 수릉왕묘를 조성한 내용도 서술하고 있는데요. 이러한 부분은 어떻게 이해해야 할까요.(허경진)"

"좋은 지적이라고 생각되는군요. 중국의 역사서인 『북사(北史)』와 『수서(隋書)』의 '고려전(高麗傳)' 및 광개토대왕릉비문을 검토해 보면, 고구려는 3년상을 치르면서 빈장(殯葬)을 치렀음을 알 수 있어요. 또한 무령왕릉지석의 내용을 살펴보면, 백제도 3년상(27개월)을 치렀음을 알 수 있습니다. 한편 『북사』와 『수서』의 '신라전'에 의하면, 신라도 1년 정도의 빈장을 치렀다고 할 수 있습니다. 그렇다면 가야에서도 빈장을 행했을 가능성은 충분히 있습니다. 수로왕이 세상을 떠났을 때 빈궁(殯宮)을 마련했다면, 다양한 장송의례도 절차에 따라 행해졌을 것으로 볼 수 있습니다. 또한 이러한 의례는 수로왕의 왕위를 계승한 거등왕에 의해 시행되었다고 볼 수 있습니다.

한편 이러한 사실을 전체적으로 살펴볼 때, 수릉왕묘와 왕후묘 조성은 이 지역에서 김수로왕과 허왕후를 추모하는 행사와 관련해 아주 중요한 의미를 갖는다고 생각됩니다. 이와 관련해서는 아래 자료를 살펴보도록 하겠습니다."

> (수로왕릉을) 구지봉 남쪽 자좌(子坐)의 들판에 장사지냈다.[4]
> (허왕후릉은) 수로왕릉에서 서북쪽으로 1리(里)되는 근처에 장례를 지냈는데 또한 자좌(子坐)이다.[5]

위의 글을 통해 수로왕릉과 허왕후릉이 지금까지도 이 지역에서 신성한 곳으로 기념되고 있음을 알 수 있다. 『가락국기』와 『삼국유사』의 왕력에 의하면, 수로왕은 42년 3월 계욕일에 태어나 199년 3월 23일에 158세의 나이로 돌아가셨음을 알 수 있다. 한편 허황후는 33년 7월 7일에 태어나[6] 189년 3월 1일에 157세의 나이로 돌아가셨음을 알 수 있다. 그렇다면 그녀가 황후로 있었던 기간은 48년부터 189년 3월 1일까지였다.

이렇게 보면 김수로와 허황후가 역사적으로 활동한 시기는 대체로 1세기 초부터 2세기 말까지 이어지고 있다는 사실을 알 수 있다.

그런데 조선후기에는 『가락국기』와 다르게 이해하려는 시각도 있었던 것으로 보인다. 이와 관련해서는 아래의 기록을 살펴볼 필요가 있다.

> Ⓐ (후한의 황제인) 환제(桓帝) 연희(延熹) 연간인 임인(162)에 왕의 나이가 131세였는데 스스로 부지런히 일하는데 지쳤다라고 생각하여 흔연히 황제(皇帝)가 신선(神仙)이 된 것을 그리워하여

---

4) 허전, 『성재집』 「숭선전비」(『성재선생문집』 권19), "葬龜旨峯南子坐之原".
5) 허전, 『성재집』 「숭선전비」(『성재선생문집』 권19), "葬王陵 西北一里而近 亦子坐".
6) 허전, 『성재집』 「숭선전비」(『성재선생문집』 권19), "后生于 建武 癸巳 七月 七日".

태자 거등(居登)에게 왕위(王位)를 전하고, 별궁(別宮)을 지품천(知品川)의 방장산(方丈山)에 짓고 태후와 함께 옮겨 살면서 수련(修鍊)하였다. 왕은 자신의 호칭을 '보주황태왕(普州皇太王)'이라 하고, 왕후의 호칭은 '보주황태후(普州皇太后)'라고 하였다. 산은 '태왕산(太王山)'이라고 하고, 궁(宮)은 '태왕궁(太王宮)'이라고 하였다.[7]

Ⓑ 38년이 지난 기묘년(199) 3월 23일에 훙서(薨逝)하니, 헌제(獻帝) 건안(建安) 4년이다. 향년(享年) 168세로, 왕위에 있었던 것은 120년이며 황태왕위(皇太王位)에 있었던 것은 38년이었다. 구지봉(龜旨峯) 남쪽의 자좌(子坐) 언덕에 장사(葬事)를 치렀다.[8]

위의 기록 Ⓐ에서는 후한(後漢) 환제(桓帝) 연희(延熹) 5년(162)에 131세의 김수로왕이 태자인 거등에게 왕위를 전하고, 왕후와 함께 별궁(別宮)으로 이주하였다고 하였다. 하지만 『가락국기』에는 이러한 내용이 전혀 없으며, 당시 김수로왕의 나이도 121세로 되어 있다. 또한 Ⓑ에서는 김수로왕이 168세의 나이로 세상을 떠났다고 하였다. 또한 앞에서 검토한 허왕후는 이때 167세의 나이로 세상을 떠난 것으로 이해하였다. 하지만 『가락국기』에 의하면, 허왕후는 이보다 10년 이전에 157세로 세상을 떠났으며 김수로왕은 158세의 나이에 세상을 떠났음을 알 수 있다.

이렇게 보면 조선후기의 지식인이었던 허전은 김수로왕이 태어나는 해는 『가락국기』보다 10년 앞당겨 이해하고 있으며, 허왕후가 돌아가신 해는 10년 뒤로 연장하고 있다. 『가락국기』에서 김수로왕이 태어나자마자 왕위에 즉위하는 기록을 좀더 합리적으로 이해하려는

---

7) 허전, 『성재집』「숭선전비」(『성재선생문집』권19), "桓帝 延熹之年 壬寅 王年 百三十一 自以倦勤 欣然慕黃帝之升仙 傳位于太子居登 築別宮 于知品川之方丈山中 與太后移居修鍊 王自號 普州皇太王 號后曰 普州皇太后 山曰 太王山 宮曰 太王宮".

8) 허전, 『성재집』「숭선전비」(『성재선생문집』권19), "越三十八年 己卯 三月 二十三日薨 乃獻帝 建安 四年也 享年一百六十八 在位 百二十年 在皇太王位 三十八年 葬龜旨峯南 子坐之原".

측면에서 이러한 이해를 한 것으로 보인다.

한편 뒤에서 검토할 (50)의 ㉖과 ㉗에서는 이 부분을 아래와 같이 평가하고 있다.

> ㉖ 갑자기 부추잎의 이슬처럼 마르니 대춘(大椿)의[9] 나이를 보전하지 못하였다.[10]
> ㉗ 하늘과 땅의 기운이 변하자 조야가 몹시 슬퍼하였다.[11]

위에 제시한 ㉖은 왕의 인간적인 죽음에 대한 묘사이고, ㉗은 나라 사람들이 하늘이 없어진 것처럼 비통해하였다라는 대목에 해당하는 것으로 볼 수 있다.[12]

---

9) 『장자(莊子)』「소요유(逍遙遊)」에서는, "상고(上古)에 대춘(大椿)이라는 것이 있으니, 8천세는 봄이 되고, 8천세는 가을이 된다; 上古有大椿者 以八千歲爲春 八千歲爲秋"라고 하였다.

10) ㉖ 아희해로(俄晞薤露) 미보춘령(靡保椿齡).

11) ㉗ 건곤변기(乾坤變氣) 조야통정(朝野痛情).

12) 장성진, 「가락국기 <명(銘)> 고찰」『한국전통문화연구』1, 1985, 213쪽.

20

거등왕; 도왕(道王)으로 불려지다.

연대 A.D.	간지	왕력 제일				
		중국	신라	고구려	백제	가락국
199	기묘	후한 헌제 건안 4년	10. 나해니질금 재위 4년	10. 산상왕 재위 3년	5. 초고왕 재위 34년	수로왕 재위 158년 2. 거등왕 원년

(12) 왕위를 물려받은 아들 거등왕(199~253)으로부터[1]

(35) 9대손인 구형왕대(521~532)까지 이 수로왕묘에 배향되었다. 모름지기 매년 맹춘(孟春) 3일과 7일, 중하(仲夏) 5월 5일, 중추(仲秋) 초 5일과 15일에 풍성하고 정결한 제사는 서로 계승되어 끊어지지 않았다.[2]

(13) 거등왕이 즉위한 기묘년에 편방을 설치하고부터[3]

(34) 구형왕 말년까지 내려오면서 330년 동안(199~529) 수로왕묘에 지내는 의례는 간절하였는데 오랫동안 어김이 없었다.[4]

---

1) (12) 自嗣子 居登王.

2) (35) 洎九代孫 仇衡之享是廟 須以每歲 孟春 三之日 七之日 仲夏 重五之日 仲秋 初五之日 十五之日 豊潔之奠 相繼不絶. 구형왕은 김수로왕의 9대손이 아니고 사실은 10대손이다. 하지만『가락국기』에서는 두 곳에서 구형왕을 9대손이라고 이야기하고 있다. 그렇다면『가락국기』에서 9대손이라고 말한 이유가 궁금하다. 이러한 점은 뒤에서 다시 검토해 보도록 하겠다.

3) (13) 自居登王 卽位 己卯年 置便房.

(14) 건안 4년 기묘에 처음 (수릉왕묘를) 조성한 때로부터[5]

(51) 지금의 임금님께서 나라를 다스리신 지 30년째인 태강(太康) 2년 병진(1076)까지 무릇 878년(199~1076) 동안 아름다운 봉토는 무너지지 않았으며, (그 당시) 심었던 아름다운 나무들도 마르거나 썩지 않았다. 더군다나 그곳에 배열되어 있던 수많은 옥조각도 또한 상하거나 부서지지 않았다.[6]

(15)—㉮ 거등왕의 아버지는 수로왕이고, 어머니는 허왕후이다. 건안 4년 기묘(199) 3월 23일에 즉위하여 55년 동안 다스렸다(199~253). (…) ㉯ 왕비는 천부경 신보의 딸 모정이고, 태자 마품을 낳았다. 『개황력』에서는 말하기를, "성은 김씨이다. 무릇 나라의 세조가 금알에서 태어났기 때문에 김(金)으로 성을 삼았다"라고 하였다.[7]

제2 거등왕은 수로(왕)의 아들이며 어머니는 허황후이다. 기묘(199)에 즉위하여 55년 동안 다스렸다(199~253). 성은 김씨이다.[8]

"교수님. 앞에서 태자 거등공의 탄생을 살펴보았는데요. 지금 여기에서 거등왕과 관련된 부분을 모아 보니 여러 곳에서 언급되고 있음이 보입니다. 그렇다면 이러한 점은 어떻게 봐야 할까요.(김태유)"

"좋은 지적입니다. 『가락국기』에서 김수로왕과 허왕후에 대한 내용을 제외하면 거등왕이 가장 많이 언급되고 있습니다. 위에 보이는 (12)는 (35)의 구형왕대(199~532)까지를 언급했구요. (13)은 (34)의 330년 동안(199~529)을 거론했습니다. 그리고 (14)는 (51)의 고려 문종 30년(1076)까지 수릉왕묘에 대한 제사가 계속 이어져 왔다는 사실을 밝히고 있습니다. 이렇게 보면 세 기록에 약간의 차이는 보이지만

---

4) (34) 降及仇衡朝末 三百三十載之中 享廟禮曲 永無違者.

5) (14) 自建安 四年 己卯 始造.

6) (51) 逮今上御國 三十一[필자주; 일(一)을 해석하지 않음]載 太康 二年 丙辰 凡八百七十八年 所封美土 不騫不崩 所植佳木 不枯不朽 況所排列 萬蘊玉之片片 亦不頹坼 (…).

7) (15)—㉮ 居登王 父首露王 母許王后 建安 四年 己卯 三月 二十三日 卽位 治五十五年 (…) ㉯ 王妃 泉府卿 申輔女 慕貞 生太子 麻品 開皇曆云 姓金氏 蓋國世祖 從金卵而生 故以金爲姓爾.

8) 『삼국유사』 권1 왕력1 「가락국」, "第二 居登王 首露子 母許皇后 己卯立 理五十五年 姓金氏".

모두 거등왕대로부터 언급되고 있다는 점은 주목됩니다."

"아. 그렇네요. 교수님. 그렇다면 위의 기록들은 그 아래 제시한 왕력과는 어떤 차이점이 있나요.(허경진)"

"위의 기록들과 왕력의 기록에는 공통되는 부분도 있지만, 서로 다른 부분도 있습니다. 큰 틀에서 볼 때, 왕력은 『가락국기』의 내용을 간략하게 서술한 것으로 보입니다. 하지만 몇 가지 점에서는 차이를 보입니다. 우선 왕력에서는 '제2'라는 언급을 하고 있습니다. 이 부분은 뒤의 왕들에 대해서도 구체적으로 몇 번째 왕인지를 밝히고 있습니다. 이에 반해 『가락국기』에서는 몇 번째라는 표현은 생략하고 있습니다. 이렇게 한 이유는 9대손에 맞추려는 의도가 아닐까라는 생각을 해봅니다. 이러한 부분은 뒤에 다시 검토하기로 하고, 아래 자료들을 살펴보겠습니다."

(나해 니사금) 재위 6년(201; 거등왕 재위 3년) 봄 2월에 가야국이 화친을 청하였다.
재위 14년(209; 거등왕 재위 11년) 가을 8월에 포상(浦上)의 여덟 나라가 가라(加羅)를 침범하려고 하였으므로 가라 왕자가 와서 구원을 요청하였다. 왕이 태자 우로(于老)와 이벌찬 이음(利音)에게 명하여 6부의 군사를 이끌고 가서 구원하여, 여덟 나라의 장군을 공격하여 죽이고 포로가 되었던 6천 명을 빼앗아 돌려주었다.
재위 17년(212; 거등왕 14년) 봄 3월에 가야(加耶)에서 왕자를 보내 볼모로 삼게 하였다.; 『삼국사기』「신라본기」2 나해 니사금조.

위에 보이는 가야의 왕자는 거등왕의 아들인 태자 마품일 수도 있지만, 아닐 가능성이 더 높다고 보여진다. 그렇다면 거등왕에게 여러 명의 왕자가 있었다고 볼 수 있다. 이렇게 보면 거등왕도 여러 명의 동생들이 있었을 가능성은 충분히 있다. 이와 관련된 내용을 정리해

보면 아래 자료들이 찾아진다.

 Ⓐ 돌아가신 어머니는 허씨이다. 세상에 전하기를 아유타 국왕의
  딸이라고 하였다. 또 다른 곳에서는 말하기를, "남천축 국왕의
  딸로 성(姓)은 허(許)이고 이름은 황옥인데, 보주태후라고 불렀
  다. (중략) 아들 10명이 있었다. 왕후는 자신이 동토(東土. 필자
  주; 가야를 말함)에서는 손님이기 때문에, (자신의) 성(姓)이 전
  해지지 않을 것을 슬퍼하였다. (수로)왕도 매우 슬퍼하여, 두 아
  들에게 왕후의 성을 하사하였다. 동방에서 허(許) 성의 근본은
  이것이다"⁹⁾

 Ⓑ 태후는 아들 10명이 있었다. 왕후의 성을 얻은 경우는 두 사람
  이다. 후세에 각각 그들이 책봉을 받은 땅으로 구별하여 일족이
  되었으니, 공암과 하양의 허씨가 되었다. 또 그 나머지는 각각
  그들의 고향으로써 성씨를 드러내었는데 한결같지 않았다.¹⁰⁾

 Ⓒ 태후는 아들 열 명을 낳았는데, 태후가 훙서할 때가 되어 왕에
  게 청하기를, "저는 동쪽 나라에 있어서는 손님입니다. 제가 죽
  고 나면 저의 성씨가 전해지지 않을 것이 서글퍼집니다"라고
  하였다. 왕이 그 말에 느낀 바가 있어서 두 아들에게 허씨 성을
  주었다. 후세에 각각 봉지(封地)를 받은 곳과 거처하는 고을로
  관향(貫鄕)을 삼아 김해(金海), 공암(孔巖), 하양(河陽), 태인(泰
  仁), 한산(漢山)의 구별이 있게 되었다.¹¹⁾

 Ⓓ 열 명의 남자를 낳았다. 장자는 거등이니 태자로 책봉하였다.
  둘째 남자는 어머니의 성을 따라 허씨가 되었고, 일곱 번째 남
  자는 모후의 동생인 보옥선인을 따라 선(仙)을 배워 쌍계사의
  칠불이 되었다고 말해진다.¹²⁾

---

9) 『신증동국여지승람』 권32 김해도호부(金海都護府) 고적(古蹟)조, "王妣(필자주; 돌아가신 어머
 니를 뜻함) 許氏 世傳 阿踰陀國王女 或云 南天竺 國王女 姓許 名皇玉 號普州太后 (중략) 有子十
 人 后自以客於東土 悲無傳姓 王甚憾 賜二子以后姓 東方之許本此." 여기에 보이는 이자(二子)는
 둘째 아들로 해석될 여지도 있다. 하지만 여기에서는 두 아들로 번역하였다.

10) 허목(許穆; 1595~1682), 『기언(記言)』 권41 「가락국보주허태후묘비음기(駕洛國普州許太后墓
 碑陰記)」, "太后 有子十人 得后姓者二人 後世 各以其所受封之地 別爲族 爲孔巖 河陽之許 又其
 餘各 以其鄕 著姓者非一'.

11) 허전, 『성재집』 「숭선전비(『성재선생문집』 권19), "后生子男十人 后臨薨請於王曰 妾於東土客
 也 妾沒之後 悲姓之不傳也 王感其言 錫二子姓許氏 後世 各以所受封之地 若所居之鄕貫籍 有金
 海 孔巖 河陽 泰仁 漢山之別焉'.

12) 『왕산지(王山誌)』, "誕生 十男 長曰 居登 封太子 二男 從母性而許氏 七男 從母后弟 寶玉仙人

위의 내용을 통해, 김수로왕과 허왕후 사이에서 태어난 10명의 아들 가운데 두 명의 아들은 허씨 성을 갖게 되었음을 알 수 있다. 또한 이러한 전승은 쌍계사의 칠불이 되었다는 이야기로 전개되기도 하였다. 이러한 부분들은 현지 답사를 통해, 허왕후 전승이 어떤 양상으로 전개되어 나갔는지를 밝혀볼 필요도 있다고 생각된다.

한편 뒤에서 검토할 (50)의 ㉙와 ㉚에서는 거등왕으로의 왕위계승을 아래와 같이 평가하였다고 보여진다.

> ㉙ 후손이 끊어지지 않았으니 제사 음식을 (조상들이) 흠향하셨다.
> ㉚ 세월은 비록 흘러 갔지만 규범과 의례는 기울어지지 않았다"라고 하였다.13)

위의 글에서 거등왕을 구체적으로 언급하지는 않았다. 하지만 수릉왕묘를 받드는 제사의 규범과 의례가 갖추어진 것은 거등왕의 업적이라고 할 수 있을 것이다.

연대 A.D.	간지	왕력 제일					가락국기
		중국	신라	고구려	백제	가락국	
253	계유	조위 제왕 가평 5년	12. 이해니질금 재위 7년	12. 중천왕 재위 6년	8. 고이왕 재위 20년	2. 거등왕 재위 55년	거등왕 재위 55년 마품왕 재위 1년

(16) (거등왕…) 가평 5년 계유(253) 9월 17일에 돌아가셨다.14)

學仙爲雙溪寺 七佛云". 1920년 일제 강점기때 산청군(山淸郡) 금서면(今西面)에서 발간된 『왕산지(王山誌)』는 현재 금서면에 있는 구형왕릉(仇衡王陵)에 관한 연혁과 유래를 편찬한 책이다. 이 내용은 정중환(『가라사연구』, 혜안, 2000, 78쪽)의 저서에서 재인용한 것이다.

13) (50) (…) ㉙ 來苗不絶 薦藻惟馨 ㉚ 日月雖逝 規儀不傾

『가락국기』에서는 거등왕이 199년 3월 23일에 즉위하여 253년 9월 17일까지 재위한 것으로 되어 있다. 또한 『삼국유사』 왕력은 199년부터 253년까지 재위한 것으로 되어 있으므로 두 기록에 차이가 나는 것은 아니다. 한편 거등왕과 관련된 전승은 또다른 자료에서도 찾아진다. 아래 자료가 참고된다.

Ⓐ 초현대(招賢臺)는 부 동쪽 5리에 있다.[세상에 전하기를, "가락국(駕洛國) 거등왕(居登王)이 여기에 올라서 칠점산(七點山)에 머물러 사는 참시선인(旵始仙人)을 부르니, 참시가 배를 타고 거문고를 가지고 와서 서로 놀며 희롱하였으므로, 이름을 초현대라고 하였다"라고 하였다.]; 『세종실록지리지』 경상도 김해도호부조.

Ⓑ 초현대는 부 동쪽 7리 지점에 있으며 작은 산이다. 전설에는, 가락국 거등왕이 칠점산 참시산인(旵始山人)을 초청하니, 참시가 배를 타고 거문고를 가져와서 서로 더불어 즐겼으므로 그대로 이름하였다. 왕이 앉았던 연화석(蓮花石)과 바둑판 돌은 지금까지도 남아 있다.; 『신증동국여지승람』 권32 경상도 김해도호부조.

Ⓒ 가야국 거등왕이 칠점산의 참시선인을 초빙하니 참시가 배를 타고 비파를 안고 와서 더불어 즐겁게 놀았다.; 안정복, 『동사강목』 제2상 계유년(253)조.

위의 자료에 보이는 초현대가 있었던 지역인 김해시 안동 마을에는 현재 초선대(招仙臺) 마애불상이 있는데, 경상남도 유형문화재 제78호로 지정되어 있다. 한편 아래 자료도 참고된다.

Ⓐ 가락국 시조왕.15)
Ⓑ 태자가 비로소 즉위하니 참으로 이 분이 도왕(道王)이다.16)

---

14) (16) (居登王...) 嘉平 五年 癸酉 九月 十七日崩.

15) 허전, 『성재집』 「숭선전비」(『성재선생문집』 권19), "駕洛國 始祖王".

위의 기록을 통해, 김수로왕은 시조왕으로 불려지게 되었으며, 거등왕은 도왕으로 불려지게 되었음을 알 수 있다. 수로왕릉의 숭화문(崇化門)을 들어선 후 오른쪽으로 작은 문을 들어서면 왼쪽에 김수로왕과 허왕후의 신위를 모신 숭선전(崇善殿)이 있다. 그 옆에는 2대 거등왕부터 10대 구형왕까지의 왕과 왕비의 신위를 모시는 조금 더 긴 숭안전(崇安殿)이 있다. 매년 음력 3월과 9월의 15일이 되면, 전국의 김해김씨와 허씨 및 인천이씨가 모여 1시간 정도 진행되는 제례를 지낸다. 현재 경상남도 무형문화재 제11호로 지정되어 있다.[17]

---

16) 허전, 『성재집』「숭선전비」(『성재선생문집』 권19), "太子始卽 眞是曰 道王".
17) 이영식, 위의 책, 미(美)세움, 2014. 56쪽.

21

마품왕; 성왕(成王)으로 불려지다.

연대 A.D.	간지	왕력 제일					가락국기
		중국	신라	고구려	백제	가락국	
253	계유	조위 제왕 가평 5년	12. 이해니질금 재위 7년	12. 중천왕 재위 6년	8. 고이왕 재위 20년		거등왕 재위 55년 마품왕 재위 1년
254	갑술	고귀향공 정원 1년	재위 8년	재위 7년	재위 21년		재위 2년
255	을해	정원 2년	재위 9년	재위 8년	재위 22년		재위 3년
256	병자	고귀향공 감로 1년	재위 10년	재위 9년	재위 23년		재위 4년
257	정축	감로 2년	재위 11년	재위 10년	재위 24년		재위 5년
258	무인	감로 3년	재위 12년	재위 11년	재위 25년		재위 6년
259	기묘	감로 4년	재위 13년	재위 12년	재위 26년	3. 마품왕 원년	재위 7년

(17)—㉮ 마품왕(麻品王)은 또 다른 곳에서는 마품(馬品)이라고도 하였는데, 김씨이다. 가평 5년 계유(253)에 즉위하여 39년 동안 다스렸다(253~291). (…) ㉯ 왕비는 종정감 조광의 손녀 호구이며, 태자 거질미를 낳았다.[1]

제3 마품왕의 아버지는 거등왕이고 어머니는 천부경 신보의 딸인 모정부인이다. 기묘(259)에 즉위하여 32년 동안 다스렸다(259~290).[2]

"교수님. 위의 기록은 가락국의 세 번째 왕인 마품왕에 대한 기록입니다. 그런데『가락국기』와 왕력에는 여러 곳에서 차이나는 점이 있습니다. 이런 부분은 어떻게 이해하면 좋을까요.(김태유)"

"좋은 지적입니다. 우선 마품왕이 즉위하는 해를 두고『가락국기』는 253년이라고 하였는데, 왕력에서는 259년이라고 하는 차이를 보이고 있습니다. 이 부분은『가락국기』의 기록이 옳은 것으로 보입니다. 다만 이러한 차이가 나는 것은『가락국기』와 왕력이 참고한 기본 자료에 어떤 차이가 있었던 것이 아닐까라는 생각을 해봅니다.

또한『가락국기』에서는 마품왕의 왕비가 종정감 조광의 손녀인 호구라는 사실 및 태자 거질미를 낳았다는 사실이 서술되어 있습니다. 그런데 왕력에서는 마품왕의 어머니는 천부경 신보의 부인인 모정이 낳은 딸인 모정부인이라는 사실을 서술하고 있습니다. 이런 면도 두 기록이 어디에 주안점을 두고 있는가라는 점에서 약간의 차이를 보이는 것으로 생각됩니다."

"아. 그렇군요. 교수님. 그런데 앞에서 수로왕은 김씨이고 거등왕도 김씨입니다. 그렇다면 마품왕도 당연히 김씨입니다. 그런데 굳이 김씨라는 사실을 드러낸 부분은 어떻게 이해할 수 있을까요.(허경진)"

"당연한 사실을 굳이 강조할 필요가 있는가라는 지적인 것 같습니

---

1) (17)—㉮ 麻品王 一云 馬品 金氏 嘉平 五年 癸酉 卽位 治三十九年 (…) ㉯ 王妃 宗正監 趙匡 孫女 好仇 生太子 居叱彌.

2)『삼국유사』권1 왕력1「가락국」, "第三 麻品王 父居登王 母泉府卿 申輔之女 慕貞夫人 己卯立 理三十二年".

다. 이 뒤에 나오는 왕들도 모두 김씨라는 사실이 서술되어 있습니다. 지금 보면 당연한 사실이지만 당시에서는 하늘 황제의 아들이라는 천제자(天帝子)라는 사실을 강조하려는 의도에서 이런 사실을 계속해서 서술하고 있는 것이 아닌가라는 생각을 해봅니다."

연대 A.D.	간지	왕력 제일					가락국기
		중국	신라	고구려	백제	가락국	
290	경술	서진 무제 태강 11년	14. 유례니질금 재위 7년	13. 서천왕 재위 21년	9. 책계왕 재위 5년	3. 마품왕 재위 32년	마품왕 재위 38년
291	신해	혜제 원강 1년	재위 8년	재위 22년	재위 6년	4. 거질미왕 재위 1년	재위 39년 거질미왕 재위 1년

(18) (마품왕…) 영평(永平) 원년 신해(291) 1월 29일에 세상을 떠났다.[3]

"교수님. 『가락국기』에서는 마품왕이 253년에 즉위하여 291년 1월 29일까지 재위한 것으로 되어 있습니다. 그런데 왕력에서는 259년에 즉위하여 290년까지 재위한 것으로 되어 있습니다. 그렇다면 291년과 290년 사이에는 1년의 차이가 납니다. 이렇게 1년의 차이가 나는 것은 무슨 이유 때문인가요.(김태유)"

"좋은 지적입니다. 이것은 왕의 재위 년수를 계산하는 방법에서 유년칭원법(踰年稱元法)과 유월칭원법(踰月稱元法)의 차이로 볼 수 있습니다. 유년칭원법은 선왕(先王)이 돌아가신 해를 빼고 다음해부터 재위년으로 파악하는 것이구요. 유월칭원법은 선왕이 돌아가신 달을 빼고 다음 달부터 재위년으로 파악하는 방식입니다. 아무래도 유년칭

---

3) (18) (麻品王…) 永平 元年 辛亥 一月 二十九日崩.

원법이 보다 더 유교적인 이념에 가까운 것으로 볼 수 있을 것 같습니다."

"아. 그렇게 볼 수 있겠네요. 교수님. 그런데 위의 연표에서는 원강 (元康) 1년이라고 했는데, (18)에서는 영평 원년이라고 했습니다. 이러한 차이는 어떻게 이해할 수 있을까요.(허경진)"

"좋은 지적입니다. 영평(永平)은 위에 나오는 서진(西晉) 혜제(惠帝) 당시의 연호입니다. 그런데 이 연호는 291년에 잠시 사용하고, 291년부터 299년까지 원강(元康)이라는 연호를 9년 정도 사용합니다. 이런 이유로 두 기록에 차이가 나는 것으로 볼 수 있습니다. 아울러 아래 자료도 살펴보도록 하겠습니다."

도왕(道王)이 훙서하니 아들인 성왕 마품을 세웠다.[4]

위의 기록을 통해, 마품왕은 성왕으로 불려지게 되었음을 알 수 있다.

---

4) 허전, 『성재집』「숭선전비」(『성재선생문집』 권19), "道王薨 子成王 麻品立".

22

거질미왕; 덕왕(德王)으로 불려지다.

연대 A.D.	간지	왕력 제일					가락국기
		중국	신라	고구려	백제	가락국	
291	신해	서진 혜제 원강 1년	14. 유례니질금 재위 8년	13. 서천왕 재위 22년	9. 책계왕 재위 6년	4. 거질미왕 재위 1년	마품왕 재위 39년 거질미왕 재위 1년

(19)—㉮ 거질미왕(居叱彌王)은 또 다른 곳에서는 금물(今勿)이라고도 하였는데, 김씨이다. 영평 원년(291)에 즉위하여, 56년 동안 다스렸다(291~346). (…) ㉯ 왕비는 아궁(阿躬) 아간의 손녀 아지(阿志)로 왕자 이품(伊品)을 낳았다.[1]

제4 거질미왕을 또다른 곳에서는 금물이라고 하였다. 아버지는 마품이고 어머니는 호구이다. 신해(291)에 즉위하여 55년 동안 다스렸다(291~345).[2]

"교수님. 위의 글에서도 『가락국기』와 왕력에서 재위년수에 1년의

---

1) (19)—㉮ 居叱彌王 一云 今勿 金氏 永平 元年 卽位 治五十六年 (...) ㉯ 王妃 阿躬阿干 孫女 阿志 生王子 伊品.

2) 『삼국유사』 권1 왕력1 「가락국」, "第四 居叱彌王 一作 今勿 父麻品 母好仇 辛亥立 治五十五年".

차이가 나고 있습니다. 그렇다면 위의 글은 어떻게 이해할 수 있을까 요.(허경진)"

"위의 글에서는 거질미왕의 왕비가 아궁 아간의 손녀 아지라는 점과 왕자 이품을 낳았다는 사실이 중요한 것으로 보입니다. 앞에서 수로왕이 관직 제도를 개혁하다라는 부분에서 검토한 (6)—(바)에서는 가락국이 개창하기 이전의 재지세력인 구간의 명칭을 고쳤다는 기록이 보이는데요. 이때 아도(我刀)를 아궁(我躬)으로 고쳤다고 했습니다. 그런데 이곳에서 아궁 아간의 손녀가 왕비가 된다는 점은 기존의 구간 세력 가운데에서 아도간 집단이 왕비를 배출하는 유력한 집단으로 성장하였다고 볼 수도 있지 않을까라는 생각이 듭니다. 말하자면 아도간 집단이 이때에 이르러 허황옥 집단의 역할을 대신하였을 가능성도 있어 보입니다."

"아. 그렇군요. 교수님. 그런데 여기에서는 왕자 이품을 낳았다라고 했습니다. 이런 부분은 어떻게 이해할 수 있을까요.(김태유)"

"아. 그렇네요. 앞에서 살펴보았듯이, 김수로왕과 허왕후는 태자 거등공을 낳았고 거등왕은 태자 마품을 낳았으며 마품왕은 태자 거질미를 낳았습니다. 그린데 거질미왕은 왕지 이품을 낳았다라고 되어 있습니다. 이렇게 보면 태자로 이어지던 왕의 아들이 이곳에서는 왕자로 표기되는 변화를 보이고 있다는 점이 주목된다고 하겠습니다."

연대 A.D.	간지	왕력 제일					가락국기
		중국	신라	고구려	백제	가락국	
345	을사	동진 효종 영화 1년	16. 걸해니질금 재위 36년	16. 국원왕 재위 15년	12. 계왕 재위 2년	4. 거질미왕 재위 55년	거질미왕 재위 55년
346	병오	영화 2년	재위 37년	재위 16년	13. 근초고왕 재위 1년	5. 이품왕 재위 1년	거질미왕 재위 56년 이시품왕 재위 1년

(20) (거질미왕…) 영화 2년 병오(346) 7월 8일에 돌아가셨다.[3]

"교수님. 『가락국기』에서는 거질미왕이 291년에 즉위하여 346년 7월 8일까지 재위한 것으로 되어 있습니다. 그런데 왕력에서는 291년에 즉위하여 345년까지 재위한 것으로 되어 있습니다. 그렇다면 왕력과 1년의 차이가 나는데요. 이러한 부분도 앞에서 이야기되었던 유년칭원법과 유월칭원법의 차이로 보면 될까요.(허경진)"

"예. 일단 그렇게 봐야겠습니다. 아울러 아래 자료도 살펴보도록 하겠습니다."

성왕이 훙서하니 아들인 덕왕 거질미를 세웠다.[4]

위의 기록을 통해, 거질미왕은 덕왕으로 불려지게 되었음을 알 수 있다.

---

3) (20) (居叱彌王…) 永和 二年 丙午 七月 八日崩.

4) 허전, 『성재집』 「숭선전비」(『성재선생문집』 권19), "(成王)薨 子德王居叱彌立".

23

이시품왕; 명왕(明王)으로 불려지다.

연대 A.D.	간지	왕력 제일					가락국기
		중국	신라	고구려	백제	가락국	
346	병오	동진 효종 영화 2년	16. 걸해니질금 재위 37년	16. 국원왕 재위 16년	13. 근초고왕 재위 1년	5. 이품왕 재위 1년	거질미왕 재위 56년 이시품왕 재위 1년

(21)—㉮ 이시품왕은 김씨로 영화 2년(346)에 즉위하여 62년 동안 다스렸다(346~407). (…) ㉯ 왕비는 사농경 극충의 딸 정신이며, 왕자 좌지를 낳았다.[1]

제5 이품왕의 아버지는 거질미이고 어머니는 아지이다. 병오(346)에 즉위하여 60년 동안 다스렸다(346~405).[2]

"교수님. 위의 기록에서는 이시품왕의 왕비가 사농경 극충이라고 되어 있는데요. 이런 부분은 어떻게 이해할 수 있을까요.(허경진)"

---

1) (21)—㉮ 伊尸品王 金氏 永和 二年 卽位 治六十二年 (...) ㉯ 王妃 司農卿 克忠女 貞信 生王子 坐知.

2) 『삼국유사』권1 왕력1 「가락국」, "第五伊品王 父居叱彌 母阿志 丙午立 理六十年".

"글쎄요. 사농경은 중국의 한(漢)나라 9경(卿)의 하나로 전곡(錢穀)의 일을 주관하였다고 합니다.[3] 이렇게 보면 사농경은 중국계 관직명으로 가락국에서는 상업과 농사일을 맡아보는 관직으로 보입니다. 그런데 이러한 부분을 부정적으로 보는 견해도 있지만, 꼭 그렇게 볼 필요는 없다고 생각됩니다. 이와 관련해서는 아래 자료가 참고됩니다."

'이시품'은 '이품'과 같은 말로, 본래의 말뜻이 '윗불' 즉 '상원(上原)'의 뜻으로 보인다.[4]

위의 견해를 수용한다면, 이시품왕이라는 왕호에는 농사와 깊은 관련이 있는 '상원(上原; 위 들판)'이라는 의미가 있는 것으로 볼 수 있다. 그런 면에서 사농경이라는 관직이 실제로 운영되었을 가능성도 충분히 있다.

연대 A.D.	간지	왕력 제일					가락국기
		중국	신라	고구려	백제	가락국	
405	을사	동진 안제 의희 1년	18. 실성마립간 재위 4년	19. 광개토왕 재위 14년	18. 전지왕 재위 1년	5. 이품왕 재위 60년	이시품왕 재위 60년
406	병오	의희 2년	재위 5년	재위 15년	재위 2년		재위 61년
407	정미	의희 3년	재위 6년	재위 16년	재위 3년	6. 좌지왕 재위 1년	재위 62년 좌지왕 재위 1년

(22) (이시품왕…) 의희 3년 정미(407) 4월 10일에 돌아가셨다.[5]

---

3) 『통전(通典)』 권26 직관(職官)8 「사농경」조.

4) 정중환, 『가라사연구』, 혜안, 2000, 84쪽.

5) (22) (伊尸品王…) 義熙 三年 丁未 四月 十日崩.

"교수님. 위의 기록에 의하면, 『가락국기』와 왕력의 재위 년수에 2년의 차이가 납니다. 이런 면은 어떻게 이해할 수 있을까요.(김태유)"

"글쎄요. 2년이 차이 나는 원인이 어디에 있는지는 저도 잘 모르겠습니다. 다만 왕력보다는 『가락국기』의 내용이 더 정확할 것으로 생각됩니다. 아울러 아래 자료도 살펴보도록 하겠습니다."

덕왕이 훙서하니 아들인 명왕 이시품(尼尸品)을 세웠다.6)

위의 기록을 통해, 이시품왕은 명왕으로 불려지게 되었음을 알 수 있다.

---

6) 허전, 『성재집』「숭선전비」(『성재선생문집』 권19), "(德王)薨 子明王 尼尸品立". 앞에서 검토한 (21)—㉮의 이시품왕(伊尸品王)과 비교할 때, 이(伊)를 니(尼)로 표현하였는데, 글자의 차이는 있지만 큰 차이가 있다고 보여지지는 않는다.

24

좌지왕; 신왕(神王)으로 불려지다.

연대 A.D.	간지	왕력 제일					가락국기
		중국	신라	고구려	백제	가락국	
407	정미	동진 안제 의희 3년	18. 실성마립간 재위 6년	19. 광개토왕 재위 16년	18. 전지왕 재위 3년	6. 좌지왕 재위 1년	이시품왕 재위 62년 좌지왕 재위 1년

(23)―㉮ 좌지왕(坐知王)은 또 다른 곳에서 김질(金叱)이라고도 하였다. 의희 3년(407)에 왕위에 올라 용녀(傭女)에게 장가를 들었는데, 그 여자의 무리들을 관리로 삼으니 나라 안이 어지러워졌다. 계림국이 나라를 치려고 하였는데 박원도(朴元道)라는 이름을 가진 한 신하가 간언하여 말하기를, "유초(遺草)를 깎아도 털이 나는 법인데 하물며 사람도 그러하지 않겠습니까? 하늘이 무너지고 땅이 꺼지면 사람이 그 어디에서 살 수 있겠습니까? 또 복사(卜士)가 점을 쳐서 해괘(解卦)를 얻었는데, 그 괘사(卦辭)에 '(당신의) 엄지손가락을 풀면 벗들이 와서 이에 믿을 것입니다'라고 하였습니다. 임금님께서는 『주역(周易)』의 괘사를 귀감(龜鑑)으로 삼으십시요"라고 하였다. 왕은, "(이 말이) 옳다"라고 말하면서 용녀를 하산도(荷山島)로 내쫓고, 그 정치를 고쳐 시행하면서 오랫동안 백성들을 편안하게 하면서 15년 동안 다스렸다(407~421). (…) ㉯ 왕비는 도령(道

寧) 대아간의 딸 복수(福壽)로, 아들 취희(吹希)를 낳았다.[1]
제6 좌지왕을 또 다른 곳에서는 김질왕이라고 하였다. 아버지는 이
품왕이고 어머니는 정신이다. 정미(407)에 즉위하여 14년 동안 다
스렸다(407~420).[2]

"교수님. 위의 기록에서는 좌지왕이 용녀(傭女)와 결혼하여 나라가
어지러워졌다는 사실과 계림국이 침입하려고 하였다는 사실을 기록
하고 있는데, 이러한 부분은 어떻게 이해할 수 있을까요.(김태유)"

"글쎄요. 일단 좌지왕이 용녀와 결혼하였다는 사실로 볼 때, 기존
에 왕비가 배출되던 가문이 아닌 곳에서 왕비를 맞이한 것으로 보입
니다. 그러다보니 신분이 미천한 여자라는 의미로 용녀라는 용어를
사용한 것으로 볼 수 있을 것 같습니다.

다음으로 계림국이 침입하려고 하였다는 점도 주목해 볼 필요가
있습니다. 위에 제시한 연표에 의하면 당시 신라는 실성마립간이고
백제는 전지왕입니다. 그리고 고구려는 광개토왕입니다. 이러한 사실
로 보면 당시 가락국을 침입하려고 하던 신라의 왕은 실성마립간으
로 볼 수 있습니다. 사실 실성마립간은 내물왕대에 당시 고구려의 수
도였던 국내성에서 볼모로 살았습니다. 내물왕을 이어 실성왕이 왕위
를 계승하였는데요. 당시 신라는 고구려의 간섭을 받고 있던 시절입
니다. 그렇다면 위의 기록에서는 신라가 가락국을 침입하려 하였다고
되어 있지만, 그 이면에는 고구려가 가락국을 제압하려는 의도가 있
었다고 볼 수 있겠습니다."

---

1) (23)—㉮ 坐知王 一云 金叱 義熙 三年 卽位 娶傭女 以女黨爲官 國內擾亂 雞林國 以謀欲伐 有一
臣 名朴元道 諫曰 遺草閱閱 亦含羽 況乃人乎 天亡地陷 人保何基 又卜士 筮得解卦 其辭曰 解而
拇 朋至斯孚 君鑒易卦乎 王謝曰可 擯傭女 貶於荷山島 改行其政 長御安民也 治十五年 (...) ㉯ 王
妃 道寧大阿干女 福壽 生子 吹希.
2) 『삼국유사』 권1 왕력1 「가락국」, "第六 坐知王 一云 金叱王 父伊品 母貞信 丁未立 治十四年".

"아. 그렇군요. 교수님. 그렇다면 광개토왕비의 비문도 살펴보아야 겠네요.(허경진)"

"광개토왕비문까지 검토하려면 많은 시간이 걸려요. 여기에서는 일단 고구려 광개토왕의 의지가 반영되어 있을 것이라는 측면만 제시하고자 합니다.3)"

"그렇겠네요. 그런데 교수님. 여기서 해괘(解卦)를 얻었다고 하는데, 이것은 무슨 의미입니까.(김태유)"

"좋은 지적입니다. 뇌수해괘(雷水解卦)는 『주역』 64괘 가운데 40번째 괘로, 갈등이 해소된다는 의미를 갖고 있습니다.4) 위의 자료에 보이는 용녀(傭女)는 불교와 밀접한 관련을 맺고 있는 허황후 집단과 대비되는 존재로 보입니다. 아마도 이 지역의 전통신앙을 배경으로 한 토착세력인 구간집단의 후손으로 볼 수도 있을 것 같습니다. 이때 용녀(傭女)와 연결되어 있던 집단을 제거하는데 주도적인 역할을 수행한 박원도(朴元道)라는 인물은 이후 새롭게 왕비로 간택되는 도령 대아간의 딸인 복수의 세력과 정치적 입장을 같이 했을 것으로 보입니다."

"그렇군요. 교수님. 그렇다면 용녀가 추방된 하산도는 어디로 볼 수 있을까요.(허경진)"

"헐. 점점 어려운 질문입니다. 사실 하산도가 어디인지는 국내 기록에 전혀 보이지 않고 있습니다. 이와 관련해서는 아래 자료를 참고해 보도록 하겠습니다."

---

3) 고구려 광개토왕의 남정론(南征論)과 관련해서는 아래 논문이 참고된다. 주보돈, 「고구려 남진의 성격과 그 영향-광개토왕 남정(南征)의 실상과 그 의의-」『대구사학』82, 2006.

4) 우뢰가 위에 있고 물이 아래에 있는 형상이다. 괘명은 험하고 어려운 과정이 모두 풀린다는 뜻을 갖고 있다. 괘사에서는 본래로 와서 회복함이 길하다는 의미로, '기래복(其來復)이 길(吉)하다'라고 하였다.

"신(臣)이 일찍이 듣기를 신라가 해마다 많은 무기를 모으고 아라
[안라(安羅)]와 하산(何山)을 습격하려고 한다고 합니다. 또 다른 사
람에게 듣기로는 가라(加羅)를 습격한 것에 해당합니다."[5]

위에 제시한 『일본서기』의 기록에 하산(荷山)이 유일하게 언급되
고 있다. 이러한 하산은 낙동강변에 위치한 경북 고령군 우곡면 포동
의 낮은 산인 '하미'로 비정된다. 하지만 위의 『가락국기』에서 용녀
가 유배된 하산도는 가락국이 위치한 김해 인근의 섬으로 추정된다.

"그런데 교수님. 위의 글에서는 아들 취희를 낳았다고 하였습니다.
여기에도 어떤 의미가 있을까요.(김태유)"
"아주 예리한 지적이네요. 앞에서 살폈던 거등왕과 마품왕 및 거질
미왕은 태자로 있다가 왕으로 즉위하였구요. 이시품왕과 좌지왕은 왕
자로 있다가 왕으로 즉위하고 있습니다. 그런데 좌지왕은 처음에 용
녀와 혼인하였는데, 뒤에 도령 대아간의 딸인 복수와 결혼하여 아들
취희를 낳은 것으로 되어 있습니다. 이러한 사실은 가락국의 발전과
정을 시기 구분하는 기준으로 삼을 수 있다는 점에서 주목해 볼 필요
가 있다고 생각됩니다. 아울러 아래 자료도 살펴보도록 하겠습니다."

명왕이 홍서하니 아들인 신왕 좌지를 세웠다.[6]

위의 기록을 통해, 좌지왕은 신왕으로 불려지게 되었음을 알 수 있다.
"아. 그런데요. 교수님. 앞에서는 시조왕·도왕·성왕·덕왕·명왕

---

5) 『일본서기』 권19 흠명천황(欽明天皇) 5년(544) 3월조, "臣嘗聞 新羅 每春秋 多聚兵甲 慾襲安羅
與荷山 或聞 當襲加羅".
6) 허전, 『성재집』 「숭선전비」(『성재선생문집』 권19), "(明王)薨 子神王 坐知立".

으로 추존하고 있는 것이 보이는데요. 여기에는 어떤 원칙이나 법도가 있는 것인가요.(허경진)"

"저도 잘 모르겠어요. 지금부터 133년 전에 공암(孔巖) 허전(許傳; 1797~1886)이라는 분이 수로왕 비문을 쓸 때, 가락국의 왕들에 대해 나름의 원칙을 가지고 추존하는 이름을 붙였다고 보시면 됩니다. 좌지왕을 어떤 이유로 신왕으로 하였는지는 자세히 알 수 없습니다. 아마도 『주역』에 나타난 괘사를 수용하면서 개혁 정치를 하였다는 사실을 주목하면서 신왕으로 하였을 것으로 추측해 봅니다."

연대 A.D.	간지	왕력 제일					가락국기
		중국	신라	고구려	백제	가락국	
420	경신	송 무제 영초 1년	19. 눌지마립간 재위 4년	20. 장수왕 재위 8년	19. 구이신왕 재위 1년	6. 좌지왕 재위 14년	좌지왕 재위 14년
421	신유	영초 2년	재위 5년	재위 9년	재위 2년	7. 취휘왕 재위 1년	재위 15년 취희왕 재위 1년

(24) (좌지왕…) 영초 2년(421) 신유 5월 12일에 돌아가셨다.[7]

『가락국기』에서는 좌지왕이 407년에 즉위하여 421년 5월 12일까지 재위한 것으로 되어 있는데, 왕력에서는 407년부터 420년까지 재위한 것으로 되어 있어 1년의 차이를 보이고 있다. 이러한 것은 앞에서 검토한 것처럼 유년칭원법과 유월칭원법의 차이로 볼 수 있다.

---

7) (24) (坐知王…) 永初 二年 辛酉 五月 十二日崩.

취희왕; 혜왕(惠王)으로 불려지다.

연대 A.D.	간지	왕력 제일					가락국기
		중국	신라	고구려	백제	가락국	
421	신유	송 무제 영초 2년	19. 눌지마립간 간 재위 5년	20. 장수왕 재위 9년	19. 구이신왕 재위 2년	7. 취휘왕 재위 1년	좌지왕 재위 15년 취희왕 재위 1년

(25)—㉮ 취희왕을 또 다른 곳에서는 질가라고도 하였는데, 김씨이다. 영초 2년(421)에 즉위하여 31년 동안 다스렸다(421~451). (…) ㉯ 왕비는 진사 각간의 딸 인덕이며, 왕자 질지를 낳았다.[1]

제7 취희왕을 또 다른 곳에서는 김희라고도 한다. 아버지는 좌지왕이고 어머니는 복수이다. 신유(421)에 즉위하여 30년 동안 다스렸다(421~450).[2]

"교수님. 위의 기록에서 취희왕이 왕자 질지를 낳았다고 되어 있는

---

[1] (25)—㉮ 吹希王 一云 叱嘉 金氏 永初 二年 卽位 治三十一年 (…) ㉯ 王妃 進思角干女 仁德 生王子 銍知.

[2] 『삼국유사』 권1 왕력1 「가락국」, "第七 吹希王 一云 金喜 父坐知王 母福壽 辛酉立 治三十年".

데, 이러한 부분은 어떤 관점에서 보아야 할까요.(허경진)"

"좋은 지적입니다. 앞의 (21)—㉯에서는 아들 취희를 낳았다고 되어 있었는데, 여기에서는 왕자 질지를 낳았다고 되어 있습니다. 위의 기록에 보이듯이, 취희왕의 왕비는 진사 각간의 딸로 되어 있습니다. 여기에 보이는 각간은 신라의 경위(京位)인 17관등 가운데에서 최상의 관등인 이벌찬(伊伐飡)의 다른 명칭으로 이벌간(伊伐干), 우벌찬(于伐飡), 각찬(角飡), 서발한(舒發翰), 서벌감(舒伐邯)이라고도 합니다. 이런 사실로 볼 때, 취희왕은 당시 서열이 가장 높은 집안에서 왕비를 맞이한 것으로 보입니다. 그런 사실이 왕자 질지를 낳았다는 사실로 기록된 것이 아닐까라는 추측을 해봅니다."

연대 A.D.	간지	왕력 제일					가락국기
		중국	신라	고구려	백제	가락국	
450	경인	송 문제 원가 27년	19. 눌지마립간 재위 34년	20. 장수왕 재위 38년	20. 비유왕 재위 24년	7. 취희왕 재위 30년	취희왕 재위 30년
451	신묘	원가 28년	재위 35년	재위 39년	재위 25년	8. 질지왕 재위 1년	취희왕 재위 31년 질지왕 재위 1년

(26) (취희왕…) 원가 28년(451) 신묘 2월 3일에 돌아가셨다.[3]

『가락국기』에서는 취희왕이 421년에 즉위하여 451년 2월 3일까지 재위한 것으로 되어 있다. 그런데 왕력에서는 421년에 즉위하여 450년까지 재위한 것으로 되어 있어 역시 1년의 차이를 보이고 있다. 한

---

3) (26) (吹希王…) 元嘉 二十八年 辛卯 二月 三日崩.

편 아래 자료도 참고된다.

신왕이 흥서하니 아들인 혜왕 취희를 세웠다.[4]

위의 기록을 통해, 취희왕은 혜왕으로 불려지게 되었음을 알 수 있다.

---

4) 허전, 『성재집』「숭선전비」(『성재선생문집』 권19), "(神王)薨 子惠王 吹希立".

질지왕; 장왕(莊王)으로 불려지다.

연대 A.D.	간지	왕력 제일					가락국기
		중국	신라	고구려	백제	가락국	
451	신묘	송 문제 원가 28년	19. 눌지마립간 재위 35년	20. 장수왕 재위 39년	20. 비유왕 재위 25년	8. 질지왕 재위 1년	취희왕 재위 31년 질지왕 재위 1년

(27)—㉮ 질지왕을 또 다른 곳에서는 김질왕이라고 하였다. 원가 28년(451)에 즉위하였다. (…) ㉯ 42년 동안 다스렸다(451∼492). (…) ㉰ 왕비는 김상(金相) 사간의 딸인 방원이며, 왕자 겸지를 낳았다.[1] 제8 질지왕을 또 다른 곳에서는 김질(왕)이라고 하였다. 아버지는 취희(왕)이고, 어머니는 인덕이다. 신묘(451)에 즉위하여 36년 동안 다스렸다(451∼486).[2]

"교수님. 위의 기록은 어떤 관점에서 검토해보는 것이 좋을까요.

---

[1] (27)—㉮ 銍知王 一云 金銍王 元嘉 二十八年 卽位 (...) ㉯ 治四十二年 (...) ㉰ 王妃 金相沙干女 邦媛 生王子 鉗知.

[2] 『삼국유사』 권1 왕력1 「가락국」, "第八 銍知王 一云 金銍 父吹希 母仁德 辛卯立 治三十六年".

(김태유)"

"글쎄요. 내용이 너무 소략합니다. 주목되는 점은 왕자 겸지를 낳았다는 점이 아닐까 합니다."

연대 A.D.	간지	왕력 제일					가락국기
		중국	신라	고구려	백제	가락국	
486	병인	제 무제 영명 4년	21. 비처마립간 재위 8년	20. 장수왕 재위 74년	24. 동성왕 재위 8년	8. 질지왕 재위 36년	질지왕 재위 36년
487	정묘	영명 5년	재위 9년	재위 75년	재위 9년		재위 37년
488	무진	영명 6년	재위 10년	재위 76년	재위 10년		재위 38년
489	기사	영명 7년	재위 11년	재위 77년	재위 11년		재위 39년
490	경오	영명 8년	재위 12년	재위 78년	재위 12년		재위 40년
491	신미	영명 9년	재위 13년	21. 문자명왕 재위 1년	재위 13년		재위 41년
492	임신	영명 10년	재위 14년	재위 2년	재위 14년	9. 겸지왕 재위 1년	재위 42년 겸지왕 재위 1년

(30) (질지왕…) 영명 10년 임신(492) 10월 4일에 돌아가셨다.[3]

"교수님. 위의 기록은 어떤 관점에서 검토해보는 것이 좋을까요. (허경진)"

"글쎄요.『가락국기』에서는 질지왕이 451년부터 492년 10월 4일까지 재위한 것으로 되어 있습니다. 그런데 왕력에서는 451년부터 486년까지 재위한 것으로 기록하고 있습니다. 이렇게 보면 질지왕대는 재위년에 있어서 왕력과『가락국기』의 기록에 차이가 나고 있습니다. 말하자면 즉위년은 일치하지만 다스린 햇수는 36년과 42년으로 다르

---

3) (30) (銍知王…) 永明 十年 壬申 十月 四日崩.

게 기록되어 있습니다. 한편 왕력에서는 제9대 겸지왕의 즉위년을 임신년(492)으로 기록하였는데, 이렇게 되면 487년부터 491년이 공백으로 남게 되는 문제가 발생합니다. 이에 반해『가락국기』에서는 질지왕이 42년 동안 재위하였으며, 겸지왕이 영명 10년(492)에 즉위하였다고 되어 있습니다. 이렇게 볼 때, 저는 왕력과『가락국기』의 기록에 보이는 서로 다른 재위년 가운데『가락국기』의 재위 42년이라는 기록이 더 옳다고 생각됩니다. 한편 아래 자료도 검토해 보겠습니다."

혜왕이 훙서하니 아들인 장왕 질(鉒)을 세웠다.[4]

위의 기록을 통해, 질지왕은 장왕으로 불려지게 되었음을 알 수 있다.

---

4) 허전,『성재집』「숭선전비」(『성재선생문집』권19), "(惠王)薨 子莊王 鉒立". 앞에서 살펴본 (27)
　—㉮에서는 질지왕(銍知王)이라고 하였는데, 여기에서는 질(鉒)이라고 하였다.

27

질지왕이 왕후사를 창건하다.

연대 A.D.	간지	왕력 제일				
		중국	신라	고구려	백제	가락국
452	임진	송 문제 원가 29년	19. 눌지마립간 재위 36년	20. 장수왕 재위 40년	20. 비유왕 재위 26년	8. 질지왕 재위 2년

(28) 원군(元君)의 8대손인 김질왕(金銍王)은 매우 부지런하게 정무를 보았고, 또 진리를 간절하게 숭상하였다. 세조와 허황후(許皇后)의 명복을 빌기 위해 원가(元嘉) 29년 임진(452)에 원군과 황후가 혼례를 치른 곳에 절을 창건하고 이름을 왕후사(王后寺)라고 하였다. 관리를 보내 그 근처의 평전(平田) 10결을 세밀하게 측량하여 삼보를 공양하고 추억하는 비용으로 사용하였다.[1]

(29) (질지왕…) 다음 해(452) 세조와 허황옥 왕후를 위한 명복을 받들기 위해 처음 세조와 결합한 곳에 절을 세워 왕후사라고 하면서, 토지 10결을 바쳐 (비용으로) 충당하게 하였다.[2]

---

1) (28) 元君 八代孫 金銍王 克勤爲政 又切崇眞 爲世祖(母; 필자는 해석하지 않음) 許皇后 奉資冥福 以元嘉 二十九年 壬辰 於元君與皇后 合婚之地 創寺 額曰 王后寺 遣使審量 近側平田 十結 以爲供億 三寶之費.

2) (29) (銍知王…) 明年 爲世祖 許黃玉王后 奉資冥福 於初與世祖 合御之地 創寺 曰王后寺 納田 十

"교수님. 위의 글은 질지왕이 왕후사를 창건하였다는 내용이 서술되어 있습니다. 그런데 위에 제시한 두 교재에서는 모두 (28)에서, '세조의 어머니인 허황후'로3) 번역하였습니다. 그런데 교수님은 모(母)를 해석하지 않고 '세조와 허황후'로 번역하였습니다. 이렇게 번역한 이유는 무엇 때문인가요.(김태유)"

"좋은 지적입니다. 위의 (29) 및 아래 제시한 자료를 통해 볼 때, '세조와 허황후'로 번역하는 것이 옳다고 생각했습니다. 아래 자료를 검토해 보겠습니다."

> 제8대 질지왕 2년 임진(452)에 이르러 이곳에 절을 세웠다. 또 왕후사를 지어[아도와 눌지왕의 시대요, 법흥왕 이전이다] 지금까지 명복을 빌고 있다. 겸해서 남쪽의 왜를 진압하고 있으니 본국(本國)의 「본기(本記)」에 구체적으로 보인다.
> 탑은 4면으로 모가 난 5층인데, 그 조각은 매우 기이하며 돌에는 조금씩 붉은 반점이 있다. 그 재질은 매우 부드럽고 좋아서 이 지방의 것이 아니다. 『본초』에서 말하는 닭의 벼슬 피를 찍어서 시험한다는 것이 이것이다. 금관국을 또한 가락국이라고 이름하였는데, 「본기(本記)」에 자세하게 실려 있다.4)

위에 제시한 자료는 '본국의 「본기(本記)」'와 아래에 보이는 '「본기(本記)」'를 인용하였다고 밝히고 있는데, 구체적으로 어떤 기록을 참고한 것인지는 자세하지 않다. 다만 위의 기록에서는 질지왕이 이곳에 절을 세웠고, 또 왕후사를 세웠다고 되어 있어 위에 제시한 (28)과

結 充之

3) 위의 두 교재에서는, "위세조모(爲世祖母) 허황후(許皇后)"에서 모(母)를 어머니로 해석하였다.

4) 『삼국유사』 권3 탑상4 「금관성파사석탑」, "逮第八代 銍知王 二年 壬辰 置寺於其地 又創王后寺 [在阿道 訥祗王之世 法興王之前] 至今奉福焉 兼以鎮南倭 具見本國本記 一塔方四面五層 其彫鏤 甚奇 石微赤斑色 其質良脆 非此方類也 本草所云 點雞冠血 爲驗者是也 金官國 亦名駕洛國 具載 本記".

(29)의 내용과 약간의 차이를 보인다.

한편 남쪽의 왜를 진압하고 있다는 사실 및 파사석탑에 대한 설명을 소개하면서, '본국의 「본기」'에 구체적으로 보인다고 하였다. 또한 금관국을 가락국이라고 이름한 것도 '「본기」'에 자세하게 실려 있다고 하였다. 그러나 이러한 내용이 현재 전하는 『가락국기』에는 전혀 보이지 않는다. 그렇다면 『(원본) 가락국기』에 이러한 내용이 들어 있었을 가능성도 있다. 그렇지 않다면, 위에서 말하는 '본국의 「본기」'는 『가락국기』가 아닌 또다른 자료를 인용한 것으로 볼 여지도 있다.

"아. 그렇군요. 교수님. 그런데 수로왕과 허황후가 합혼하던 곳에 사찰을 세웠는데, 수로왕이 아닌 황후를 강조하는 왕후사를 창건한 이유는 어떻게 이해할 수 있을지 궁금합니다.(허경진)"

"아. 놀라운 지적입니다. 지금까지 이런 문제 제기는 없었던 것으로 보입니다. 일단 허왕후가 인도 아유타국에서 왔다는 점을 강조하려는 의미가 있었다고 보여집니다. 또한 『가락국기』에서는 수로왕과 허왕후 및 거등왕이 강조되고 있는 것으로 보입니다. 불교에서는 불법승(佛法僧) 삼보(三寶)를 강조합니다. 이때 허왕후의 업적은 법(法)을 가락국에 전한 점으로 볼 수 있습니다. 그런 이유로 절을 창건하면서 왕후사로 하였을 것으로 보여집니다."

"아. 그렇게도 볼 수 있을까요. 그렇다면 왕후사는 지금 어떻게 유지되고 있나요(김태유)."

"아쉽게도 왕후사는 고려 광종대에 절이 없어집니다. 이러한 부분은 뒤에서 다시 살펴보도록 하겠습니다. 일단 아래 자료를 살펴보겠습니다."

왕후사; 옛 터가 장유산에 있다. 수로왕 8대손 질지왕이 (수로왕) 당시에 장막을 치고 합혼하던 곳에다가 절을 세우고 왕후사라고 하였는데, 뒤에 절을 없애고 농장으로 하였다.5)

위의 자료에 의하면 왕후사는 구체적으로 장유산에 있었다고 밝히고 있다. 그런데 『신증동국여지승람』 산천(山川)조에 의하면, 장유산은 김해부의 남쪽 40리에 위치하고 있다. 이곳은 현재 김해시 장유면 장유리 남쪽의 옥녀봉(玉女峰)에 해당된다. 조선시대 정조 연간(1776~1800)에 편찬된 『김해부읍지(金海府邑誌)』 사찰조에는 아래와 같은 기록이 있다.

임강사; 허황후가 천축국에서 올 때 이곳에 정박하자 왕이 임시 궁궐을 설치하여 맞이하였다. 수로왕의 8대손인 질지왕이 절을 창건하면서 왕후사라고 하였는데, 지금의 임강사이다.6)

위의 기록을 통해 볼 때, 임강사는 왕후사의 후신으로 비정될 수 있다. 한편 아래 자료도 참고된다.

가라국(加羅國)은 삼한(三韓)의 한 종족이다. 건원 원년(479; 질지왕 재위 49년)에 국왕 하지(荷知)가 사신을 보내어 (방물을) 바쳤다. 이에 조서(詔書)를 내려 말하기를, "널리 헤아려보면 비로소 [조정에] 올라 오니, 원이(遠夷)가 두루 (덕에) 감화되었다. 가라왕(加羅王) 하지(荷知)는 먼 동쪽 바다 밖에서 폐백을 받들고 관문을 두드렸으니, 보국장군(輔國將軍) 본국왕(本國王)의 벼슬을 제수할만하다"라고 하였다.7)

---

5) 『신증동국여지승람』 권32 김해도호부 고적(古蹟)조, "王后寺[舊址 在長遊山 首露王 八代孫 銍知王 就幔殿 合婚之地 建寺 名曰 王后寺 後罷寺爲莊]".

6) 『김해부읍지』 사찰조, "臨江寺 許后 自天竺來 泊于此 王設幔殿迎之 王八代孫 銍知王 建寺 故名 王后寺 今名 臨江寺".

"교수님. 위의 자료에 보이는 가락국왕 하지는 누구를 말하는 것인 가요.(허경진)"

"글쎄요. 위의 자료에 보이는 건원 원년은 중국 남조에서 송나라를 이어 제나라가 건국되는 해입니다. 이것을 기념하기 위해 가라국왕이 사신을 보냈다는 점을 주목할 수 있습니다. 중국 정사 가운데에서 가야에 대한 전기를 싣고 있는 것은 『남제서(南齊書)』가 유일합니다. 이 자료를 통해서 5세기말 가야의 해상발전이 활발하였음을 알 수 있습니다. 그러나 『남제서』「가라전」은 국왕 하지(荷知)가 479년에 남제(南齊)와 교섭하여 책봉(冊封)을 받았다는 사실만이 기록되어 있을 뿐 가야에 관한 보다 상세한 서술은 없습니다. 그럼에도 불구하고 이 자료는 당시 가야에서 중국 남조에 사신을 보내 국제 무대에 등장하려고 하였음을 보여주는 것이라 할 수 있습니다.

한편 하지(荷知)가 가야(加耶)의 여러 나라 가운데 어느 나라의 왕인지는 확실히 밝히고 있지 않지만, 본문에 나오는 '본국왕(本國王)'이라는 표현으로 미루어 볼 때 본가야(本加耶)의 국왕일 가능성이 높다고 보여집니다. 하지만 『가락국기』에 의하면, 479년 당시 왕은 질지왕(451~492)으로 되어 있어 그 이름이 같지 않습니다. 그러다보니 위에 보이는 하지왕을 대가야(大加耶)의 왕으로 보려는 견해도 있습니다.8)"

---

7) 『남제서(南齊書)』 동남이열전(東南夷列傳) 「가라(加羅)」조, "加羅國 三韓種也 建元 元年 國王 荷知 使來獻 詔曰 量廣始登 遠夷洽化 加羅王 荷知 款關海外 奉贄東遐 可授輔國將軍 本國王".

8) 북쪽의 대가야문화권에서는 오키나와 조개로 만든 국자와 일본제로 생각되는 챙달린 투구와 삼각판 갑옷 및 서역의 로만글래스 등이 출토되었다. 이러한 유물과 유적은 479년에 대가야왕이 무려 2,800km의 여정을 거쳐 중국 양자강 하구의 남제(南齊)까지 사신을 보냈던 저력을 증명해 주고 있는 것으로 추정할 수 있다.; 이영식, 『새로 쓰는 김해지리지; 김해학, 길 위에 서다』, 미(美)세움, 2014. 24쪽.

"아. 그렇군요. 교수님. 하지만 하지왕과 질지왕은 첫 글자를 빼면 뒤의 두 글자는 같습니다. 그렇다면 하지왕을 질지왕으로 볼 수도 있지 않을까요.(허경진)"

"하하. 그런가요. 그렇다면 일단 하지왕을 질지왕으로 보도록 하겠습니다."

"그런데 교수님. 당시 가락국은 어떤 교통로를 통해서 중국의 남제로 사신을 보냈을지 궁금합니다.(김태유)"

"아. 그런 문제가 있군요. 이러한 문제를 해결하기 위해서는 앞에서 검토하였던 (3)—㉓의 내용을 다시 한번 검토해 보도록 하겠습니다."

> (3)—㉓ 동쪽은 황산강(黃山江)의 서쪽이고, 남쪽은 창해(蒼海)이다. 서북쪽은 지리산(地理山)의 동쪽이고, 북쪽은 가야산(伽耶山)이며 남쪽은 나라의 끝이었다.[9)

위의 내용은 가장 먼저 황금알에서 나온 김수로가 대가락국을 건국하고 나머지 다섯 명도 5가야의 주인이 되었다는 사실을 제시한 다음에 서술되어 있다. 그렇다면 위의 자료를 통해, 가락국을 비롯한 가야연맹의 영향력이 어디까지 미치고 있었는지를 대체로 파악하는 것이 가능할 것으로 보인다.

"아. 그렇군요. 교수님. 그런데 위에 제시한 자료의 어떤 내용을 통해 가락국이 중국의 남제로 사신을 보낸 점을 파악할 수 있는 것인가요.(허경진)"

"지금부터 그러한 측면을 살펴보겠습니다. 앞에서 살펴 보았듯이,

---

9) (3)—㉓ 東以黃山江西 南以滄海 西北以地理山東 北以伽耶山 南而爲國尾.

동쪽의 황산강은 신라와 영역 다툼이 잦았던 지역입니다. 또한 이 당시에는 신라가 이 지역에서 주도권을 행사했을 것으로 보입니다. 남쪽은 창해로 되어 있는데요. 그 당시의 항해술이나 서남해 해상권을 백제가 장악하고 있었다고 본다면 남쪽 방향으로 출발하였을 가능성도 없다고 보여집니다. 그렇다면 서북쪽의 지리산과 북쪽의 가야산이 주목됩니다.

가야산은 지금의 경상북도 성주와 고령 지역 및 경상남도 합천의 가야면 등에 위치하고 있습니다. 또한 지리산은 현재 전라남도 구례·전라북도 남원·경상남도 산청과 함양 및 하동 지역에 걸쳐 있습니다. 그렇다면 이 당시 가락국은 고령에서 전라북도 부안까지 연결되는 육로 또는 지리산의 섬진강을 경유하면서 전라북도 부안까지 연결되는 교통로를 확보하고 있었을 것으로 보입니다. 이 길을 통해 전라북도 부안에 도착한 다음에 배를 타고 중국 남제로 떠났을 것으로 보여집니다."

"아. 그렇군요. 최근에 전라도나 경상도 내륙지역 곳곳에서 가야와 관련된 유물과 유적이 발굴되었다는 뉴스를 본 기억이 납니다.(김태유)"

"아. 저도 이럴 때 부안의 채석강이나 적벽강으로 소풍을 많이 갔었는데요. 그렇다면 부안과 가야는 어떤 관련이 있는지 궁금합니다.(허경진)"

"저는 2010년 가을에 이 지역을 직접 답사한 적이 있습니다. 전라북도 부안군 산내면 인근의 변산반도 국립공원에 있는 능가산 의상봉의 절벽에서 밧줄을 잡고 천천히 내려가면 백제 유민의 후손인 진표율사(眞表律師)께서 신라 효성왕(孝成王; 737~742년 재위)과 경덕왕대(景德王代; 742~765년 재위)에 처절하게 망신참법(亡身懺法)을 수행하였다고 전해지는 부사의암(不思議庵)이 있습니다. 그런데 고산자(古山子) 김정호(?~1866)가 조선 철종 8년(1857)에 제작한 동여도(東輿圖)에는 가야포(加耶浦)라는 지명이 보입니다. 그리고 가야포에서 20여 킬로미터 떨어진 격포에는 죽막동 유적이 있습니다. 죽막동은 원삼국시대부터 조선시대에 이르기까지 바다에 제사를 지내던 수성당(水城堂)이 있는 마을이기도 합니다. 이러한 사실로 유추해 볼 때, 질지왕은 재위 2년에 왕후사를 창건하였고, 재위 49년(479)에 중국 남조의 제나라로 사신을 파견한 것으로 볼 수 있을 것 같습니다. 그렇다면 가야의 사신은 전라북도 부안의 가야포에서 배를 타고 중국의 남제로 출발하였을 것으로 추측할 수 있습니다."

"아. 그렇군요. 교수님. 그렇다면 가야산 또는 지리산 지역을 거쳐서 전라북도 부안까지 도달하는 교통로도 밝혀져야 하지 않을까요. (김태유)"

"아주 좋은 지적입니다. 국민대학교 정문에서 1020번 버스를 타고 부암동 정류장에 내려서 오른쪽으로 조금 걸어 가면 종로구 청운동에 위치한 '윤동주 문학관'이 나옵니다. 그 입구에 보면 윤동주(尹東柱, 1917~1945) 선생이 1938년 5월 10일에 쓴 '새로운 길'이라는 시구가 새겨져 있습니다. '내를 건너서 숲으로. 고개를 넘어서 마을로. 어제도 가고 오늘도 갈 나의 길. 새로운 길. (…) 나의 길은 언제나 새로운 길'

지금으로부터 1,500여년 이전의 가락국 사람들도 이러한 심정으로 자신들의 길을 개척하지 않았을까 합니다. 아무래도 경진이는 이 지역에서 태어나고 자랐으니 지리적 감각이 저희들보다 뛰어날 것으로 생각됩니다. 이참에 한번 '가야로(伽倻路)' 또는 '가야 ROAD'를 복원

해보면 어떨까합니다만."

"헐. 제가 별로 아는 것이 없어서요. 한번 고향에 계신 부모님과 전화 통화를 해 봐야겠습니다.(허경진)"

"그 옛날 허왕후께서도 부모님의 도움을 받았잖아요. 한번 기대해 보겠습니다."

28

겸지왕; 숙왕(肅王)으로 불려지다.

연대 A.D.	간지	왕력 제일					가락국기
		중국	신라	고구려	백제	가락국	
492	임신	제 무제 영명 10년	21. 비처마립간 재위 14년	21. 문자명왕 재위 2년	24. 동성왕 재위 14년	9. 겸지왕 재위 1년	질지왕 재위 42년 겸지왕 재위 1년

(31)—㉮ 겸지왕을 또 다른 곳에서는 김겸왕이라고 하였다. 영명 10
년(492)에 즉위하여 30년 동안 다스렸다(492~521). (…) ㉯ 왕비는
출충각간의 딸인 숙이며, 왕자 구형을 낳았다.[1]
제9 겸지왕의 아버지는 질지왕이며 어머니는 방원이다. 임신(492)
에 즉위하여 29년 동안 다스렸다(492~520).[2]

"교수님. 위의 기록은 어떤 관점에서 검토해보는 것이 좋을까요.
(허경진)"

---

1) (31)—㉮ 鉗知王 一云 金鉗王 永明 十年 卽位 治三十年 (...) ㉯ 王妃 出忠角干女 淑 生王子 仇衡.
2) 『삼국유사』 권1 왕력1 「가락국」, "第九 鉗知王 父銍知王 母邦媛 壬申立 理二十九年".

"글쎄요. 내용이 너무 소략합니다. 다만 주목되는 점은 왕자 구형을 낳았다는 점이 아닐까 합니다. 아래 기록을 한번 검토해 보도록 하겠습니다."

> (소지 마립간) 재위 18년(496; 겸지왕 재위 5년) 봄 2월에 가야국에
> 서 흰 꿩을 보냈는데, 꼬리의 길이가 다섯 자였다.;『삼국사기』권3
> 「신라본기」3 소지 마립간 재위 18년조.

"교수님. 위의 기록은 가야국이 신라 소지왕에게 흰 꿩을 보냈다는 사실을 전하고 있는데요. 이러한 기록에는 어떤 의미가 있는 것인가요.(김태유)"

"글쎄요. 우선 위의 연표에 보이는 비처 마립간을『삼국사기』에서는 소지 마립간이라고 표현하고 있습니다. 이를 통해 비처 마립간과 소지 마립간은 표현의 차이는 있지만 같은 왕이라는 사실을 알 수 있습니다. 그런데 위의 내용은 아주 단편적인 기록이지만 당시 가락국이 처한 상황을 조금이나마 알 수 있는 기록으로 생각됩니다. 이와 관련해서는 소지왕대에 일어났던 하나의 사건을 검토할 필요가 있습니다. 우선 아래 자료를 살펴보도록 하겠습니다."

> 제 21대 비처왕(毗處王; 또 다른 곳에서는 소지왕이라고 되어 있
> 다) 즉위 10년 무진(488)에 왕이 천천정(天泉亭)에 행차하였을 때,
> 까마귀와 쥐가 와서 울었다. 쥐가 사람의 말로 말하기를, "이 까마
> 귀가 가는 곳을 조사해 보십시요"라고 하였다. 왕이 기사(騎士)에
> 게 명하여 쫓아 가도록 하였다. 남쪽의 피촌(避村)에 이르러 두 마
> 리의 돼지가 서로 싸우는 것을 머물러 구경하다가 문득 까마귀가
> 있는 곳을 잃어버리고 길가를 배회했다. 이때에 노옹(老翁)이 연못
> 에서 나와 임금에게 바치는 글을 올렸다. 겉봉에는, "열어보면 두
> 사람이 죽고, 열어 보지 않으면 한 사람이 죽는다"라고 되어 있었

다. 사신이 돌아와 그것을 바치니 왕이 말하기를, "두 사람이 죽는 것보다 열어 보지 않아 다만 한 사람이 죽는 것이 낫겠다"라고 하였다. 일관(日官)이 아뢰어 말하기를, "두 사람이라고 한 것은 서민이고, 한 사람이라고 한 것은 왕입니다"라고 하였다. 왕이 그럴 듯하다고 여겨 그것을 뜯어보니, "거문고갑을 쏴라"라고 쓰여 있었다. 왕이 궁으로 들어가 거문고갑을 보고 쏘니, 내전(內典) 분수승(焚修僧)이 궁주(宮主)와 몰래 간통하고 있었다. 두 사람의 목을 베어 죽였다. (…) 그 못을 '서출지(書出池)'라고 부르게 하였다.; 『삼국유사』 권1 기이2 「사금갑」조.

위의 내용은 신라 소지왕 10년(488)에 있었던 소지왕 암살 미수 사건을 전하고 있다.[3] 이 사건을 어떻게 이해할 것인지는 다양한 측면에서 접근할 필요가 있다. 다만 본고에서는 고구려의 장수왕이 신라의 소지왕(479~500년 재위)을 시해하기 위해 승려로 위장한 자객을 신라 왕실에 잠입하였던 사건으로 이해하고자 한다.

이러한 사실을 통해 볼 때, 당시 고구려는 신라와 백제를 압박하는 남진 정책을 추진하고 있었음을 알 수 있다. 이에 대응하기 위해 신라와 백제는 나제동맹(羅濟同盟)을 맺고 있었다.

이러한 당시의 대외적인 상황을 살펴보면, 이 당시 겸지왕이 재위 5년(496)에 신라 소지왕에게 흰 꿩을 바쳤던 사실이 갖는 의미를 이해할 수 있을 것이다.

한편 현재 김해지역에는 개라바위라고 불리는 황세바위가 있다. 이곳에는 여의낭자와 황세장군과의 슬픈 사랑 이야기가 전해지고 있다.

이러한 이야기에 의하면, 가락국 출정승의 딸인 여의는 황정승의 아들인 황세와 약혼하였다. 그런데 황세가 신라군과의 전쟁에서 공을

---

3) 『가락국기』에 의하면 당시는 질지왕 재위 38년에 해당된다. 그런데 앞에서 검토하였듯이, 왕력에서는 이 해가 공백으로 되어 있다.

세워 장군이 되면서 왕의 딸인 유민공주와 혼인하였다. 이에 여의는 출가하지 않고 정절을 지키다 세상을 떠났다. 그런데 여의를 잊지 못하던 황세도 병을 앓다 같은 해에 죽었다는 슬픈 사랑 이야기가 전해진다. 이때 여의가 죽어 하늘로 올라갔다는 하늘문, 두 사람이 약혼했다는 황세바위, 어렸을 때 오줌 멀리누기 경주를 했다는 조릿대 숲 속의 소변터 등의 전승이 전해주는 유적이 좁은 공간 곳곳에 남아 있다. 또한 이 지역에는 가락국 제9대 겸지왕대에 여의낭자의 정절을 기리기 위해 1975년 6월에 세워진 사당인 여의각이 있다.4)

연대 A.D.	간지	왕력 제일					가락국기
		중국	신라	고구려	백제	가락국	
520	경자	양 고조 보통 1년	23. 법흥왕 재위 7년	22. 안장왕 재위 2년	25. 무령왕 재위 20년	9. 겸지왕 재위 29년	겸지왕 재위 29년
521	신축	보통 2년	재위 8년	재위 3년	재위 21년	10. 구형왕 재위 1년	재위 30년 구형왕 재위 1년

(32) (겸지왕…) 정광 2년 신축(521) 4월 7일에 돌아가셨다.5)

"교수님. 위의 기록은 어떤 관점에서 검토해보는 것이 좋을까요. (허경진)"

"글쎄요.『가락국기』에서는 겸지왕이 492년부터 521년 4월 7일까지 재위한 것으로 되어 있는데, 왕력에서는 492년부터 520년까지 재위하였다고 하여 1년의 차이가 납니다. 또 위의 연표에서는 양 나라

---

4) 이영식,『새로 쓰는 김해지리지; 김해학』, 미(美)세움, 2014, 77~78쪽.
5) (32) (鉗知王…) 正光 二年 辛丑 四月 七日崩.

의 연호인 보통(普通)을 사용하고 있는데 비해, 『가락국기』에서는 북위(北魏) 명제(明帝)의 연호인 정광(正光)을 따르고 있다는 사실입니다. 한편 아래 자료도 검토해 보겠습니다."

　　장왕이 훙서하니 아들인 숙왕 겸지를 세웠다.[6)

　위의 기록을 통해, 겸지왕은 숙왕으로 불려지게 되었음을 알 수 있다.

---

6) 허전, 『성재집』 「숭선전비」(『성재선생문집』 권19), "(莊王)薨 子肅王 鉗知立".

29

구형왕; 양왕(讓王)으로 불려지다.

연대 A.D.	간지	왕력 제일					가락국기
		중국	신라	고구려	백제	가락국	
521	신축	양 고조 보통 2년	23. 법흥왕 재위 8년	22. 안장왕 재위 3년	25. 무령왕 재위 21년	10. 구형왕 재위 1년	겸지왕 재위 30년 구형왕 재위 1년

(33) 구형왕은 김씨로 정광 2년(521)에 즉위하여 42년 동안 다스렸 다(521~562).[1]

제10 구형왕은 겸지(왕)의 아들로 어머니는 숙녀이다. 신축(521)에 즉위하여 43년 동안 다스렸다(521~563).[2]

"교수님. 위의 기록은 어떤 관점에서 검토해보는 것이 좋을까요. (김태유)"

"글쎄요. 앞에서 검토한 (31)—㉯에서는 겸지왕의 왕비는 출충각간

---

1) (33) 仇衡王 金氏 正光 二年 卽位 治四十二年.
2) 『삼국유사』 권1 왕력1 「가락국」, "第十 仇衡王 鉗知子 母淑女 辛丑立 理四十三年".

의 딸인 숙이며, 겸지왕이 왕자 구형을 낳았다고 되어 있었습니다. 그런데 위에 제시한 왕력에서는 구형왕을 겸지왕의 아들이라고 하면서 어머니는 숙녀라고 한 점에 차이가 난다는 점을 지적할 수 있겠습니다. 구형왕대 가락국이 어떤 상황에 있었는지는 아래 자료를 통해 검토해 보도록 하겠습니다."

> (법흥왕) 재위 9년(522; 구형왕 재위 2년) 봄 3월에 가야국 왕이 사신을 보내 혼인을 요청하였으므로, 왕이 이찬 비조부(比助夫)의 누이를 그에게 보냈다.
> 재위 11년(524; 구형왕 4년) 가을 9월에 왕이 남쪽 변방의 새로 넓힌 지역을 두루 돌아보았는데, 이때 가야국 왕이 찾아왔으므로 만났다.; 『삼국사기』 권4 「신라본기」4 법흥왕 재위 9년 및 11년조.

위의 기록에서 주목되는 점은 가야국의 왕이 신라 법흥왕에게 사신을 보내 혼인을 요청함에 이찬 비조부의 누이를 보내준 사실 및 신라 법흥왕이 남쪽 변방 지역을 둘러 볼 때, 가야국 왕이 찾아와 만났다는 사실이다. 그렇다면 위의 기록에 보이는 가야국의 왕이 구체적으로 누구인지는 고민해 봐야 할 문제이다.

우선 위의 기록에 보이는 비조부는 뒤에서 다시 검토할 『신증동국여지승람』 권29 고령현 건치연혁조에 인용되어 있는 최치원의 『석순응전(釋順應傳)』에 보이는 비지배(比枝輩)와 동일한 인물로 볼 수 있다. 그렇다면 이때 신라에 혼인을 요청한 가야왕은 대가야의 이뇌왕(異腦王)이다.[3]

그렇다면 법흥왕을 찾아온 가야왕은 누구였는지도 궁금하다. 이 당시 가야왕을 가락국의 마지막 왕인 구형왕으로 볼 수도 있겠지만,

---

3) 김태식, 「대가야의 세계(世系)와 도설지(道設智)」 『진단학보』 81, 1996.

당시 후기가야연맹을 주도하던 대표세력인 대가야왕으로 보는 것이 더 타당할 것이다. 이때 법흥왕과 대가야의 왕이 서로 만난 것은 신라와 후기가야연맹의 미묘한 영역의 경계를 서로 확인하기 위해서였을 것으로 보인다.[4] 그렇다면 당시 가락국의 구형왕의 위상은 신라와 대가야가 서로 협력하려는 분위기 속에서 상당히 위축되어 있었다고 보여진다.

한편 아래 자료도 검토할 필요가 있다.

숙왕이 훙서하니 아들인 양왕 구형을 세웠다.[5]

위의 기록을 통해, 구형왕은 나라를 신라에 양보하였다는 의미를 갖는 양왕으로 불려지게 되었음을 알 수 있다.

"그런데, 교수님. 앞에서 검토한 왕들은 모두 언제 세상을 떠났는지를 언급하고 있습니다. 그렇다면 구형왕은 언제 세상을 떠나셨나요.(허경진)"

"아. 미쳐 생각해보지 못한 문제입니다. 이러한 부분을 정확하게 알려주는 기록은 없는 것으로 보입니다. 하지만 경진이가 질문을 했으니 무언가 합리적인 해답을 찾아봐야겠습니다. 이와 관련해서는 뒤에 검토할 아래 자료를 이곳에서 먼저 검토해 보도록 하겠습니다."

(40)—㉯ 그 구형왕이 왕위를 잃고 나라를 떠난 이후 용삭 원년 신유(661)까지 60년 사이(601~661)에 이 수로왕묘의 의례를

---

4) 김태식, 『가야연맹사』, 일조각, 1993.

5) 허전, 『성재집』 「숭선전비」(『성재선생문집』 권19), "(肅王)薨 子讓王 仇衡立".

지내는 것은 간혹 빠뜨리기도 하였다.6)

위의 기록에 의하면, 구형왕은 왕위를 잃은 뒤에 나라를 떠난 것으로 되어 있다. 이때 '나라를 떠났다[거국(去國)]'라는 표현은, 구형왕이 다른 곳으로 옮겨갔다는 의미로 이해된다. 그렇다면 구형왕이 김해 지역을 떠난 시기가 언제인지 궁금하다. 왕력의 가락국에서는 나라가 멸망한 이후에도 구형왕이 43년 동안(563) 재위한 것으로 되어 있다. 이에 반해 『가락국기』에서는 42년 동안(562) 재위한 것으로 되어 있다. 두 기록에는 1년의 차이가 나고 있는데, 어떤 기록이 옳은지는 현재 판단하기 어렵다. 다만 이 무렵에 구형왕이 나라를 떠나 다른 곳으로 옮겨갔을 것으로 추측된다.

이러한 측면과 관련해서는, 비록 후대의 자료이기는 하지만 아래의 내용이 참고된다.

> 신라가 강성해져서 자주 침벌하여 백성들이 사망하였다. 양왕이 말하기를, "내가 사람을 기르기 위한 토지로써 사람을 해치고 싶지는 않다. 그리고 종사(宗祀)가 나로부터 끊어지는 것을 차마 보지 못하겠다"라고 하면서, 왕의 동생인 구해(仇亥)에게 왕위를 양위(讓位)하였다. 그리고 태자와 비빈(妃嬪)을 거느리고 제기(祭器)와 문물(文物)을 가지고 방장산 안의 태왕궁으로 은둔하였다.7)

위의 기록을 역사적 사실로 그대로 믿기는 어려운 면이 있다. 위의 기록에서는 양왕(讓王)으로 일컬어지는 구형왕이 동생인 구해(仇亥)

---

6) (40)─㉯ 其乃仇衡失位去國 逮龍朔 元年 辛酉 六十年之間 享是廟禮 或闕如也.

7) 허전, 『성재집』 「숭선전비」(『성재선생문집』 권19), "新羅強盛 數加侵伐 民人死亡 讓王曰 吾不欲以養人者害人 且不忍見宗社之自我淪喪 讓位於王弟仇亥 率太子妃嬪 抱祭器文物 遯于方丈山中太王宮".

에게 왕위를 양위한 것으로 되어 있다. 그러나 구형왕이 바로 구해 (仇亥)라는 사실은 다양한 자료를 통해서 알 수 있다.

한편 구형왕이 나라를 떠나 어딘가로 은둔하였던 것은 사실로 보여진다. 경상남도 산청군 금서면 화계리의 언덕에는 가락국의 마지막 왕인 구형왕의 무덤으로 알려져 있는 특이한 형태의 돌무덤이 있다. 이러한 구형왕릉은 우리나라에서는 유일하게 돌을 계단식으로 쌓아 올린 한국식 피라미드 형태의 왕릉으로 이끼나 풀이 자라지 않고 낙엽도 떨어지지 않는다는 신비함을 간직하고 있다. 이러한 돌무덤을 중심으로 같은 잡석으로 높이 1m 내외의 담을 쌓고 있다. 전면 중앙에는 '가락국 양왕릉(駕洛國 讓王陵)'이라고 새긴 석비가 있다. 이 무덤에 왕명을 붙인 기록은 조선시대 문인인 간재(艮齋) 홍의영(洪儀泳; 1750~1815)의 『왕산심릉기(王山尋陵記)』에 처음으로 보인다. 양왕릉의 서쪽에 있는 왕산사(王山寺)에 전해오는 『왕산사기(王山寺記)』에 구형왕릉이라고 기록되었다고 전해진다. 조선조 정조 17년(1793)에 왕산사에서 대대로 전해오던 나무상자 안에서 구형왕과 왕비의 초상화와 옷 및 활 등이 발견되었다. 이러한 유물을 보존하기 위해 덕양전(德讓殿)이라는 전각을 건립하고, 지금도 봄과 가을에 제사를 지내고 있다.8)

이러한 구형왕릉은 잔돌들을 이용해 사각 형태의 단을 이루는 피라미드 모양을 하고 있다. 앞에서 보면 일곱 단을 쌓아 올렸으며 정상은 타원형의 형태로 되어 있다. 또한 네 번째 단에는 정사각형 모양의 감실이 설치되어 있다. 또한 『신증동국여지승람』 권31 「산음현

---

8) 김수종, 「가야의 혼이 깃든, 합천과 산청의 문화 체험을 다녀오다」 『역사 그리고 문화, 그 삶의 흔적을 거닐다』, 도서출판 비엠케이, 2015, 210~211쪽.

산천」조에는, "왕산(王山)은 현 서쪽 10리 지점에 있다. 산중에 돌을 포개서 만든 둔덕이 있고, 사면은 모두 층계로 되어 있는데 왕릉이라는 전설이 있다"라고 되어 있다. 구형왕릉과 관련해서는 조선 정조때의 호조판서 조진관(趙鎭寬; 1739~1808)이 쓴 「산청현(山淸縣) 왕산왕릉비명병서(王山王陵碑銘幷序)」와 같은 시기 예조판서 이병정(李秉鼎; 1742~1804)이 쓴 「산청현 왕산구형왕화상비명(王山仇衡王畵像碑銘)」이 전한다.9)

한편 이도학은 전(傳) 구형왕릉의 성격을 분석하기 위해, 왕릉설의 근거와 관련된 자료를 검토하고 있다. 이와 관련해서 「왕산사기(王山寺記)」와 「현판기(懸板記)」의 발견 경위를 살펴보면서 관련 자료를 분석하고 검토하였다. 또한 지금은 도난이 되어 그 소재가 파악되고 있지 않은 구형왕 초상화의 제작 시기 및 전(傳) 구형왕릉 조영의 역사적 배경을 학문적으로 접근하고 있음은 주목할만한 연구라고 할 수 있다.10) 이러한 연구성과를 토대로 권덕영은 산청군의 관련 유적이 어떤 과정을 통해 구형왕릉으로 알려지게 되었는가라는 문제를 좀더 구체적으로 분석하였다.11) 이러한 기존 연구 성과를 토대로 구형왕릉과 관련된 역사 유적 및 관련 기록에 대한 좀더 세밀한 분석은 현지 답사를 하면서 좀더 분석해 볼 필요가 있다고 생각된다.

---

9) 김병기, 『가락국의 후예들』, 역사의아침, 2008, 86~87쪽.

10) 이도학, 「산청의 전(傳) 구형왕릉에 관한 일고찰; 왕릉설에 관한 문헌적 검토」『향토문화』5, 향토문화연구회, 1990. 이 논문은 그의 저서(『신라·가라사 연구』, 서경문화사, 2017)에 재수록되었다.

11) 권덕영, 「금관가야 '구형왕릉' 전승과 역사화 과정」『대구사학』86, 2007.

30

거등왕의 편방 설치부터 구형왕대까지
제사를 받들다.

연대 A.D.	간지	왕력 제일				
		중국	신라	고구려	백제	가락국
529	기유	양 고조 중대통 1년	23. 법흥왕 재위 16년	22. 안장왕 재위 11년	26. 성왕 재위 7년	10. 구형왕 재위 9년

(13) 거등왕이 즉위한 기묘년에 편방을 설치하고부터[1]
(34) 구형왕 말년까지 내려오면서 330년 동안(199~529) 수로왕묘
에 지내는 의례는 간절하였는데 오랫동안 어김이 없었다.[2]

"교수님. 위의 내용은 앞에서 검토한 거등왕대부터 구형왕대까지
제사를 받들었다는 점을 제시한 것으로 보입니다. 그렇다면 이러한
부분은 어떻게 이해하는 것이 좋을까요.(김태유)"

"글쎄요. 위의 내용은 앞에서 이미 검토하였던 아래 자료와 함께 살
펴볼 필요가 있다고 생각됩니다. 중복되지만 다시 제시해 보겠습니다."

---

1) (13) 自居登王 卽位 己卯年 置便房.
2) (34) 降及仇衡朝末 三百三十載之中 享廟禮曲 永無違者.

(12) 왕위를 물려받은 아들 거등왕(199~253)으로부터3)

(35) 9대손인 구형왕대(521~532)까지 이 수로왕묘에 배향되었다. 모름지기 매년 맹춘(孟春) 3일과 7일, 중하(仲夏) 5월 5일, 중추(仲秋) 초 5일과 15일에 풍성하고 정결한 제사는 서로 계승되어 끊어지지 않았다.4)

(14) 건안 4년 기묘에 처음 (수릉왕묘를) 조성한 때로부터5)

(51) 지금의 임금님께서 나라를 다스리신 지 30년째인 태강(太康) 2년 병진(1076)까지 무릇 878년(199~1076) 동안 아름다운 봉토는 무너지지 않았으며, (그 당시) 심었던 아름다운 나무들도 마르거나 썩지 않았다. 더군다나 그곳에 배열되어 있던 수많은 옥조각도 또한 상하거나 부서지지 않았다.6)

위에 제시한 자료 (13)과 (34)는 199년부터 529년까지의 내용을 서술하고 있다. 이에 반해 자료 (12)와 (35)는 199년부터 구형왕이 신라에 나라를 양보한 해인 532년까지 언급하고 있다. 또한 자료 (14)와 (51)은 199년부터 고려 문종 재위 30년(1076)까지 언급하고 있다는 차이점은 있다. 하지만 세 자료가 일관되게 갖고 있는 공통점은 수로왕묘에 대한 제사가 끊어지지 않고 계승된다는 점을 강조하고 있는 점이다. 말하자면 위의 세 가지 자료는 모두 수로왕묘에 대한 제사권이 끊어지지 않고 계승되어 왔다는 점이 강조되고 있음을 알 수 있다.

---

3) (12) 自嗣子 居登王.

4) (35) 泊九代孫 仇衡之享是廟 須以每歲 孟春 三之日 七之日 仲夏 重五之日 仲秋 初五之日 十五之日 豊潔之奠 相繼不絶.

5) (14) 自建安 四年 己卯 始造.

6) (51) (自建安 四年 己卯 始造) 逮今上御國 三十一[필자주; 일(一)을 해석하지 않음]載 太康 二年 丙辰 凡八百七十八年 所封美土 不騫不崩 所植佳木 不枯不朽 況所排列 萬蘊玉之片片 亦不頹坼.

31

구형왕이 신라에 나라를 양보하다.

연대 A.D.	간지	왕력 제일				
		중국	신라	고구려	백제	가락국
532	임자	양 고조 중대통 4년	23. 법흥왕 재위 19년	23. 안원왕 재위 2년	26. 성왕 재위 10년	10. 구형왕 재위 12년

(12) 왕위를 물려받은 아들 거등왕(199~253)으로부터[1]

(35) 9대손인 구형왕대(재위; 521~532)까지 이 수로왕묘에 배향되었다. 모름지기 매년 맹춘(孟春) 3일과 7일, 중하(仲夏) 5월 5일, 중추(仲秋) 초 5일과 15일에 풍성히고 정결한 제사는 서로 계승되어 끊어지지 않았다.[2]

(36) (구형왕…) 『개황록(開皇錄)』에서 말하기를, "양(梁)나라 중대통(中大通; 529~535) 4년 임자(532)에 신라에 항복하였다"라고 하였다.[3]

(37) 논의하여 말한다. 『삼국사』를 살펴보면, 구형왕이 양 중대통 4년 임자(532)에 국토를 바쳐 신라로 투항하였다. 그렇다면 수

---

1) (12) 自嗣子 居登王.

2) (35) 洎九代孫 仇衡之享是廟 須以每歲 孟春 三之日 七之日 仲夏 重五之日 仲秋 初五之日 十五之日 豊潔之奠 相繼不絶.

3) (36) (仇衡王…) 開皇錄云 梁 中大通 四年 壬子 降于新羅.

로왕이 처음 즉위한 동한 건무 18년 임인(42)으로부터 구형왕
말년 임자(532)에 이르기까지 헤아리면 490년이 된다.[4]
(제10 구형왕…) 중대통 4년 임자(532)에 영토를 바치고 신라로 투
항하였다. 수로왕 임인(42)으로부터 임자에 이르기까지 합하면 490
년에 나라가 없어졌다.[5]

"교수님. 위의 내용에서는 구형왕이 신라에 나라를 양보하였다는
사실을 서술하고 있습니다. 그런데 (35)에서는 9대손이라고 하였는데,
왕력에서는 제10 구형왕으로 되어 있습니다. 미세한 내용이지만 이러
한 차이가 나는 이유는 어떻게 이해할 수 있을까요.(김태유)"

"좋은 지적입니다.『가락국기』는 위에 제시한 (35) 및 뒤에서 검토
할 (40)―㉮에서 구형왕을 9대손으로 표현하고 있습니다. 이렇게 된
이유는 뒤에서 검토할 (50)의 서술을 잘못 이해한 것에서부터 비롯되
는 것이 아닌가라는 생각을 해봅니다."

(50) 세조 아래 9대손이 겪은 세대수[역수(曆數)]는 아래에 기록하
였다. (…)[6]

위의 자료에 보이는 9대손은 세조인 수로왕과 이후의 왕들을 표현
한 것인데, 이러한 부분을 잘못 이해하였기 때문에『가락국기』두 곳
에서 구형왕을 9대손으로 서술한 것으로 보여진다. 한편 아래 자료도
참고할 필요가 있다.

---

4) (37) 議曰 案三國史 仇衡 以梁 中大通 四年 壬子 納土投羅 則計自首露初卽位 東漢 建武 十八年
壬寅 至仇衡末 壬子 得四百九十年矣.
5)『삼국유사』권1 왕력1「가락국」, "(第十 仇衡王…) 中大通 四年 壬子 納土投羅 自首露王 壬寅
至壬子 合四百九十年 國除".
6) (50) 世祖已下 九代孫曆數 委錄于下 (…).

Ⓐ (법흥왕) 재위 19년(532) 금관국의 왕 김구해가 왕비와 세 아들 즉 큰 아들 노종(奴宗), 둘째 아들 무덕(武德), 막내 아들 무력(武力)을 데리고 나라 창고에 있던 보물을 가지고 와서 항복하였다. 법흥왕이 예로써 대접하고 상등(上等)의 벼슬을 주었으며 본국을 식읍(食邑)으로 삼게 하였다. 아들 무력은 벼슬하여 각간(角干)에 이르렀다.;『삼국사기』권4「신라본기」4 법흥왕 19년조.

Ⓑ 김해소경(金海小京)은 옛날의 금관국(金官國)[또는 가락국(伽落國) 또는 가야(伽耶)라고도 하였다]이었다. 시조 수로왕으로부터 10세 구해왕(仇亥王)에 이르러 양나라 중대통(中大通) 4년 신라 법흥왕 19년(532)에 백성을 거느리고 와서 항복하였으므로, 그 땅을 금관군(金官郡)으로 삼았다.;『삼국사기』권34「지리」1.

위에 제시한 자료 Ⓐ와 Ⓑ를 통해, 구형왕이 신라 법흥왕에게 나라를 양보하였다는 사실을 알 수 있다.

"아. 그렇군요. 교수님. 그렇다면 위의 (36)에 보이는 『개황록(開皇錄)』은 어떤 성격의 자료로 볼 수 있는지 궁금합니다.(허경진)"

"좋은 지적입니다. 우선 『개황력(開皇曆)』은 수로왕대에서 검토한 왕력과 『가락국기』의 거등왕대에 보입니다. 그리고 『개황록(開皇錄)』은 위에 제시한 자료에 보입니다. 대체적으로 『개황력』과 『개황록』은 같은 자료로 이해하고 있습니다. 다만 이러한 자료가 언제 편찬되었을까라는 문제를 두고는 다양한 논의가 있습니다. 간단하게 3가지 주장을 정리해보면 아래와 같습니다."

Ⓐ 수(隋) 개황년간(開皇年間; 581~600)설; 책 이름과 관련지어 볼 때, 신라와 백제의 역사서 편찬이 6세기에 본격화되었다. 금관가야도 이 시기에 역사서를 편찬하였을 것으로 추정하는 입장이다; 삼품창영(三品彰英).

ⓑ 문무왕대설; 신라의 중국 연호 사용 시기와 함께 김유신(金庾信)의 정치적인 위치와 관련해서 문무왕대 전후에 편찬되었다고 보는 견해; 김태식.
ⓒ 신라말 고려초에 저술되었을 것으로 보는 견해; 신라말 고려초에 금관가야 왕손들이 고려에서 보다 나은 지위를 차지하려는 의도에서 편찬되었을 것으로 보는 견해; 정중환.

『개황력(開皇曆)』 또는 『개황록(開皇錄)』에 보이는 개황(開皇)은 후천 개벽 이후에 "황국(皇國)을 개창(開創)하였다"는 의미로 보여진다. 말하자면 시조 수로왕이 황천(皇天)의 명령으로 가락국을 개창한 것으로부터 10세 구형왕대까지의 사실을 기록한 역사서로 추측된다.

이러한 『개황력』은 태조 왕건이 궁예를 몰아내고 고려를 건국한 918년 이후부터 후삼국이 통일되는 936년 이전 시기에 김수로왕의 직계 후손 집안에서 저술하였을 것으로 추측된다. 이와 관련된 검토는 뒤에서 다시 검토하고자 한다. 한편 아래 자료도 참고된다.

> 신라가 강성해져서 자주 침벌하여 백성들이 사망하였다. 양왕이 말하기를, "내가 사람을 기르기 위한 토지로써 사람을 해치고 싶지 않다. 그리고 종사(宗社)가 나로부터 끊어지는 것을 차마 보지 못하겠다"라고 하면서, 왕제(王弟) 구해(仇亥)에게 왕위를 양위(讓位)하였다. 그리고 태자와 비빈(妃嬪)을 거느리고 제기(祭器)와 문물(文物)을 가지고 방장산 안의 태왕궁으로 은둔(隱遁)하였다.
> 구해가 신라에 항복하니 신라가 구해를 '금관국주(金官國主)'로 봉하였으며, 뒤에 대각간(大角干)을 제수(除授)하고 그 지역을 금관군(金官郡)으로 삼았다. 모두 10대(代)에 걸쳐 열한 명의 왕이 재위하였으며, 나라가 유지된 햇수가 491년이다.[7]

---

7) 허전, 『성재집』「숭선전비」(『성재선생문집』권19), "新羅强盛 數加侵伐 民人死亡 讓王曰吾不欲以養人者害人 且不忍見宗社之自我淪喪 讓位於王弟仇亥 率太子妃嬪 抱祭器文物 遯於方丈山中太王宮 仇亥降于羅 羅封仇亥爲金官國主 後授大角干 以其地爲金官郡 凡十世十一王 歷年四百九十一".

위의 자료에서는 김구해를 구형왕의 동생으로 이해하였다. 그런 속에서 가락국은 10대에 걸쳐 11명의 왕이 재위하면서 491년 동안 유지된 것으로 파악하였다. 사실 구형왕과 김구해는 동일한 인물을 사료에 따라 다르게 표현한 것이 불과하다. 그렇다면 위의 기록은 역사적 사실을 잘못 이해하였다고 할 것이다. 하지만 위의 자료를 통해 조선 후기 지식인이었던 공암 허전이, 구형왕이 신라에 나라를 양보한 사실을 어떻게 이해하고 있었는지를 파악할 수 있다.

32

대가야와 가락국의 역사를 함께 기록하다.

연대 A.D.	간지	왕력 제일					가락국기
		중국	신라	고구려	백제	가락국	
562	임오	진 문제 천가 3년	24. 진흥왕 재위 23년 개국 12년	25. 평원왕 재위 4년	27. 위덕왕 재위 9년	10. 구형왕 재위 42년	구형왕 재위 42년
563	계미	천가 4년	재위 24년 개국 13년	재위 5년	재위 10년	재위 43년	

(38)─㉮ (구형왕…) 보정(保定; 북주 무제의 연호) 2년 임오(562) 9 월에 신라 제 24대 군주인 진흥왕(眞興王)이 군사를 일으켜 가까이 쳐들어오자 왕이 친히 군졸을 지휘하였다. (그러나) 적의 수는 많 고 아군의 수는 적어서 맞서 싸울 수 없었다.

㉯ 이에 왕은 동기인 탈지이질금(脫知爾叱今)을 보내어 나라에 머 물러 있게 하고, 왕자로 상손인 졸지공(卒支公) 등은 항복하여 신 라로 들어갔다. 왕비는 분질수이질(分叱水爾叱)의 딸 계화(桂花)로 세 아들을 낳았다. 첫째는 세종(世宗) 각간이고, 둘째는 무도(茂刀) 각간이며, 셋째는 무득(茂得) 각간이다.[1]

---

1) (38) (仇衡王…) 保定 二年 壬午 九月 新羅 第二十四君 眞興王 興兵薄伐 王使親軍卒 彼衆我寡 不堪對戰也 仍遣同氣 脫知爾叱今 留在於國 王子上孫 卒支公等 降入新羅 王妃 分叱水爾叱女 桂 花 生子三子 一 世宗角干 二 茂刀角干 三 茂得角干.

(39) 만약 이 기록으로 생각하면 국토를 바침이 원위 보정 2년 임오(562)이다. 그렇다면 다시 30년을 더하여 전체적으로 520년이 된다. 이제 두 가지를 모두 남겨 둔다.[2]

"교수님. 위의 자료는 신라의 진흥왕이 가야를 멸망시키는 부분을 서술하고 있는 것으로 보이는데요. 앞에서 구형왕이 신라에 나라를 양보하였다는 기록과 비교해 볼 때, 잘 이해가 되지 않는 부분들이 있습니다. 이러한 부분은 어떻게 이해하면 좋을까요.(김태유)"

"좋은 지적입니다. 위에 제시한 자료 (38)—㉮는 진흥왕이 대가야를 멸망시키는 사실을 서술한 것이구요. (38)—㉯는 앞에서 구형왕이 신라에 나라를 양보하였던 내용을 다르게 표현한 것으로 보입니다. 여기에 보이는 탈지이질금은 '동기(同氣)'라고 표현한 것으로 볼 때, 구형왕의 동생으로 보여집니다. 또한 왕자로 상손(上孫)인 졸지공은 구형왕의 장자인 세종(世宗)의 장자로 보여집니다. 말하자면 졸지공은 구형왕의 적장손(嫡長孫)으로 볼 수 있을 것 같습니다."

"아. 그렇군요. 교수님. 그런데 위의 자료에 의하면, 『가락국기』는 구형왕이 521년에 즉위하여 562년까지 재위한 것으로 되어 있습니다. 그런데 왕력에서는 521년에 즉위하여 563년까지 재위한 것으로 되어 있습니다. 이렇게 보면 두 기록에 1년의 차이를 보이고 있습니다. 이러한 부분은 어떻게 이해할 수 있을까요.(허경진)"

"글쎄요. 이런 측면은 앞에서 이야기하였던 유년칭원법과 유월칭원법의 차이로 설명할 수는 없을 것 같습니다. 이러한 부분을 이해하기 위해서는 다음에 검토할 아래 자료를 먼저 살펴볼 필요가 있습니다."

---

2) (39) 若以此記考之 納土 在元魏 保定 二年 壬午 則更三十年 總五百二十年矣 今兩存之.

(40)—㉯ 그 구형왕이 왕위를 잃고 나라를 떠난 후부터 (…).3)

위의 기록에 의하면, 구형왕은 왕위를 잃은 뒤에 나라를 떠난 것으로 되어 있다. 이때 '나라를 떠났다[거국(去國)]'라는 표현은, 구형왕이 다른 곳으로 옮겨갔다는 의미로 이해된다. 그렇다면 구형왕이 김해 지역을 떠난 시기가 언제인지 궁금하다. 왕력의 가락국에서는 나라가 멸망한 이후에도 구형왕이 43년 동안(563) 재위한 것으로 되어 있다. 이에 반해 『가락국기』에서는 42년 동안(562) 재위한 것으로 되어 있다. 두 기록에는 1년의 차이가 나고 있는데, 어떤 기록이 옳은지는 판단하기 어렵다. 다만 구형왕이 나라를 떠나 다른 곳으로 옮겨간 시기를 두고 두 자료에서는 1년의 차이를 보이는 것으로 이해된다.

"아. 그렇군요. 교수님. 문득 생각난 것인데요. 왕력에는 신라와 고구려 및 백제와 가야를 모두 정리하고 있습니다. 이렇게 본다면 삼국시대가 아니고 사국시대로 보는 것이 옳지 않을까라는 생각도 해볼 수 있을 것 같습니다. 이런 제 생각은 잘못된 것인가요.(김태유)"

"아주 좋은 지적입니다. 고려 인종대에 김부식은 고려 이전의 역사를 신라와 고구려 및 백제를 중심으로 정리한 『삼국사기』를 편찬하였습니다. 이후부터 '삼국시대'라는 용어가 널리 사용되었습니다. 하지만 『삼국유사』 왕력을 참고하면 사국시대가 옳을 수도 있다고 생각됩니다. 이와 관련해서는 아래 자료를 살펴보겠습니다."

---

3) (40)—㉯ 其乃仇衡失位去國 (…)

가락에서 옛 일을 생각하다.
삼국 당시에 솥의 발처럼 나누어졌는데
남쪽 바다에 또 다시 신군(神君)이 출현하셨네.
지금 송백(松柏)이 있는 (수로왕과 허왕후의) 쌍릉 길에는
아름다운 기운이 오히려 구름처럼 무성하네. (이하 생략)4)

위의 자료는 「가락회고(駕洛懷古)」라는 시(詩)의 전반부에 실려 있는 내용이다. 이러한 자료를 통해 볼 때, 한국의 고대사는 삼국시대가 아닌 사국시대로 이해할 필요도 있다.

"아. 그렇군요. 교수님. 그렇다면 사국시대론은 아직까지 제기된 적이 없었나요.(허경진)"

"그렇지는 않습니다. 조선시대 실학자들은 이미 사국시대론을 제기하였습니다. 예를 들면 한백겸(韓百謙, 1552~1615)의『동국지리지(東國地理誌)』, 이수광(李睟光, 1563~1628)의『지봉유설(芝峯類說)』, 안정복의『동사강목』, 정약용(丁若鏞, 1762~1836)의『아방강역고(我邦疆域考)』등을 비롯한 실학자들의 역사 저술에는 사국시대론이 제기되고 있습니다. 이러한 부분은 좀더 세밀하게 검토할 필요가 있다고 생각됩니다. 실제로 최근에는 '사국시대론'을 주장하는 연구들이 나오고 있기도 합니다.5)"

"아. 그렇군요. 교수님. 그런데 위에 제시한 자료 (39)에서는 두 가지 자료를 모두 남겨 둔다라고 했습니다. 이러한 서술은 어떻게 이해하면 좋을까요.(김태유)"

---

4) 심재(深齋) 조긍섭(曺兢燮; 1873~1933),『암서집』권6,「가락회고(駕洛懷古)」, "三國當年鼎足分. 南溟又復出神君. 至今松柏雙陵道. 佳氣猶成藹藹雲. (이하 생략)".
5) 김태식,『사국시대의 가야사 연구』, 서경문화사, 2014.

"좋은 지적이네요. 『가락국기』에서는 가락국의 멸망 시기와 관련해서 두 가지 자료가 제시되고 있습니다. 앞에서 검토되었지만 다시 정리해보면 아래와 같습니다."

> (36) 『개황록(開皇錄)』에서 말하기를, "양(梁)나라 중대통(中大通; 529~535) 4년 임자(532)에 신라에 항복하였다"라고 하였다. (제10 구형왕…) 중대통 4년 임자(532)에 영토를 바치고 신라로 투항하였다. 수로왕 임인(42)으로부터 임자에 이르기까지 합하면 490년에 나라가 없어졌다.
>
> (37) 논의하여 말한다. 『삼국사』를 살펴보면, 구형왕이 양 중대통 4년 임자(532)에 국토를 바쳐 신라로 투항하였다. 그렇다면 수로왕이 처음 즉위한 동한 건무 18년 임인(42)으로부터 구형왕 말년 임자(532)에 이르기까지 헤아리면 490년이 된다.
>
> (39) 만약 이 기록[필자주, (38)—㉮를 말함]으로 생각하면 국토를 바침이 원위 보정 2년 임오(562)이다. 그렇다면 다시 30년을 더하여 전체적으로 520년이 된다. 이제 두 가지를 모두 남겨 둔다.

위의 내용을 살펴볼 때, 일연은 『가락국기』에서 서로 상충되는 내용을 보이는 두 가지 자료를 합리적으로 설명할 수 없었기 때문에 두 자료를 모두 제시하였을 것으로 보인다. 앞에서 살펴 보았듯이, 가락국은 구형왕이 신라에 나라를 양보하면서 멸망하였다. 하지만 후기 가야연맹을 이끌고 있던 대가야는 진흥왕대에도 생존을 위해서 다양한 노력을 하고 있었다. 이와 관련해서는 아래 자료들이 참고된다.

> Ⓐ (진흥왕) 재위 12년(551) 3월에 왕이 순행(巡行)하다가 낭성(娘城)에 이르러, 우륵(于勒)과 그의 제자 니문(尼文)이 음악을 잘한다는 말을 듣고 그들을 특별히 불렀다. 왕이 하림궁(河臨宮)에 머무르며 음악을 연주하게 하니, 두 사람이 각각 새로운 노래를 지어 연주하였다. 이보다 앞서 대가야의 가실왕(嘉悉王)이

십이현금(十二弦琴)을 만들었는데, 그것은 12달의 음율을 본뜬 것이다. 이에 우륵에게 명하여 곡을 만들게 하였다. 하지만 나라가 어지러워지자 (우륵은) 악기를 가지고 우리에게 귀의하였다. 그 악기의 이름은 가야금(加耶琴)이다.

ⓑ 재위 13년(552) 왕이 계고(階古), 법지(法知), 만덕(萬德) 세 사람에게 명하여 우륵에게 음악을 배우도록 하였다. 우륵은 그들의 재능을 헤아려 계고에게는 가야금을, 법지에게는 노래를, 만덕에게는 춤을 가르쳤다. 학업이 끝나자 왕이 그들에게 연주하게 하고 말하기를, "예전 낭성에서 들었던 음과 다름이 없다"라고 하면서 상을 후하게 주었다.

ⓒ 재위 15년(554) 가을 7월에 (중략) 백제왕 명농(明禮)이 가량(加良)과 함께 관산성(管山城)을 공격해 왔다. 군주 각간 우덕(于德)과 이찬 탐지(耽知) 등이 맞서 싸웠으나 전세가 불리하였다. 신주(新州) 군주 김무력이 주의 군사를 이끌고 나아가 교전함에, 비장(裨將)인 삼년산군(三年山郡)의 고간(高干) 도도(都刀)가 급히 쳐서 백제왕을 죽였다. 이에 모든 군사가 승세를 타고 크게 이겨, 좌평(佐平) 4명과 군사 2만 9천 6백 명의 목을 베었고 한 마리의 말도 살아서 돌아간 것이 없었다.; 『삼국사기』 권4 「신라본기」4 진흥왕 재위 12년, 13년, 15년조.

ⓓ (진흥왕) 재위 23년(562) 가을 7월에 백제가 변방의 백성을 침략하였으므로 왕이 군사를 내어 막아 1천여 명을 죽이거나 사로잡았다. 9월에 가야가 반란을 일으켰으므로 왕이 이사부에 명하여 토벌케 하였는데, 사다함(斯多含)이 부장(副將)이 되었다. 사다함은 5천 명의 기병을 이끌고 앞서 달려가 전단문(栴檀門)에 들어가 흰 기(旗)를 세우니 성 안의 사람들이 두려워 어찌할 바를 몰랐다. 이사부가 군사를 이끌고 거기에 다다르자 일시에 모두 항복하였다. 전공을 논함에 사다함이 으뜸이었으므로, 왕이 좋은 토지와 포로 200명을 상으로 주었으나 사다함이 세 번이나 사양하였다. 왕이 굳이 주므로 이에 받아 포로는 풀어 양인이 되게 하고 토지는 군사들에게 나누어 주니, 나라 사람들이 그것을 아름답게 여겼다.; 『삼국사기』 권4 「신라본기」4 진흥왕 재위 23년조 및 권44 「열전」4 사다함전.

위의 내용에 의하면 대가야의 우륵은 신라 진흥왕의 우대를 받으면서 가야금을 전수하고 있다. 또한 대가야는 백제 성왕을 후원하면서 대가야의 부흥을 도모하였다. 하지만 관산성 전투에서 백제 성왕이 전사하면서 대가야의 부흥은 실패로 끝났으며, 결국 진흥왕 23년(562)에 멸망하였음을 알 수 있다.

"아. 그렇군요. 교수님. 가야사는 김해 가락국이 주도하는 전기 가야연맹과 고령의 대가야가 주도하던 후기 가야연맹으로 나눌 수 있다는 내용은 예전에 배웠던 것으로 생각됩니다. 그렇다면 위에 제시한 자료 (38)―㉮는 대가야와 관련된 내용이고, (38)―㉯는 앞에서 검토했던 김해 가락국 구형왕과 관련된 내용임을 알 수 있습니다. 그렇다면 여기에서 대가야와 가락국의 역사를 함께 기록한 이유는 무엇인가요.(허경진)"

"아주 중요한 지적을 하셨습니다. 이와 관련해서는 아래 자료를 살펴보아야 하겠습니다."

Ⓐ 고령군은 본래 대가야국(大加耶國)이었는데, 시조 이진아고왕(伊珍阿鼓王)[또는 내진주지(內珍朱智)라고도 하였다]으로부터 도설지왕(道設智王)까지 모두 16세 520년이었다. 진흥대왕이 침공하여 멸망시키고 그 땅을 대가야군(大加耶郡)으로 삼았다. 경덕왕이 이름을 고쳤다. 지금도 그대로 쓴다.; 『삼국사기』 권34 「지리」 1.
Ⓑ 본래 대가야국(大伽倻國)이다. (…) 시조 이진아고왕(伊珍阿鼓王)은 내진주지(內珍朱智)라고도 한다. 그로부터 도설지왕(道設智王)까지 대략 16대 5백 20년이다.
　최치원(崔致遠; 857~?)의 『석이정전(釋利貞傳)』을 살펴보면, 가야산신 정견모주(正見母主)는 천신 이비가지(夷毗訶之)와 감응하여 대가야의 왕인 뇌질주일(惱窒朱日)과 금관국(金官國)의 왕인 뇌질청예(惱窒靑裔) 두 사람을 낳았는데, 뇌질주일은 이진아고왕의 별칭이고 (뇌질)청예는 수로왕(首露王)의 별칭이라고 하였다. 그러나 가락국(駕洛國)의 옛날 기록인 여섯 알 전설과 더불어 모두 허황한 것으로 믿을 수 없다.

또 『석순응전(釋順應傳)』에는, "대가야국 월광태자(月光太子)는 정견(正見)의 10대손이다. 그의 아버지는 이뇌왕(異腦王)이다. 신라에 혼처를 구하여 이찬 비지배(比枝輩)의 딸을 맞이하여 (522) 태자를 낳았으니, 이뇌왕은 뇌질주일의 8대손이라고 하였다. 그러나 그것도 참고할 것이 못된다. 신라 진흥왕이 멸망시켜 대가야군으로 하였고, 경덕왕이 지금의 이름으로 고쳤다.; 『신증동국여지승람』 권29, 경상도(慶尙道) 고령현(高靈縣) 건치연혁조.

위의 내용은 천신인 이비가지와 산신인 정견모주가 혼인하여 낳은 아들이 나라를 세웠다는 건국신화이다. 여기에서 대가야의 건국자는 뇌질주일이고, 금관가야의 건국자는 수로왕인 뇌질청예로 되어 있다. 이러한 신화는 대가야국이 후기가야연맹의 주도권을 행사하던 시기에 대가야국의 개국신화를 신성화하는 과정에서 성립되었던 것으로 볼 수 있다.

앞에서 검토한 (3)—㉰에서는 김해 가락국의 수로왕이 맏형으로 되어 있다. 그런데 위에서 검토한 대가야 건국신화에서는 뇌질주일이 형이고 뇌질청예인 수로왕은 동생으로 되어 있다. 그런데 이러한 사실을 자세하게 알지 못하고 있던 『가락국기』 찬자는 위의 (38)—㉮에서 대가야의 역사를 서술한 뒤에, (38)—㉯에서는 김해 가락국의 역사를 수록한 것으로 추측된다. 또한 『삼국유사』를 펴낸 일연도 이러한 사실에 대해 자세히 알지 못하였기 때문에 (39)에서 두 가지 자료를 모두 남겨놓은 것으로 볼 수 있다.

"아. 그런 이유가 있었군요. 그렇다면 위의 자료에 보이는 이비가지와 정견모주 및 뇌질주일과 뇌질청예는 어떻게 이해하면 좋을까요.(김태유)"

"좋은 지적입니다. 가락국의 허왕후는 바다를 통해 들어오고 있습니다. 이러한 모습은 해신(海神)의 모습을 보여줍니다. 이에 반해 정견모주는 산신(山神)으로 나타납니다. 그런데 정견(正見)은 불교에서 말하는 팔정도(八正道) 가운데 처음에 해당합니다. 그렇다면 정견모주는 원래 성스러운 어머니라는 의미를 갖는 '성모(聖母)'로 지신(地神)인 산신의 성격을 갖는다고 볼 수 있습니다. 그리고 뇌질주일과 뇌질청예에서 '뇌질'은 앞에서 검토하였던 추장을 의미하는 토착어로서, 뇌질주일은 '누히 신치' 또는 '누리치'라는 말이고, 이진아고는 '웃돌아시' 또는 '웃돌아치'라는 말이라고 이해하고 있습니다."[6]

"아. 그렇군요. 그렇다면 김해의 건국신화와 대가야 건국신화의 공통점은 무엇인가요.(허경진)"

"글쎄요. 두 신화 모두 천신족과 지신족의 결합으로 새롭게 나라다운 나라가 건국된다는 이야기를 담고 있다고 볼 수 있습니다. 그런데 두 신화 모두 어느 한 세력의 일방적인 강요에 의해 나라가 건국되는 것이 아니고, 두 세력 사이의 소통이 강조되고 있는 점이 주목됩니다. 어떤 면에서는 허왕후와 정견모주가 더 적극적으로 천신족인 수로왕 또는 이비가지와의 소통을 위해 노력하는 것으로 보입니다. 이런 점은 우리가 공부 모임을 처음 시작할 때, 제가 말한 부분과도 관련이 있다고 생각됩니다. 말하자면 『주역(周易)』64괘 가운데 13번째에 해당하는 「천화동인(天火同人)」과 14번째의 「화천대유(火天大有)」의 의미와도 통한다고 볼 수 있습니다. 말하자면 두 건국신화는 모두 후천(後天) 개벽(開闢)하는 대동(大同)의 세계를 건설한다는 의미를 담고 있다고 생각됩니다."

---

6) 이 부분은 앞에서 살펴본 정중환(『가라사연구』, 혜안, 2000)과 김두진(「가야 건국신화의 성립과 그 변화」『한국 고대의 건국신화와 제의』, 일조각, 1999)의 저서를 참고하였다.

33

끊어졌던 가락국의 제사를 문무왕이 부활시키다.

연대(A.D.)	간지	왕력 제일		
		중국	신라	고구려
661	신유	당 고종 용삭 1년	30. 문무왕 재위 1년	28. 보장왕 재위 20년

(40)—㉮ 신라 제 30번째 왕 법민(法敏)이 용삭(龍朔) 원년 신유 (661) 3월 어느 날에 조서를 내려 말하기를, "가야국 원군의 9대손 인 구형왕(仇衡王)이 우리 나라에 항복할 때 데리고 온 아들인 세 종(世宗)의 아들이 솔우공(率友公)이고, 그 아들 서운(庶云) 잡간의 딸인 문명황후(文明皇后)께서 짐(朕)인 나를 낳으셨다. 이러한 이유 로 원군은 나이 어린 사람에게 15대 시조가 된다. (그 분이) 다스렸 던 나라는 이미 일찍이 패망하였지만 그 분을 장사지낸 수릉왕묘 는 아직도 남아 있으니, 종조(宗祧)와 합하여 계속 제사를 지내도 록 하겠다"라고 하였다. 이에 옛날 종묘와 궁궐이 있던 터[서리지 지(黍離之趾)]에 사자를 보내 수로왕묘 근처의 상상전(上上田) 30 경(頃)을 공영(供營)의 비용으로 사용하게 하였는데, 왕위전(王位 田)이라고 부르면서 본래의 토지에 붙여 속하게 하였다.

(수로)왕의 17대손인 갱세(賡世) 급간은 조정의 뜻을 받들어 그 토 지를 관장하였다. 매년 때가 되면 술과 식혜를 빚고 떡과 밥, 다과

와 여러 가지 맛있는 음식 등을 준비하여 제사를 지냈는데 매년 빠뜨리지 않았다. 그 제사일도 거등왕(居登王)이 정한 1년의 5일을 잃어버리지 않았으니, 향기롭고 효성스러운 제사가 이에 우리에게 맡겨졌다. (…)[1] ㉔ 그 구형왕이 왕위를 잃고 나라를 떠난 이후 용삭 원년 신유(661)까지 60년 사이(601~661)에 이 수로왕묘의 의례를 지내는 것은 간혹 빠뜨리기도 하였다. 아름답도다. 문무왕(文武王)[법민왕의 시호이다]이여. 존귀한 조상을 받드시는 효성을 우선으로 하시니 효성스럽구나. 끊어졌던 제사를 계승해서 다시 시행하셨구나.[2]

"교수님. 위의 글은 끊어졌던 가락국의 제사를 문무왕이 다시 부활시켰다는 내용을 서술하고 있습니다. 그러면서 수로왕이 자신의 15대손이라고 하였습니다. 이러한 인식에는 어떤 의미가 있는 것인가요. (김태유)"

"좋은 지적입니다. 위의 자료에서도 구형왕을 김수로왕의 9대손이라고 하였는데, 사실은 10대손으로 고쳐야 할 것입니다. 이를 토대로 위의 자료를 정리하면, 구형왕(10대손)→세종(11대손)→솔우공(12대손)→서운 잡간(13대손)→문명황후(14대손)→나이 어린 문무왕(15대손)이 됩니다. 문무왕의 아버지인 태종 무열왕은 신라의 진골이고 어머니인 문명황후는 가락국 구형왕의 후손이 됩니다. 이런 배경에서 문무왕이 자신을 김수로왕의 15대손이 된다고 표방한 것으로 볼 수 있습니다."

---

1) 앞에서 검토한 (13)과 (34)의 내용이 들어가 있는 부분이다.

2) (40)—㉓ 洎新羅 第三十王 法敏 龍朔 元年 辛酉 三月日 有制曰 朕是 伽耶國 元君 九代孫 仇衡王 之降于當國也 所率來子 世宗之子 率友公之子 庶云匝干之女 文明皇后 寔生我者 茲故元君 於幼沖人 乃爲十五代始祖也 所御國者已曾敗 所葬廟者 乌尚存 合于宗祧 續乃祀事 仍遣使於黍離之趾 以近廟 上上田 三十頃 爲供營之資 號稱王位田 付屬本土 王之十七代孫 賡世級干 祗稟朝旨 主掌厥田 每歲時 醸醪醴 設以餅飯茶果 庶羞等奠 年年不墜 其祭日不失 居登王之所定年內五日也 芬苾孝祀 於是乎在於我 (...) ㉔ 其乃仇衡失位去國 逮龍朔 元年 辛酉 六十年之間 享是廟禮 或闕如也 美矣哉 文武王[法敏王諡也] 先奉尊祖 孝乎惟孝 繼泯絶之祀 復行之也.

"아. 그렇군요. 그렇다면 수로왕의 17대손인 갱세 급간은 어떤 인물로 보아야 할까요.(허경진)"

"좋은 지적입니다. 문무왕의 어머니인 문명황후는 구형왕의 후손이지만 직계 후손은 아닙니다. 이와 달리 갱세 급간은 구형왕의 직계 후손으로 보입니다.3) 이러한 직계후손은 김해 지역에서 거등왕이 정한 제사를 어기지 않고 계승했다고 볼 수 있습니다. 하지만 구형왕이 나라를 떠난 이후부터 제사를 가끔 거르는 경우가 있었는데, 문무왕이 끊어졌던 제사를 계승할 수 있도록 하였던 점을 칭송한 것으로 볼 수 있습니다. 이와 관련해서는 아래 자료도 참고됩니다."

Ⓐ 문무왕 재위 8년(668) 10월 25일에 왕이 돌아오는 길에 욕돌역 (褥突驛)에 이르렀는데, 국원(國原; 필자주, 현재 충청북도 충주시) 사신(仕臣) 대아찬 용장(龍長)이 사사로이 잔치를 베풀어 왕과 시종하는 사람들을 대접하였다. 음악이 시작되자 나마 긴주 (緊周)의 아들 능안(能晏)은 15살인데 가야의 춤을 보여 주었다. 왕이 그 용모가 단정하고 아름다운 것을 보고는 앞에 불러 등을 어루만지며 금술잔에 술을 권하고 폐백을 자못 후하게 주었다.; 『삼국사기』 권6 「신라본기」6 문무왕 재위 8년조.
Ⓑ 문무왕 20년 영륭 원년(680)에 소경(小京)으로 삼았다. 경덕왕이 이름을 김해경(金海京)으로 고쳤다. 지금의 금주(金州)이다.;『삼국사기』 권34 「지리」1.

위에 제시한 자료 Ⓐ에서는 가야의 춤을 춘 긴주의 아들 능안을 크게 포상하고 있다. 이 당시는 삼국통일전쟁이 아직 완전하게 마무리되지 않았던 시기로 가야계의 협조가 필요한 시기였다. 또한 이 지역에 가야 지배층이 많이 이주해 있었기 때문에 가야 문화가 남아 있었

---

3) 구형왕(10대손)→세종(11대손)→솔우공(12대손)→(13~16대손은 알 수 없음)→갱세 급간(17대손)으로 계승된 것으로 보여진다.

다고 볼 수 있다.

한편 Ⓑ에서는 삼국통일전쟁이 끝난 이후에 김해 지역을 소경(小京)으로 삼은 사실 및 이후 김해지역이 어떻게 변천하였는지를 소개하고 있다.

한편 신라 진흥왕과 문무왕이 가락국의 제사를 다시 부활시킨 점은 아래와 같이 평가되고 있다.

> Ⓐ 신라 진흥왕(眞興王)이 조서(詔書)를 내리기를, "가락의 태조(太祖)는 백성의 시조로서 왕이 혼돈한 세상을 개벽하고 산과 바닷가에 근거할 터를 잡았다. 이에 허황후(許皇后)와 함께 나라를 세워 후손에게 전해주니 신묘한 덕화와 위대한 공적(功績)이 영원히 빛났다. 이제 그 두 분의 능(陵)이 모두 옛 도읍에 있으니 잡초에 뒤덮이고 제사가 끊어지게 해서는 안 된다"라고 하였다. 전답(田畓) 20경(頃)을 주고 주간(州干)으로 하여금 제사를 지내는 비용에 충당하라고 명하였다.[4]
> Ⓑ 문무왕이 이르기를, "짐은 수로왕의 외가 후손이다"라고 하면서, 관원을 보내 치제(致祭)하게 하고 다시 두 분의 능을 수리하게 하였다.[5]

위의 자료에서는 신라 진흥왕과 김수로왕의 외손인 문무왕이 끊어졌던 가락국의 제사를 다시 부활시켰다는 사실을 강조하고 있다.

---

4) 허전, 『성재집』「숭선전비」(『성재선생문집』권19), "新羅 眞興王 詔曰 駕洛太祖 生民之始 王闢鴻濛 據山海 爰及許后 刱業重統 神德偉功 照耀千秋 今其二陵 俱在故都 不可使草萊蕪沒 香火明滅 命州干修治之 賜田二十頃 以充享祀之需".

5) 허전, 『성재집』「숭선전비」(『성재선생문집』권19), "文武王曰 朕首露王之外裔也 遣官致祭 復修二陵".

34

신문왕이 금관소경을 금관경이라고 높혀 부르게 하다.

연대(A.D.)	간지	왕력 제일	
		중국	신라
681	신사	당 고종 개요 1년	신문왕 재위 1년

(41) 가락국이 멸망한 뒤로부터 대대로 칭호는 한결같지 않았다.
신라 제 31대 정명왕(政明王)이 즉위한 개요(開耀) 원년 신사
(681)에는 금관경(金官京)이라고 부르면서 태수를 두었다.[1]

"교수님. 위의 자료는 김해의 가락국이 멸망한 이후의 상황을 설명
하고 있는 것으로 보이는데요. 위의 내용은 어떻게 이해하면 좋을까
요.(김태유)"

"글쎄요. 뒤에서도 여러 번 검토하겠지만 위의 기록은 가락국이 멸
망한 이후 이 지역의 칭호가 어떻게 변천하였는가라는 문제와 함께,

---

1) (41) 國亡之後 代代稱號 不一 新羅 第三十一 政明王 卽位 開耀 元年 辛巳 號爲金官京 置太守.

이 지역이 어떤 대우를 받고 있었는지를 살펴보기 위해 기록되었다고 생각됩니다.

우선 위의 기록에 보이는 신라 제31대 정명왕은 신문왕을 말합니다. 또한 앞에서 검토한 문무왕이 재위 20년(680)에 이 지역에 금관소경을 두었는데, 신문왕대에 이르러 금관경으로 격상시키면서 태수를 두었다는 점을 드러내기 위해 기록으로 남겼다고 생각됩니다."

"아. 그렇군요. 교수님. 그렇다면 신문왕은 가야에 대해서 어떤 생각을 갖고 있었는지 궁금합니다.(허경진)"

"좋은 지적입니다. 신문왕이 가야에 대해서 어떤 관념을 갖고 있었는지는 아래 자료를 살펴보면서 검토해 보도록 하겠습니다."

Ⓐ 다음해 임오년(682) 5월 초하루에 (…) 일관(日官) 김춘질(金春質)이 아뢰기를, "돌아가신 부왕께서 지금 바다의 용이 되어 삼한(三韓)을 수호하고 있습니다. 또 김유신공도 33천의 한 아들로서 지금 인간 세상에 내려와 대신이 되었습니다. 두 성인(聖人)이 덕을 같이 하여 나라를 지킬 보배를 내어주려 하십니다. (…)"라고 하였다. (…) 그 달 16일에 용(龍)이 왕에게 대답하기를, (…) 지금 대왕의 돌아가신 아버님께서는 바다의 대룡(大龍)이 되셨고, (김)유신은 다시 천신(天神)이 되셨습니다. 두 성인이 같은 마음으로 이처럼 값으로 따질 수 없는 보배를 보내 저를 시켜 바치도록 하였습니다"라고 하였다.; 『삼국유사』 기이2 「만파식적(萬波息笛)」.

Ⓑ 신문대왕대에 강수(强首)가 죽으니 장사지내는 비용을 관에서 지급하였으며, 옷가지와 물품을 더욱 많이 주었는데 집사람이 이를 사사로이 쓰지 않고 모두 불사(佛事)에 바쳤다. 그 아내는 식량이 궁핍하여져 고향으로 돌아가려 하였다. 대신이 이를 듣고 왕에게 청하여 조(租) 100섬을 주게 하였더니 그 아내가 사양하여 말하기를, "저는 미천한 사람입니다. 입고 먹는 것은 남편을 따랐으므로 나라의 은혜를 받음이 많았는데, 지금 이미 홀로 되었으니 어찌 감히 거듭 후한 하사를 받을 수 있겠습니까"

라고 하였다. 끝내 받지 않고 고향으로 돌아갔다.; 『삼국사기』
권46 열전6 「강수(强首)」.

위에 제시한 자료 Ⓐ에서는 신문왕대에 문무왕과 김유신이 이성
(二聖)으로 추앙되고 있다는 사실을 제시하고 있다. 또한 Ⓑ에서는 중
원경(현재 충청북도 충주시) 사량인(沙梁人) 출신인 강수의 아내에
대해 어떻게 대우하고 있는지를 알려주고 있다. 임나가량(任那加良)
출신임을 자부하고 있는 강수는 태종 무열왕대에 외교문서를 주로
작성하였다. 문무왕도 이러한 강수의 공로를 매우 높게 평가하였다.
앞에서는 진흥왕대에 활약한 대가야 출신의 우륵이 어떠한 활동을
하고 있었는지를 살펴보았다. 그런데 신문왕대에도 김수로왕의 후손
인 김유신이 이성(二聖)으로 추앙받고 있으며, 돌아가신 강수의 아내
도 매우 우대를 받고 있음을 알 수 있다. 이러한 기록들을 통해 볼 때,
위에 제시한 자료 (41)에서 신문왕이 이 지역을 금관경으로 격상시킨
이유를 이해할 수 있을 것이다.

35

수로왕묘에 대한 제사권 쟁탈전이 벌어지다.

연대 A.D.	간지	왕력 제일				말갈발해
		중국	신라	후고려	후백제	
906	병인	당 경종 천우 3년	52. 효공왕 재위 10년	궁예 성책 2년	견훤 재위 15년	애왕 재위 6년

(42) 신라 말기에 충지(忠至) 잡간이라는 사람이 있었는데, 금관(金官)의 높은 성을 공격하고 빼앗으면서 성주장군이 되었다. 이때에 영규(英規) 아간(阿干)이라는 사람이 장군의 위세를 빌려 수로왕묘의 제사를 빼앗고 함부로 제사를 지냈다. 단오날에 고사(告祠)를 지내는데 사당의 대들보가 이유없이 부러져 떨어지면서 덮쳤는데 깔려 죽었다.

이에 성주장군이 스스로 말하기를, "오래된 전세의 인연으로 다행히 성왕(聖王)께서 다스리던 국성(國城)에서 제사를 받들게 되었다. 마땅히 내가 그 진영을 그리고 향(香)과 등(燈)을 바치면서 깊은 은혜에 보답하고자 한다"라고 하였다. 드디어 3척(尺)의 좋은 비단에 진영을 그려 벽 위에 봉안하고 아침 저녁으로 촛불을 밝히면서 숭상하고 경건하게 받들었다. 3일도 안되어 진영의 두 눈에서 피눈물이 흘러내려 땅 위에 고인 것이 거의 한 말[일두(一斗)]이 되었다. 장군은 크게 두려워하여 그 진영을 받들고 수로왕묘로 나아가 그

것을 불살랐다. 곧바로 수로왕의 참다운 후손인 규림(圭林)을 부르고 말하기를, "어제도 상서롭지 못한 일이 있었습니다. 어찌 이런 일이 거듭됩니까. 이것은 반드시 수로왕묘의 위령(威靈)께서, 내가 진영을 그리고 공양하는 것이 불손하다고 진노하신 것입니다. 영규는 이미 죽었고 나도 매우 괴이하고 두려워서 그 진영을 이미 태웠지만 반드시 보이지 않는 벌을 받을 것입니다. 경은 수로왕의 참다운 후손이니 예전처럼 제사를 지내는 것이 진실로 합당합니다"라고 하였다. (이에) 규림이 선대를 계승하면서 제사를 받들다가 나이 88세에 이르러 세상을 떠났다.[1]

"교수님. 위의 글은 신라 말기에 수로왕묘에 대한 제사권을 차지하려는 다툼이 있었던 사실을 전하는 것으로 보입니다. 그런데 이러한 내용을 어떻게 이해하면 좋을지 궁금합니다.(김태유)"

"글쎄요. 위의 내용이 언제 일어난 것인지는 자세하지 않습니다. 정확한 연대는 알 수 없지만 대체로 906년 무렵에 있었던 사건으로 이해하였습니다."

"아. 그렇군요. 교수님. 그렇다면 금관(金官)의 높은 성인 고성(高城)을 빼앗아 성주장군이 된 충지 잡간은 어떤 인물로 볼 수 있을까요.(허경진)"

"좋은 질문입니다. 신라 말기의 혼란기에는 호족(豪族)이라는 새로운 세력이 역사의 전면에 등장합니다. 이러한 호족세력의 유형으로는 낙향호족(落鄕豪族), 지방토착호족, 해상군진세력이 보이고 있습니다.[2] 위의 글에 보이는 성주장군 충지잡간도 이러한 호족으로 볼 수

---

1) (42) 新羅季末 有忠至匝干者 攻取金官高城 而爲城主將軍 爰有英規阿干 假威於將軍 奪廟享而淫祀 當端午而致告祠 堂梁無故折墜 因覆壓而死焉 於是將軍自謂 宿因多幸 辱爲聖王 所御 國城之奠 宜我畫其眞影 香燈供之 以酬玄恩 遂以鮫絹三尺 摸出眞影 安於壁上 旦夕膏炷 瞻仰虔至 才三日 影之二目 流下血淚 而貯於地上 幾一斗矣 將軍大懼 捧持其眞 就廟而焚之 卽召王之眞孫 圭林而謂 曰 昨有不祥事 一何重疊 是必廟之威靈 震怒余之圖畫 而供養不孫 英規旣死 余甚怪畏 影已燒矣 必受陰誅 卿是王之眞孫 信合依舊以祭之 圭林繼世奠酹 年及八十八歲而卒.

있습니다.

이보다 앞선 시기에 궁예(弓裔)는 지금의 강원도 강릉지역인 명주(溟州)를 손쉽게 장악하고 있습니다. 마찬가지로 충지 잡간도 이때 금관고성(金官高城)을 공격하여 빼앗은 것으로 볼 수 있습니다.

「태자사 낭공대사 백월서운 탑비문(太子寺 朗空大師 白月栖雲 塔碑文)」에는 신라 효공왕 11년(907)에 해당하는 천우(天祐) 4년에 김해부의 소공(蘇公) 충자(忠子) 지부(知府)와 동생인 소율희(蘇律熙) 영군(領軍)이 낭공행적(朗空行寂) 스님을 맞이하였다는 내용이 보입니다.

또한 「광조사 진철대사비(廣照寺 眞澈大師碑)」에는, 효공왕 15년(911)에 당에서 귀국한 진철대사가 김해에 들렀을 때 김해부지(金海府知) 소공(蘇公) 율희(律熙)가 맞이한다는 내용이 보입니다.

이러한 사실로 볼 때, 효공왕 15년(911) 무렵에는 동생인 소율희에게 김해지역에 대한 통제권을 넘겨주고 충지는 일선에서 물러난 것으로 추정됩니다. 말하자면 충지 잡간은 김해 지방에서 활동하던 호족인 소충자(蘇忠子)로서, 효공왕 10년(906) 전후에 호족으로 등장하여 효공왕 15년(911) 무렵에 은퇴하였던 것으로 보입니다."

"아. 그렇군요. 그렇다면 영규 아간이라는 인물은 어떻게 보아야 할까요.(김태유)"

"글쎄요. 위의 글에 의하면, 영규 아간은 수로왕묘의 제사권을 빼앗아 음사(淫祀)를 지낸 인물로 나옵니다. 말하자면 영규 아간은 충지 잡간의 휘하에서 제사를 담당한 인물이었을 것으로 볼 수 있습니다."

"그런데 위의 글에 의하면 영규 아간은 음사를 행하다가 죽고 있습

---

2) 김두진, 「통일신라의 역사와 사상」 『전통과 사상』(Ⅱ), 한국정신문화연구원, 1986 및 「나말려초 선종산문의 성립과 사상」 『배달문화』 9, 1993.

니다. 이에 충지 잡간이 다시 수로왕묘의 제사권을 장악하려 하지만 성공하지 못하고 있습니다. 이러한 측면은 어떻게 이해하면 좋을까요.(허경진)"

"좋은 지적입니다. 위에서 잠깐 언급했던 궁예는 강원도의 명주성을 장악하였지만, 당시 명주장군(溟州將軍) 김순식(金順式)의 기득권을 그대로 인정하였습니다. 그래서인지 김순식은 궁예가 제거된 이후에도 오랫 동안 태조 왕건에게 굴복하지 않았던 것으로 보입니다.

이와 달리 충지 잡간과 영규 아간은 김해 고성의 기득권을 인정하지 않고, 군사적인 통치권과 조세 징수권뿐만 아니라 이 지역의 오랜 전통인 수로왕묘의 제사권마져 빼앗으려는 시도를 하였던 것으로 보여집니다."

"아. 그렇군요. 교수님. 그렇다면 단오날에 고사(告祠)를 지낸 것은 어떻게 이해할 수 있을까요.(김태유)"

"좋은 지적입니다. 이것은 이전부터의 전통이 이때까지도 끊어지지 않고 계승되고 있다는 사실을 알려주는 것으로 이해됩니다. 앞에서 검토한 자료를 다시 한번 검토해 보겠습니다."

(12) 왕위를 물려받은 아들 거등왕(199~253)으로부터[3]
(35) 9대손인 구형왕대(521~532)까지 이 수로왕묘에 배향되었다. 모름지기 매년 맹춘(孟春) 3일과 7일, 중하(仲夏) 5월 5일, 중추(仲秋) 초 5일과 15일에 풍성하고 정결한 제사는 서로 계승되어 끊어지지 않았다.[4]
(40)—㉮ 신라 제 30번째 왕 법민(法敏)이 용삭(龍朔) 원년 신유

---

3) (12) 自嗣子 居登王.

4) (35) 洎九代係 仇衡之享是廟 須以每歲 孟春 三之日 七之日 仲夏 重五之日 仲秋 初五之日 十五之日 豐潔之奠 相繼不絶.

(661) 3월 어느 날에 조서를 내려 말하기를, "(중략) 그 제사일도 거등왕(居登王)이 정한 1년의 5일을 잃어버리지 않았으니, 향기롭고 효성스러운 제사가 이에 우리에게 맡겨졌다."5)

　　위의 내용을 통해 볼 때,『가락국기』에서는 수로왕묘에 대한 제사권이 매우 강조되고 있음을 알 수 있다. 그런데 신라말 새롭게 등장한 충지 잡간과 영규 아간은 수로왕묘에 대한 제사권까지 빼앗으려는 시도가 있었음을 전하고 있다. 그럼에도 불구하고 이러한 계획은 결국 실패하였으며, 수로왕의 직계 후손들이 수로왕묘에 대한 제사권을 지켜내었다는 점을 강조하고 있는 것으로 이해된다.

---

5) (40)—㉮ (중략) 居登王之所定年內五日也 芬苾孝祀 於是乎在於我.

36

수로왕묘에 대한 제사권 쟁탈전이 계속되다.

(43) 그 아들 간원경(間元卿)이 이어서 제사를 지냈다. 단오일 알묘 제(謁廟祭)를 지내는데 영규의 아들 준필(俊必)이 또 발광(發 狂)하여 수로왕묘에 와서 간원(경)이 차려 놓은 제물을 치워버 리고 자기가 차린 제물을 차려 놓고 제사를 지냈다. (그런데) 술잔을 세 번 올리기도 전에 갑자기 병이 나 집으로 돌아와서 죽었다. 그러므로 옛 사람들의 말에, "함부로 제사를 지내면 복이 없고 도리어 그 재앙을 받는다"라고 하였다. 앞의 영규와 뒤의 준필이 있으니, 아버지와 아들을 말하는 것이다.[1]

"교수님. 위의 글에 의하면, 영규 아간이 죽은 뒤에 그의 아들 준필이 다시 제사권을 빼앗으려는 시도를 하고 있습니다. 그렇다면 이러한 사실은 어떻게 이해하면 좋을까요.(김태유)"

"좋은 지적입니다. 위의 기록만으로는 이러한 사건이 언제 있었는지를 정확하게 알기는 어렵습니다. 다만 영규 아간이 죽은 이후에도 그의 아들인 준필이 또 다시 제사권을 빼앗으려는 시도를 하였지만

---

1) (43) 其子 間元卿 續而克禋 端午日 謁廟之祭 英規之子 俊必又發狂 來詣廟 俾徹間元之奠 以己奠 陳享 三獻未終 得暴疾 歸家而斃 然古人有言 淫祀無福 反受其殃 前有英規 後有俊必 父子之謂乎.

끝내 실패하였다는 사실을 전하는 내용으로 볼 수 있습니다."

"아. 그렇군요. 교수님. 그렇다면 영규 아간과 그의 아들인 준필이 수로왕의 직계 후손인 규림과 간원경이 갖고 있던 제사권을 빼앗으려고 한 이유가 무엇인지 궁금합니다.(허경진)"

"글쎄요. 충지 잡간 및 영규 아간과 그의 아들인 준필은 수로왕의 직계 후손이면서 이 지역을 대표하고 있던 재지세력인 규림과 그의 아들인 간원경과 성격을 달리하는 호족세력인 것으로 보여집니다.[2] 그런데 충지 잡간과 영규 아간 및 그의 아들인 준필이 수로왕묘에 대한 제사권에 집착하는 모습을 통해 볼 때, 이들도 수로왕묘에 대한 제사권을 주장할만한 근거는 있었다고 생각됩니다. 말하자면 충지 잡간과 영규 아간 및 준필도 수로왕의 후손이지만 직계가 아닌 방계 세력으로 보여집니다.[3] 말하자면 신라말 혼란기를 틈타 방계 세력이 직계 후손의 제사권을 빼앗으려는 시도가 있었지만 결국 실패하였다는 사실이 강조되고 있는 것으로 보입니다. 그렇기 때문에 옛 사람들이 말한, '함부로 제사를 지내면 복이 없고 도리어 그 재앙을 받는다'라는 사실을 이야기하면서 영규와 준필을 비난하였다고 생각됩니다."

---

2) 당시 김해 지역을 대표하고 있던 재지세력인 규림과 그의 아들인 간원경은 앞에서 검토한 (40)—㉮에 보이는 수로왕의 직계로 17대손인 갱세(賡世) 급간의 후손으로 볼 수 있다.

3) 김태식, 「가락국기 소재 허왕후 설화의 성격」 『한국사연구』 102, 1998.

37

수로왕묘 제사권을 확보하면서『개황력』을 저술하다.

연대 A.D.	간지	왕력 제일				말갈발해
		중국	신라	후고려	후백제	
916	병자	주량 말제 정명 2년	53. 신덕왕 재위 5년	궁예 정개 3년	후백제 견훤 재위 25년	애왕 재위 16년
917	정축	정명 3년	54. 경명왕 재위 1년	정개 4년	재위 26년	재위 17년
918	무인	정명 4년	재위 2년	고려 태조 천수 1년	재위 27년	재위 18년

(44)―㉠ 또 도적들이 수로왕묘 안에 금과 옥이 많다고 말하면서 훔쳐가려고 하였다. (도적들이) 처음 왔을 때에 몸에 갑주(甲冑)를 입고 활에 화살을 먹인 용맹한 무사 한 사람이 수로왕묘로부터 나와 사방으로 (화살을) 비오듯이 쏘아 7~8명을 적중하여 죽이니 도적들이 달아났다.

㉡ 몇일이 지나 (도적들이) 다시 왔을 때에는 길이가 30여 척(尺)이 되는 큰 이무기[대망(大蟒)]가 있었는데, 눈에서 번갯불과 같은 빛을 내면서 수로왕묘의 방으로부터 나와 8~9명을 물어 죽였다. 겨우 죽음을 모면한 사람들도 모두 엎어지고 넘어지면서 흩어졌다. 그러므로 능원의 안과 밖에는 반드시 신령스러운 존재가 있으면서 보호하고 있음을 알 수 있게 되었다.[4]

"교수님. 위의 내용은 크게 보면 두 가지 사건을 이야기하고 있는 것으로 보이는데요. 이러한 내용은 어떻게 이해할 수 있을지 궁금합니다.(김태유)"

"좋은 지적입니다. 사실 위의 사건도 정확하게 언제 일어났는지는 알 수 없습니다. 다만 수로왕묘의 제사권을 빼앗으려고 했던 영규 아간과 준필의 사건과는 성격을 달리한다고 보여집니다."

"무슨 이유로 수로왕묘에 대한 제사권 쟁탈전과 성격이 다르다고 보시는지 궁금합니다.(허경진)"

"충지 잡간과 영규 아간 및 준필로 대표될 수 있는 신흥 호족세력과 규림 및 간원경으로 이어지는 수로왕의 직계 후손 사이의 제사권 쟁탈전은 금관고성 내부의 문제로 보여집니다. 그런데 위에 제시한 (44)의 두 가지 사건은 수로왕묘 자체를 파괴하려는 외부 세력이 이 당시에 있었다는 사실을 전하는 것으로 보입니다. 이와 관련해서는 아래의 기록들이 참고됩니다."

Ⓐ (신덕왕) 재위 5년(916) 가을 8월에 견훤이 대야성(大耶城)을 공격하였으나 이기지 못하였다. 『삼국사기』 권12 「신라본기」12 신덕왕 재위 5년조.
Ⓑ (경명왕) 재위 4년(920) 겨울 10월에 후백제왕 견훤이 보병과 기병 1만 명을 거느리고 대야성을 쳐서 함락시키고 진례(進禮)까지 진군하였으므로, 왕이 이찬 김율(金律)을 보내 태조 왕건에게 구원을 요청하였다. 태조는 장군에게 명하여 군사를 내어 구원하게 하니 견훤이 듣고서 돌아갔다.; 『삼국사기』 권12 「신라본기」12 경명왕 재위 4년조.
Ⓒ (고려 태조) 재위 3년(920) 겨울 10월에 견훤이 신라를 침입하여

---

4) (44)—㉮ 又有賊徒 謂廟中多有金玉 將來盜焉 初之來也 有躬擐甲胄 張弓挾矢 猛士一人 從廟中出 四面雨射 中殺七八人 賊徒奔走 ㉯ 數日再來 有大蟒 長三十餘尺 眼光如電 自廟房出 咬殺八九人 粗得完免者 皆僵仆而散 故知陵園表裏 必有神物護之.

대량(大良)과 구사(仇史)의 두 군(郡)을 빼앗고 진례군에 이르니 신라에서 아찬(阿粲) 김율을 보내 구원을 요청하였다. 왕이 군사를 보내 구원하니 견훤이 듣고 물러갔다. 이때부터 (견훤은) 우리와 틈이 생겼다.;『고려사절요』권1,「태조 신성대왕(神聖大王; 877~943. 재위; 918~943)」.

위의 기록에 의하면, 916년부터 920년까지 후백제의 견훤은 김해 지역으로 진출하고자 하였음을 알 수 있다. 한편 신라에서는 고려 태조 왕건에게 도움을 요청하여 이러한 위기를 극복한 것으로 되어 있다.

이러한 위의 기록은 신라 또는 고려 중앙정부의 입장에서 서술된 기록이다. 이에 반해 위에 제시한 (44)의 기록은 수로왕묘를 수호하는 신령스러운 존재로 상징되는 금관고성 자체의 힘으로 외부 세력의 침략을 격퇴하였다는 사실이 강조되고 있는 것으로 보인다.

"아. 그렇군요. 교수님. 그렇다면 (44)—㉮와 ㉯의 기사에 보이는 용맹한 무사와 30여 척이 되는 큰 이무기로 표현되는 신령스러운 존재는 어떻게 이해하면 좋을까요.(김태유)"

"좋은 지적입니다. 위의 기록 (44)—㉮에 보이는 용맹한 무사는 수로왕 또는 수로왕을 호위하는 신격(神格)으로 보입니다. 한편 ㉯의 기록에 보이는 큰 이무기[대망(大蟒)]은 거등왕 또는 거등왕을 호위하는 신격으로 생각됩니다. 말하자면 수로왕묘에는 수로왕과 거등왕 또는 그들을 호위하는 신격이 있다는 믿음이 있었다고 생각됩니다."

"교수님. 위와 같이 보는 근거가 무엇인가요. (44)—㉮의 용맹한 무사를 김수로왕 또는 수로왕을 호위하는 신격으로 보는 견해는 그나마 수긍할 수 있겠는데요. ㉯의 큰 이무기[대망(大蟒)]를 거등왕 또는 거등왕을 호위하는 신격으로 보는 주장은 선뜻 이해가 되지 않습니다. 좀더 설명이 필요할 것 같은데요.(허경진)"

"아. 그런가요. ㉯의 기록에 보이는 큰 이무기는 수로왕묘의 방(房)으로부터 나오고 있습니다. 이와 관련해서는 앞에서 검토한 자료를 다시 살펴보도록 하겠습니다."

(13) 거등왕이 즉위한 기묘년에 편방(便房)을 설치하고부터
(34) 구형왕 말년까지 내려오면서 330년 동안(199~529) 수로왕묘에 지내는 의례는 간절하였는데 오랫동안 어김이 없었다.
(14) 건안 4년 기묘에 처음 (수릉왕묘를) 조성한 때로부터
(51) 지금의 임금님께서 나라를 다스리신 지 30년째인 태강(太康) 2년 병진(1076)까지 무릇 878년(199~1076) 동안 아름다운 봉토는 무너지지 않았으며, (그 당시) 심었던 아름다운 나무들도 마르거나 썩지 않았다. 더군다나 그곳에 배열되어 있던 수많은 옥조각도 또한 상하거나 부서지지 않았다.

위의 자료 (13)에 의하면 거등왕은 즉위하면서 수로왕묘에 편방(便房)을 설치하였음을 알 수 있다. 이러한 편방은 (51)의 기록에 보이듯이, 고려 문종 30년(1076)까지 보존되고 있었을 것으로 보인다. 이렇게 볼 수 있다면 위의 (44)—㉯의 기록에 보이는 수로왕묘의 방(房)은 거등왕대부터 유지되어 오던 편방(便房)으로 볼 수 있을 것이다.

"아. 그렇게 깊은 의미가 있었을까요. 그렇다면 수로왕과 거등왕을 함께 강조한 이유는 무엇인가요.(김태유)"

"좋은 지적입니다. 앞에서도 이야기했듯이, 『가락국기』에서는 삼황(三皇), 삼재(三才), 삼보(三寶)라는 용어에 보이는 삼(三)이라는 측면이 강조되고 있는 것으로 보입니다. 말하자면 『가락국기』에서는 김

수로왕과 거등왕 및 허왕후가 강조되고 있다고 보여집니다. 불법승(佛法僧) 삼보라는 관점에서 볼 때, 김수로왕은 불(佛), 허왕후는 (法), 거등왕은 승(僧)의 위치를 갖는 것으로 보입니다. 앞에서 김수로왕과 허왕후가 합혼하던 장소에 세운 사찰을 왕후사라고 이름한 이유를 밝혔는데요. 여기에 보이는 편방은 사찰에서 중요한 지위를 차지하는 승방(僧房)과 같은 존재로 볼 수 있다고 생각합니다."

"아. 그렇게 볼 수도 있겠네요. 그런데 교수님께서는 이 시기에『개황력』이 저술되었을 것으로 보았습니다. 이렇게 보는 이유는 무엇인가요.(허경진)"

"좋은 지적입니다. 앞에서 살펴 보았듯이, 신라말에 충지잡간과 영규 아간 및 그의 아들 준필이 수로왕묘의 제사권을 빼앗으려는 시도를 하였습니다. 또한 916년 이후부터 920년대에는 후백제 견훤의 침입이 있었습니다.『삼국사기』와『고려사절요』에서는 태조 왕건의 개입으로 견훤을 물리치는 것으로 되어 있지만, 위에서 검토한 (44)─㉮와 ㉯에서는 수로왕과 거등왕의 역할이 강조되고 있습니다.

또한 918년에 궁예를 몰아낸 태조 왕건은 '하늘로부터 받았다'고 하는 의미를 갖는 천수(天授)라는 연호를 사용하고 있습니다. 이 당시는 후삼국시대로 하나의 세력이 주도권을 장악하고 있던 시기는 아닙니다. 이런 시대적 분위기에서 김수로왕의 직계 후손인 규림과 간원경 집안에서 자신들의 가문의식을 선양하려는 취지에서『개황력』을 저술하였을 것으로 보입니다. 그런데『삼국유사』왕력은 전한(前漢) 선제(宣帝) 오봉(五鳳) 갑자(기원전 57년)에 박혁거세가 신라를 건국한 이후로부터 태조 왕건이 후삼국을 다시 통일하는 936년까지 작성되어 있습니다. 이러한 사실을 통해 볼 때,『개황력』은 918년 이후로부터 936년 이전 시기에 작성되었을 것으로 보입니다. 이와 관련해서는 아래 자료도 참고됩니다."

    Ⓐ 홍덕대왕이 김유신을 홍무대왕으로 책봉하였다.;『삼국사기』권
       43의 열전 「김유신(하)」.
    Ⓑ 54대 경명왕대에 이르러 공을 홍무대왕으로 추봉하였다.5)

  위의 기록에 의하면 김유신(金庾信; 595～673)은 신라 홍덕왕과 경명왕대에 홍무대왕으로 책봉되거나 추봉되고 있다. 또한 김유신의 후손인 김장청(金長淸)은 김유신의 전기를 정리한『행록(行錄)』10권을 저술하였다. 이러한 내용을 김부식은 요약해서『삼국사기』열전(1～3)에 수록하였다.

  이와 같이 구형왕의 방계 후손인 김유신 가문이 크게 부각되는 것과 달리 직계 후손은 여러 번에 걸친 시련을 겪고 있었다. 신라말 고려초에 이러한 시련을 극복한 간원경 집안에서는 '홍무대왕'으로 추봉된 김유신보다 더 뛰어나다는 입장을 강조하는 의미에서『개황력』또는『개황록』이라는 저술을 펴냈을 것으로 보이는데, 그 분량은 소략했을 것으로 보인다.

---

5)『삼국유사』권1 기이2「김유신」, "至五十四 景明王 追封公爲興武大王".

38

고려 태조 왕건대에 임해현으로 강등되다.

연대(A.D.)	간지	고려 왕력	석진(石晉)
940	경자	태조 천수 23년	고조 천복 5년

(45) 259년 뒤에(940) 우리 태조가 (후삼국을) 통합한(936) 뒤에 대대로 임해현이라고 하면서 배안사를 설치한 것이 48년 동안이었다 (940~988; 성종 7년).[1]

"교수님. 위의 자료에 익하면 고려의 태조 왕건이 후삼국을 통일한 뒤에 이 지역을 임해현으로 하면서 배안사를 설치했다고 합니다. 이러한 부분은 어떻게 이해하면 될까요.(김태유)"

"글쎄요. 일단 배안사는 고려시대에 연안경비를 담당하던 관직일 것으로 추정됩니다. 앞에서 검토했듯이, 신문왕대에는 이 지역이 금관경이었고, 신라 말에는 이 지방의 호족으로 있던 성주장군 충지 잡간에 대해서 살펴 보았습니다. 그런데 918년 이후 어떤 시점에 이 지

---

1) (45) 後二百五十九年 屬我太祖 統合之後 代代爲臨海縣 置排岸使 四十八年也.

역에서 활동하고 있던 김수로왕의 직계 후손들이 『개황력』을 편찬하였을 것으로 보았습니다. 하지만 후삼국이 통일된 이후 태조 왕건대에는 이 지역이 임해현으로 강등되었다는 사실을 전하는 것으로 보입니다. 이와 관련해서는 아래 자료를 살펴보도록 하겠습니다."

Ⓐ 또 『본조사략』에서는 말하기를, "태조 천복 5년 경자(940)에 5 가야의 이름을 고쳤으니, 하나는 금관[김해부가 되었다], 둘은 고령[가리현이 되었다], 셋은 비화[지금의 창녕으로 아마도 고령의 잘못인 듯하다.], 나머지 둘은 아라와 성산[앞과 같이 성산은 벽진가야라고 한다]이다"라고 하였다.[2]

Ⓑ (첫째는 알천 양산촌이다.…) [(…) 본조 태조 천복 5년인 경자 (940)에 이름을 중흥부로 고쳤다. (…)] (둘째는 돌산 고허촌이다.…) 지금은 남산부라고 한다. (…)[지금이라고 한 것은 고려 태조대에 설치한 것으로, 아래도 이와 같다.;『삼국유사』권1 기이2「신라시조혁거세왕」.

Ⓒ (고려 태조) 재위 23년(940) 봄 3월에 경주(慶州)를 대도독부(大都督府)로 삼고 여러 주(州)와 군(郡)의 이름을 고쳤다.;『고려사절요』권1,「태조 신성대왕」.

위에 제시한 자료를 통해 볼 때, 고려의 태조 왕건은 940년에 지방 제도를 개편하고 있음을 알 수 있다. 그런데 신라의 마지막 왕인 경순왕은 고려에 나라를 양보하여 후삼국의 통일이 앞당겨지는데 기여하였다. 이와 달리 김해 지역은 『개황력』을 편찬하면서, 자존의식을 강조하려 하였다. 이런 이유로 경주는 우대되고, 김해 지역은 고려 태조 왕건대에 상대적으로 강등되었던 것으로 볼 수 있다.

---

2) 『삼국유사』권1 기이2「오가야」, "又本朝史略云 太祖 天福 五年 庚子 改五伽耶名 一金官[爲金海府] 二古寧[爲加利縣] 三非火[今昌寧 恐高靈之訛] 餘二阿羅星山[同前 星山 或作 碧珍伽耶]".

39

고려 광종대에 왕후사를 없애고 장유사를 세우다.

연대(A.D.)	간지	고려 왕력	대요(大遼)
952	임자	광종 광덕 3년	목종 응력 2년

(46) 이 왕후사가 있는 때로부터 500년 뒤에(952) 장유사(長遊寺)를 두었는데, 장유사에 바친 토지와 숲[전시(田柴)]이 모두 300결 이었다. 이에 장유사의 삼강(三綱)이 왕후사가 장유사의 땔나무를 마련하는 땅의 동남쪽 경계 안에 있다고 하여 왕후사를 없애고 농장으로 만들어 가을에 추수하여 겨울에 저장하는 곡간과 말을 먹이고 소를 기르는 마굿간으로 하였으니, 슬프구나.[1]

"교수님. 위의 자료에서는 고려 광종대에 왕후사가 없어지고 장유사가 세워지는 사실이 기록되어 있습니다. 이러한 부분은 어떻게 이해하면 될까요.(김태유)"

"참으로 아쉽고 슬픈 일이지요. 널리 알려져 있듯이, 광종대에는

---

1) (46) 自有是寺 五百歲後 置長遊寺 所納田柴 并三百結 於是右寺三剛 以王后寺 在寺柴地 東南標 內 罷寺爲莊 作秋收冬藏之場 秣馬養牛之廐 悲夫.

왕권 강화를 위한 개혁이 이루어집니다. 그런 속에서 왕후사가 없어지는 것이 아닌가라는 생각을 해봅니다. 이와 관련해서 아래 자료를 검토해 보도록 하겠습니다."

> 대성대왕(大成大王; 필자주, 광종)이 즉위하고서는 더욱 십선행(十善行)을 닦고 보다 삼귀의(三歸依)에 정성스러웠다. (…) 대사는 엎드려 대왕을 위하는 한편 부처님을 받들었다. 옥게(玉偈)를 선설(宣說)하여 법왕(法王)의 도(道)를 흠숭하였고, 군자의 나라를 빛나게 하려고 석가삼존금상(釋迦三尊金像)을 조성하였다. 광종이 임금이 되어 나라를 다스린 지 4년 째 되던 해(953) 봄에 대사(大師)는 부처님 사리 3과를 얻어 유리 항아리에 담아 법당(法堂)에 안치하였다. 그로부터 여러 날이 지난 후, (어느날) 밤 꿈에 일곱 분의 스님이 동방(東方)에서 왔다고 하였다.[2]

광종대에는 개경 및 지방에 많은 사찰이 건립되었다. 위의 자료는 충청남도 서산 보원사(普願寺)에 철불을 조성한 경우로, 광종대 화엄종 사찰의 조성 사례 가운데 하나이다.

탄문은 광종 즉위년(949)에 충남 서산 보원사에 석가삼존금상을 조성했다. 또한 광종 4년(953)에는 불사리 3과를 얻어 석탑도 조성했다. 보원사 철불은 탄문이 주도한 중창불사였는데, 광종이 후원했을 것이다. 나아가 이러한 사찰 조성을 통해 광종은 왕권을 강화해나갔을 것으로 보인다.

그런데 김해에서는 광종 3년에 왕후사가 없어지고 장유사가 세워지고 있다. 이러한 사실을 통해, 광종대에는 김해 토착 호족세력에 대한 견제가 있었던 것으로 볼 수 있다.

---

2) 「보원사지 법인국사탑비(普願寺址 法印國師塔碑), "大成大王 卽位 增脩十善 益勵三歸 (…) 伏爲大王 奉 金姿宣 玉偈欽若 法王之道 煥乎君子之邦 造釋迦三尊金像 光宗御宇四年春 大師得佛舍利三粒 以瑠璃甖 盛安置法宇 數日後 夜夢 有七僧自東方來 (…)"; 김두진, 『고려 전기 교종과 선종의 교섭사상사 연구』, 일조각, 2006.

"아. 그렇군요. 교수님. 그렇다면 장유사는 이후 어떻게 되었나요. (허경진)"

"제가 김해를 가보지 못해서 잘 모르겠습니다. 일단 아래 자료를 검토해 보겠습니다."

> 왕후사; 옛 터가 장유산에 있다. 수로왕 8대손 질지왕이 (수로왕) 당시에 장막을 치고 합혼하던 곳에다가 절을 세우고 왕후사라 하였는데, 뒤에 절을 없애고 농장으로 하였다.3)

위의 자료에 의하면, 왕후사는 장유산에 있었다고 구체적으로 밝히고 있다.4) 현재 장유사의 유지를 이어 온 것으로 전하는 사찰이 경상남도 김해시 장유면 대청리 불모산(佛母山) 용지봉(龍池峰) 아래에 위치하고 있다. 현재 장유사에는 건물 부재인 석물들이 남아 있다. 원형이 남아 있는 석조 유물로는 경상남도 문화재자료 제31호인 장유화상사리탑(長遊和尚舍利塔)이 있다. 이러한 사실을 통해 볼 때, 현재 김해에는 장유사(長遊寺)라는 사찰이 왕후사의 서북쪽에 위치하고 있음을 알 수 있다.

---

3) 『신증동국여지승람』 권32 김해도호부 고적(古蹟)조, "王后寺[舊址 在長遊山 首露王 八代孫 銍知王 就幔殿 合婚之地 建寺 名曰 王后寺 後罷寺爲莊]".

4) 가야시대에는 태정산에 기대 넘실거리는 바다 넘어 시내의 봉황대와 분산성을 바라보고 있었을 태정마을은 태아 태(胎), 감출 장(藏)처럼 가락국왕의 태를 묻었던 것에서 비롯되었다고도 한다. 그런데 『김해읍지』와 『대동여지도』는 태정산을 장유산으로 기록하고 있다. 452년에 가락국 8대 질지왕이 허황후를 위해 지었다는 왕후사로 보기도 한다. 수로왕릉과 관련된 기록인 『숭선전지』에서는 이곳에 있었던 임강사(臨江寺)를 왕후사가 있었던 곳이라고 하였다. 또한 부산 신항만으로 변한 용현의 망산도에 도착한 허왕후가 장유화상과 함께 태정고개를 넘었다는 전승에서 비롯된 이야기들이 전해진다. 또한 창원과 경계인 불모산의 장유암은 고려 광종 2년(952)에 왕후사를 폐지하고 여기에 지은 장유사가 원조라고도 한다. 현재 장유암에는 허황후를 따라 왔다는 장유화상의 사리탑이 있다. 그리고 장유화상이 계곡에서 오래 놀았기 때문에 길 장(長)에 놀 유(遊)의 절 이름이 되었으며, 장유암이 있는 불모산의 부처 불(佛)과 어미 모(母)가 허왕후의 불교 전파와 7왕자의 성불에서 비롯되었다는 전승도 있다. 이렇게 보면 고려시대까지의 장유사는 장유산에 있었던 것으로 보인다.; 이영식, 『새로 쓰는 김해지리지; 김해학, 길 위에 서다』, 미(美)세움, 2014. 199쪽과 211쪽.

40

고려 성종대에 김해의 위상이 높아지다.

연대(A.D.)	간지	고려 왕력	송
988	무자	성종 7년	태종 단공 1년

(47) 다음에 임해군 또는 김해부(金海府)라고 하면서 도호부(都護府)를 둔 것이 27년이었다(988년부터~1015년; 현종 6년).[1]

"교수님. 위의 자료에서는 이 지역이 임해군이나 김해부라고 하면서 도호부를 두었다고 되어 있는데요. 이러한 부분은 어떻게 이해하면 좋을까요.(김태유)"

"좋은 지적입니다. 위의 기록은 성종대 김해의 상황을 알려주는 것으로 보입니다. 그렇다면 우선 성종이 누구였는지를 검토해 볼 필요가 있습니다. 아래 자료가 참고됩니다."

---

1) (47) 次爲臨海郡 或爲金海府 置都護府 二十七年也.

태조의 일곱 번째 아들인 왕욱(王旭)의 둘째 아들이다. 어머니는 선의왕후(宣義王后) 유씨(柳氏)이다. 광종 11년 경신(960) 12월 신묘일에 태어났다. 타고난 자품이 엄정하며 기품이 너그럽고 넓었다. 법과 제도를 제정하고 절의를 숭상하고 장려하였으며, 어진 이를 구하고 백성을 사랑하여 정치에 볼 만한 것이 있었다. 왕위에 있은 지는 16년이고, 38세를 살았다.;『고려사절요』 권2,「성종 문의대왕(文懿大王; 960~997. 재위; 982~997)」.

고려 성종대의 상황을 이해하려면 태조 왕건대 이후 고려가 어떤 처지에 있었는지를 살펴볼 필요가 있다. 태조 왕건이 후삼국의 통일을 위해 활동하던, 후삼국의 혼란기에는 새로운 사회 변혁 세력으로 앞에서 살펴 본 충지 잡간과 같은 다수의 호족이 등장하였다.

그런데 이러한 호족 세력을 통합하면서 우리 민족을 다시 통일한 인물은 고려의 태조 왕건이었다. 42세에 궁예를 몰아내고 왕위에 오른(918) 태조 왕건은 지방 호족들과의 혼인을 통해 결속력을 강화하는 호족 연합 정책을 실시하였다. 그 결과, 공식적으로 29명(또는 30명?)의 왕비를 두었으며 25남 9녀를 낳았다.

그 가운데에서 제1왕후인 신혜왕후 유씨는 정주(지금의 경기도 개풍군) 지역 유천궁의 딸이었는데 왕자가 없었다. 제2왕후는 장화왕후 오씨로 장자인 왕무(王武)를 낳았다. 왕무는 10세의 나이에 정윤(正胤)으로 책봉되었으며, 왕건의 뒤를 이어 2대 혜종(912~945. 943~945년 재위)으로 즉위하였다.

제3왕후는 신명순성왕후 유씨로 충청북도 충주 지역의 호족 출신이었다. 이러한 제3왕후는 5남 2녀를 두었는데, 태자 태는 일찍 죽은 것으로 보인다. 그 다음의 왕요(王堯)는 3대 정종(923~949. 945~949년 재위), 왕소(王昭)는 4대 광종(925~975. 949~975년 재위)으로 즉

위하였다. 이외에 문원대왕 정과 증통국사가 있었고, 낙랑공주와 흥
방공주가 있었다. 왕건의 장녀 낙랑공주는 신라 경순왕 김부와 결혼
하였다.

제4왕후는 신정왕후 황보씨로 황해도 황주의 호족이었다. 제4왕후
는 1남(대종 욱) 1녀(대목왕후, 광종의 왕후)를 낳았다. 제5왕후는 신
성왕후 김씨로 경순왕 김부의 큰아버지인 김억렴의 딸이었다. 제5왕
후는 1남(안종 욱)을 낳았다. 제6왕후는 장덕왕후 유씨로 경기도 개풍
지역의 호족이었다. 제6왕후는 4남 3녀를 낳았는데, 그 가운데 선의
왕후는 제4왕후가 낳은 대종 욱과 결혼하여 딸, 아들, 딸을 낳았다.

태조 왕건의 뒤를 이어 즉위한 혜종은 재위 2년에 정종에게 왕위
를 물려주고 세상을 떠났다. 정종도 재위 4년 만에 친동생인 광종에
게 왕위를 물려주었다. 광종은 29년 동안 재위하면서 왕권 강화를 위
한 다양한 개혁 정책을 펼쳤는데, 대표적인 정책으로는 노비안검법과
중국 후주 출신의 쌍기(雙冀)를 등용하면서 실시한 과거제도가 주목
된다. 후일 최승로는 성종에게 올린 오조정적평에서 광종대의 개혁정
치를 비판하기도 하였다.

광종은 개혁 정치를 통해 상당히 많은 호족 세력을 제거하였다. 광
종의 뒤를 이어 즉위한 경종(955~981. 975~981년 재위)은 경순왕 김
부의 딸을 제1왕후인 헌승왕후로 맞이하였다. 경종은 태조 왕건의 손
자였고, 헌승왕후는 경순왕 김부와 낙랑공주 사이에서 태어났다. 그
러니까 왕건의 손자와 왕건의 외손녀가 결혼한 셈이다. 경종은 계속
해서 제2왕후인 헌의왕후 유씨, 제3왕후인 헌애왕후 황보씨, 제4왕후
인 헌정왕후 황보씨를 왕후로 맞았다. 이때 제3왕후와 제4왕후는 친
자매였다.

경종은 말년에 제3왕후를 통해 아들을 낳았지만, 이듬 해 경종은
죽음을 앞두고 있었다. 두 살의 나이 어린 왕자에게 왕위를 물려줄
수 없었던 경종은 제3왕후의 남동생이고 제4왕후의 오빠인 개령군
(開寧君) 왕치(王治)에게 왕위를 넘겨주었다.

경종의 뒤를 이어 왕위를 계승한 성종(960~997. 981~997년 재위)
은 최승로(崔承老, 927~989)를 재상으로 등용하였다. 최승로는 시무
(時務) 28조를 올렸고, 성종은 대부분의 건의를 정책에 반영하였다.
이때 지방 통치 제도를 개편하면서 전국 12곳에 목사를 파견하였다.
이와 같이 성종은 최승로의 정책을 적극적으로 수용하고 추진하면서
국내정치가 안정되었다.[2] 이런 배경에서 성종 7년에 김해의 위상이
높아지는 조치가 시행되었다고 볼 수 있다.

---

2) 남무희, 「삼천사와 진관사 일대; 고려 남경을 오가던 길목에서 역사를 생각하다」『서울 역사 답
   사기 1』(북한산과 도봉산 편), 서울역사편찬원, 2017.

41

고려 성종대에 수로왕묘 토지소유권 분쟁이 발생하다.

연대(A.D.)	간지	고려 왕력	송
991	신묘	성종 10년	태종 순화 2년

(48) 순화(淳化) 2년(991)에 김해부 양전사(量田使)로 있던 중대부 조문선(趙文善)이 조사보고서[신성장(申省狀)]에서 말하기를, "수로왕릉묘에 소속된 전결(田結)의 수가 많습니다. 마땅히 옛날 관례를 따라 15결로 하고 그 나머지는 김해부의 역정(役丁)들에게 나눠 주어야 합니다"라고 하였다. 그 일을 담당한 관청에서 장계를 올려 임금에게 아뢰었다. 당시 조정에서 임금의 칙지를 내려 말하기를, "하늘에서 내려온 알이 변하여 성군(聖君)이 되시어 왕위에 계시던 연령이 158세이셨다. 저 삼황(三皇) 이후로 (이에) 비길 만한 사람이 거의 없었다. 수로왕이 세상을 떠나신 후 선대(先代)로부터 수로왕릉묘에 소속시킨 토지인데, 지금 줄여서 없애는 것은 진실로 두려운 일이므로 허락하지 않는다"라고 하였다.

(그런데) 양전사가 다시 거듭 아뢰자 조정에서도 그렇다고 여겨 토지의 절반은 수로왕릉묘에서 움직이지 못하게 하고, 나머지 절반은 김해부에서 일하는 사람들에게 나누어 주도록 하였다. 절사(節使) [양전사를 말한다]가 조정의 명을 받아 절반은 능원(陵園)에 소속시키고 나머지 절반은 김해부에서 요역에 동원되는 호정들에게 나

누어 주었다. 일이 거의 끝나갈 무렵에 양전사는 매우 피곤해 하였다. 어느 날 밤 꿈 속에 갑자기 7~8명의 귀신을 보았는데 밧줄을 잡고 칼을 쥐고 와서 말하기를, "자네가 커다란 잘못을 저질렀으니 목을 베어 죽이겠다"라고 하였다. 그 양전사는 형을 받는 것이 너무 아프다고 말하려다가 놀라고 두려워서 깨어났다. 곧바로 병이 들었는데 다른 사람들에게 알리지도 못하고 밤중에 달아나다가 그 병이 낫지 않더니 관문을 지나다가 죽었다. 이러한 이유로 양전도장(量田都帳)에는 (그의) 도장이 찍혀 있지 않았다.

뒤에 명을 받고 온 (또 다른) 양전사가 그 토지를 자세히 조사해보니 11결 12부 9속으로 3결 87부 1속이 부족하였다. 이에 잘못된 부분을 밝혀 내외 관아에 보고하고 칙명으로 만족하게 지급하도록 처리하였으니, 또한 고금에 탄식할만한 것이라 할 수 있다.[1]

"교수님. 위의 자료에서는 고려 성종대에 이 지역에 있는 수로왕묘와 관련된 토지소유권 분쟁이 발생하였다는 사실을 전하고 있습니다. 그렇다면 이러한 부분은 어떻게 이해하면 좋을까요.(허경진)"

"좋은 지적입니다. 위의 기록은 아래 자료와 함께 검토할 필요가 있습니다."

재위 10년(991) 봄 2월에 여러 도에 안위사(安慰使)를 보내 백성의 고통을 위문하였다.;『고려사절요』권2, 「성종 문의대왕」 재위 10년조.

위의 기록에 의하면 고려 성종 재위 10년에는 지방에 안위사를 보

---

1) (48) 淳化 二年 金海府 量田使 中大夫 趙文善 申省狀稱 首露陵王廟 屬田結數多也 宜以十五結仍舊貫 其餘分折於府之役丁 所司傳狀 奏聞 時廟朝 宣旨曰 天所降卵 化爲聖君 居位而延齡 則一百五十八也 自彼三皇而下 鮮克比肩者歟 崩後自先代 俾屬廟之壟畝 而今減除 良堪疑懼 而不允 使又申省 朝廷之 半不動於陵廟中 半分給於鄕人之丁也 節使[量田使稱也] 受朝旨 乃以半屬於陵園 半以支給于府之 徭役戶丁也 幾臨事畢 而甚勞倦 忽一夕夢 見七八介鬼神 執縲紲 握刀劍而至 云爾 有大愆 故加斬戮 其使以謂 受刑而慟楚 驚懼而覺 仍有疾療 勿令人知之 肯遁而行 其病不問 渡關而死 是故 量田都帳 不著印也 後人奉使來 審檢厥田 十一結 十二負 九束也 不足者 三結 八十七負 一束矣 乃推鞠斜入處 報告内外官 勅理足支給焉 又有古今 所嘆息者.

내 백성들의 고충을 파악하고 이를 해결하려는 노력이 있었다고 볼 수 있다. 그렇다면 위에 제시한 (48)의 자료도 이러한 상황에서 김해에서 발생했던 사건을 서술한 것으로 볼 수 있다.

한편 위의 자료에 보이는 양전사(量田使)는 고려 초기 토지 제도의 폐단을 해결하기 위해 문종 23년(1069)에 양전보수법(量田步數法)을 정하는 등의 개혁 노력과 깊이 연관되어 있는 관직이다. 이와 관련해서는 아래 자료가 참고된다.

> 양전보수법(量田步數法)을 정하였다. 6촌(寸)을 1푼(分)으로 삼고, 10푼(分)을 1척(尺)으로 삼았으며, 6척을 1보(步)로 삼았다. 전(田) 1 결(結)은 사방 33보(步)이며, 2결은 사방 47보이다. 그 이하는 모두 2등분하여 계산하였다.; 순암(順菴) 안정복(安鼎福; 1712~1791)의 『동사강목(東史綱目)』 제7하. 기유년 문종 23년조.

위의 자료는 고려 문종대 기록이지만, 성종대에도 양전을 담당하기 위한 직책이 있었을 것으로 추정된다. 한편 위의 자료에 보이는 조문선(趙文善)은 고려 건국 이후 토지의 분급에서 발생하던 폐단을 바로잡기 위해 임명된 것으로 추정되는 양전사(量田使)의 직책을 갖고 고려 성종 10년(991)에 김해 지역에 파견된 것으로 보인다. 당시 고려 조정은 중앙권력을 강화하고 유교를 장려하면서 지방 호족을 통제하기 시작하였다.

이러한 시대적 분위기에서 수로왕릉에 대한 관심은 떨어졌고, 이에 조문선이 단호하게 양전 문제를 처리한 것으로 보인다. 한편 이러한 중앙 정부의 조치에 대해, 김해 지역의 호족들은 강하게 저항하였던 것으로 추정할 수 있다.

42

고려 현종대부터 문종대에 김해에 방어사를 두다.

연대(A.D.)	간지	고려 왕력
1015년	을묘	현종(顯宗) 6년

(49) 또 방어사를 둔 것이 64년이었다(1015[현종 6년]~1079[문종 33년]).[1]

"교수님. 위의 자료는 고려 현종대부터 문종대까지 이 지역에 방어사를 두었다고 되어 있습니다. 이러한 내용은 어떻게 이해할 수 있을까요.(김태유)"

"글쎄요. 위에 제시한 자료는 고려 현종(顯宗; 992~1031. 1009~1031년 재위) 이후로부터 문종 33년까지 김해에 방어사를 두었다는 사실을 밝히고 있습니다. 이러한 부분은 고려 현종대부터 문종대까지 고려의 왕위 계승이 어떻게 전개되고 있었는지를 검토할 필요가 있다고 생각됩니다."

---

1) (49) 又置防禦使 六十四年也.

고려 성종이 세상을 떠나자 경종의 아들이 목종(穆宗; 980～1009. 997～1009년 재위)으로 즉위하였다. 그런데 강조(康兆)가 정변을 일으켜 목종을 시해하였다. 이에 태조 왕건의 손자인 대량원군(大良院君)이 현종으로 즉위하였다. 하지만 전권은 강조가 장악하였다. 이때 거란의 성종이 목종 시해의 책임을 물어 고려를 침공하였다. 강조는 거란의 2차 침입(1010)을 잘 막았지만, 자만심을 부리다 거란군에게 포로가 되었다. 이때 강동 6주를 지키던 양규는 끝까지 거란 군대와 싸우다가 장렬하게 전사하였다. 한편 강조도 거란 성종의 회유에 굴하지 않는 기개를 보이면서 비참하게 세상을 떠났다.

당시 거란의 2차 침입을 강조가 막지 못하자, 현종은 일단 지금의 서울 도봉원으로 피신하였다. 그러나 거란의 예봉이 멈추지 않자, 현종은 공주목을 거쳐 전라남도 나주까지 몽진의 길을 떠났다. 피란길에 나선 현종은 지방 호족들로부터 무시를 당하거나 목숨이 위태로운 경우도 여러 번 겪었다. 하지만 공주목사였던 김은부의 적극적인 도움을 받았다. 현종이 다시 개경으로 돌아올 때, 김은부는 자신의 딸 셋을 모두 현종의 왕후로 들였다. 현종은 이후 지방 호족의 딸을 왕후로 맞이하면서 안정적인 정치 기반을 다져나갔다. 이러한 정치적 격변을 겪은 현종 이후부터 고려 왕조는 신라계 세력의 정치 참여가 두드러지게 되었다.[2] 이러한 당시의 정치적 격변과정을 이해하면, 현종 6년부터 문종대까지 김해에 방어사를 두었다고 하는 역사적 사실이 갖는 의미를 이해할 수 있다.

---

2) 남무희, 「삼천사와 진관사 일대; 고려 남경을 오가던 길목에서 역사를 생각하다」『서울 역사 답사기 1』(북한산과 도봉산 편), 서울역사편찬원, 2017.

43

지금주사(知金州事) 김양일이
비명(碑銘)을 짓다.

연대(A.D.)	간지	고려 왕력	요(遼)
1062	임인	문종 16년	도종(道宗) 청녕(淸寧) 8년

(50) 세조 아래 9대손이 겪은 세대수[역수(曆數)]는 아래에 기록하
였다. 『명(銘)』에서는 말하기를, "① 천지가 비로소 개벽하자
해와 달[이안(利眼)]이 처음으로 밝았다. ② 비록 인륜은 생겨
났지만 임금의 지위는 아직 이루어지지 않았다. ③ 중국의 왕
조는 여러 대를 지났으나 동국에서는 서울이 나뉘어 있었다.
④ 계림이 먼저 정해지고 가락은 뒤에 경영되었다. ⑤ 스스로
가리어 주관할 사람이 없으면, 누가 백성을 보살피겠는가. ⑥
마침내 하늘이 만드시어 저 백성을 돌보셨다. ⑦ 하늘이 제왕
이 될 사람에게 부명(符命)을 주어 특별히 정령(精靈)을 보내
주셨다. ⑧ 산중에 알이 내려오니 안개 속에 형체를 감추었다.
⑨ 안은 밝지 않았으며, 밖도 역시 드러나지 않고 어두웠다.
⑩ 바라보니 형상이 없는 듯했으나, 들으면 곧 소리가 있었다.
⑪ 무리는 노래를 불러 아뢰고 사람들은 춤을 추어 바쳤다. ⑫
7일이 지난 뒤 한번에 편안해졌다. ⑬ 바람이 불고 구름이 걷
히자 공중과 하늘은 푸르렀다. ⑭ 6개의 둥근 알이 한 줄기의
자주색 끈에 달려 내려왔다. ⑮ 특이한 지방에 기와집이 즐비

하게 되었다. ⑯ 보는 사람은 담처럼 늘어섰고 쳐다보는 사람들도 (국이 끓는 것처럼) 우글거렸다. ⑰ 다섯 분은 각기 읍으로 돌아가고 한 분은 이 성에 계셨다. ⑱ 때와 자취가 같은 것은 형제와 같았다. ⑲ 진실로 하늘이 덕있는 사람을 내셨으니 세상을 위하여 법도(法度)를 만드셨다. ⑳ 보위에 처음 오르자 천하가 깨끗해졌다. ㉑ (궁전의) 화려한 구조는 옛 것을 본받았지만 흙계단은 오히려 평평하였다. ㉒ 만기(萬機)를 처음부터 힘쓰면서 모든 정사를 시행하였다. ㉓ 치우침과 구차함이 없으니 오직 하나로 정성을 다하였다. ㉔ 길을 가는 사람은 (길) 서로 양보하였고 농사를 짓는 사람은 서로 밭을 가는 순서를 양보하였다. ㉕ 사방이 안정되자, 만백성도 올바르게 되었다. ㉖ 갑자기 부추잎의 이슬처럼 마르니 대춘(大椿)의 나이를 보전하지 못하였다. ㉗ 하늘과 땅의 기운이 변하자 조야가 몹시 슬퍼하였다. ㉘ 그 자취는 황금의 형상이고 그 소리는 옥처럼 떨쳤다. ㉙ 후손이 끊어지지 않았으니 제사 음식을 (조상들이) 흠향하셨다. ㉚ 세월은 비록 흘러 갔지만 규범과 의례는 기울어지지 않았다"라고 하였다.[1]

"교수님. 위의 글에서는 세조 아래 9대손이 겪었던 내용을 기록한다고 되어 있습니다. 그렇다면 이런 부분은 어떻게 이해하면 좋을까요.(김태유)"

"아주 좋은 지적입니다. 앞에서 살펴 보았던 구형왕은 사실 가락국의 10대 임금입니다. 그런데 『가락국기』의 두 곳에서 9대손으로 서술하고 있습니다. 10대 임금을 9대손으로 혼동하게 된 배경에는 위의 기록에서 '세조 아래 9대손'이라는 표현을 잘못 이해한 것에서부터

---

1) (50) 世祖已下 九代孫曆數 委錄于下 銘曰 ① 元胎肇啓 利眼初明 ② 人倫雖誕 君位未成 ③ 中朝累世 東國分京 ④ 鷄林先定 駕洛後營 ⑤ 自無銓宰 誰察民氓 ⑥ 遂兹玄造 顧彼蒼生 ⑦ 用授符命 特遣精靈 ⑧ 山中降卵 霧裏藏形 ⑨ 內猶漠漠 外亦冥冥 ⑩ 望如無象 聞乃有聲 ⑪ 群歌而奏 衆舞而呈 ⑫ 七日而後 一時所寧 ⑬ 風吹雲卷 空碧天靑 ⑭ 下六圓卵 垂一紫縷 ⑮ 殊方異土 比屋連甍 ⑯ 觀者如堵 覩者如羹 ⑰ 五歸各邑 一在玆城 ⑱ 同時同迹 如弟如兄 ⑲ 實天生德 爲世作程 ⑳ 寶位初陟 寰區欲淸 ㉑ 華構徵古 土階尙平 ㉒ 萬機始勉 庶政施行 ㉓ 無偏無儻 惟一惟精 ㉔ 行者讓路 農者讓耕 ㉕ 四方奠枕 萬姓迓衡 ㉖ 俄晞薤露 靡保椿齡 ㉗ 乾坤變氣 朝野痛情 ㉘ 金相其躅 玉振其聲 ㉙ 來苗不絶 薦藻惟馨 ㉚ 日月雖逝 規儀不傾.

비롯되었다고 생각됩니다."

"아. 그런 이유가 있었군요. 그렇다면 교수님. 위의 글은2) 어떤 이
유로 작성된 것인가요.(허경진)"

"글쎄요. 위의 글을 일연이 작성한 것으로 보는 연구자도 있습니
다. 하지만 『삼국유사』에서 명(銘)을 소개한 곳은 이곳 하나일 뿐입
니다. 저는 위의 글을 비명(碑銘)으로 보고 있습니다. 말하자면 수로
왕릉에 대한 비명으로 볼 수 있다는 것이죠. 그리고 이 비명은 고려
문종대(1019~1083. 1046~1083년 재위)에3) 지금주사로 있던 김양일
(金良鎰)이 작성했던 것으로 생각합니다. 이와 관련해서 아래 자료를
살펴보겠습니다."

> 고려 문종은 수로왕이 임금의 자리에 오른[어극(御極)]4) 옛날 갑자
> (甲子)의 임인(壬寅)에 해당하는 해에 지금주사 김양일에게 특별히
> 명령하여 능원을 수리하고 (절차를) 갖추어 정결하게 제사를 지내
> 도록 하였다. (자세한) 일은 김양일이 편찬한 비문에 갖추어져 있
> 다. 글은 아직까지 남아 있지만 비(碑)는 마멸되었으니 애석한 일
> 이다.5)

위의 글은 조신조 고종대(1852~1919. 1863~1907년 재위)에 공암
(孔巖) 허전(許傳; 1797~1886)이 작성한 숭선전비에 실려 있는 내용

---

2) 위의 글은 장성진의 논문을 검토하면서 해석을 보완하였다(「가락국기 <명(銘)> 고찰」『한국전
통문화연구』 1, 1985).

3) 『고려사절요』 권4, 「문종 인효대왕」, "(문종은) 현종의 셋째 아들로 어머니는 원혜태후(元惠太
后) 김씨이다. (…) 어려서부터 총명하고 현철하였으며, 자라서는 학문을 좋아하고 활을 잘 쏘았
으며 포부가 넓고 원대하였다. 너그럽고 어질어서 남을 포용하였고 모든 정사를 한번 처결한 것
은 기억하여 다시 잊어버리지 않았다. 왕위에 있은 지는 37년이고, 65세를 살았다."

4) 서울 광화문 4거리에는 비각(碑閣)이 있는데, 정식 명칭은 '고종(高宗) 어극(御極) 40년(1902)
칭경기념비(稱慶紀念碑)'이다.

5) 허전, 『성재집』「숭선전비」(『성재선생문집』 권19), "高麗 文宗 當首露王 御極之舊甲壬寅 特命知
金州事金良鎰 修陵園備禋祀 事俱載良鎰 所撰碑文 文則尙存 碑則磨泐 可慨也已".

이다. 위의 글을 통해 볼 때, 수로왕릉비는 고려 문종 재위 16년이 되는 임인년(1062)에 옛날 김수로왕이 가락국을 세웠던 임인년[앞에서 살핀 (3)—㉮]을 기념하여 비명을 작성했던 것으로 볼 수 있다. 또한 이러한 내용이 『삼국유사』 기이2에 실려 있는 『가락국기』에 실리게 되었다.

44

고려 문종대에 수로왕을 사모하는 행사가 부활되다.

연대(A.D.)	간지	고려 왕력	요(遼)
1076	병진	문종 30년	도종 태강 2년

(14) 건안 4년 기묘에 처음 (수릉왕묘를) 조성한 때로부터[1]

(51) 지금의 임금님께서 나라를 다스리신 지 30년째인 태강(太康) 2년 병진(1076)까지 무릇 878년(199~1076) 동안 아름다운 봉토는 무너지지 않았으며, (그 당시) 심었던 아름다운 나무들도 마르거나 썩지 않았다. 더군다나 그곳에 배열되어 있던 수많은 옥조각도 또한 상하거나 부서지지 않았다.

이러한 점으로 볼 때 신체부(辛替否)가 말하기를, "옛날부터 지금까지 어찌 망하지 않은 나라와 파괴되지 않은 무덤이 있겠는가"라고 하였다. (하지만) 오직 이 가락국이 옛날에 일찍 멸망하였다는 것은 (신)체부의 말이 증명될 수 있을 것이다. (하지만) 수로왕묘는 허물어지지 않았으니, (신)체부의 말은 믿을만한 것이 되지 못한다. 이 무렵에 다시 놀고 즐기면서 (수로왕을) 사모하는 행사가 있었다. 매년 7월 29일에 이 지역 사람과 관리 및 군사들이 승점(乘岾)으로 올라가 장막을 설치하고, 술과 음식을 먹고 즐기면서 환호하였다.

---

1) (14) 自建安 四年 己卯 始造.

동서로 눈길을 보내며 건장한 인부들을 좌우로 나뉘어 망산도로부터 말을 급히 달리면서 육지로 빠르게 달리고, 훌륭한 배들은 물 위에 떠 서로 밀면서 북쪽의 옛날 포구[고포(古浦)]를 향하여 다투어 빨리 갔다. 무릇 이것은 옛날 유천간(留天干)과 신귀간(神鬼干) 등이 허왕후가 오는 것을 바라보고 수로왕에게 급하게 아뢰었던 유적이다.2)

"교수님. 위의 글은 고려 문종대에 수로왕을 사모하는 행사가 부활되고 있는 사실을 전하고 있는데요. 그렇다면 어떤 배경에서 이러한 분위기가 조성될 수 있었는지 궁금합니다.(김태유)"

"글쎄요. 이와 관련해서는 고려 왕조의 왕위가 어떻게 계승되었는지를 살펴볼 필요가 있다고 생각됩니다. 앞에서 살펴 보았던 고려 성종대에 고려 왕실 내부에서는 불미스러운 사건이 있었습니다. 성종의 누이동생이면서 돌아가신 경종의 제4황후인 헌정왕후 황보씨가 태조 왕건의 아들인 안종 욱과 사랑에 빠집니다. 이에 성종은 안종 욱을 지금의 경상남도 사천으로 귀양을 보냅니다. 그런데 헌정왕후는 다음 해에 아들을 낳고 세상을 떠납니다. 이에 성종은 그 아들을 대량원군(大良院君)으로 책봉하고 안종(安宗) 욱(郁)과 함께 경상남도 사천에서 함께 살도록 배려했다고 합니다. 이처럼 안종 욱과 후일 현종으로 즉위하는 대량원군이 서로 상봉하는 것을 기리는 '부자 상봉의 길' 행사는 2015년부터 이 지역에서 매년 시행되고 있습니다.3) 그런데

---

2) (51) 逮今上御國 三十一[필자주; 일(一)을 해석하지 않음]載 太康 二年 丙辰 凡八百七十八年 所封美土 不騫不崩 所植佳木 不枯不朽 況所排列 萬蘊玉之片片 亦不鞁坼 由是觀之 辛替否曰 自古迄今 豈有不亡之國 不破之墳 唯此駕洛國之昔曾亡 則替否之言 有徵矣 首露廟之不毀 則替否之言 未足信也 此中更有戲樂思慕之事 每以七月 二十九日 土人吏卒 陟乘岾 設帷幕 酒食歡呼 而東西送目 壯健人夫 分類以左右之 自望山島 駛蹄駸駸 而競湊於陸 鷁首泛泛 而相推於水 北指古浦而爭趨 蓋此昔留天神鬼等 望后之來 急促告君之遺迹也.

3) 남무희, 「삼천사와 진관사 일대; 고려 남경을 오가던 길목에서 역사를 생각하다」 『서울 역사 답사기 1』(북한산과 도봉산 편), 서울역사편찬원, 2017.

고려 문종대에 수로왕에 대한 추모 분위기가 조성된 이유가 어디에 있었는지를 검토하기 위해서 아래 자료를 살펴보도록 하겠습니다."

> 재위 30년(1076) 12월 모든 과거에 30년이나 45년 동안 과방(科榜; 과거급제자의 이름을 발표하던 방목)에 빠져 있던 주·현의 사람으로 제술과나 명경과에 합격하면 토지 17결을 주도록 하였다. 백년 뒤에 합격한 사람에게는 토지 20결과 노비를 각각 한 사람씩 주도록 하였다. 잡업과에 합격한 사람도 또한 토지를 차등있게 주도록 하였다.; 『고려사절요』 권5, 「문종 인효대왕」 30년조.

위의 내용을 통해 고려 문종대에는 과거 제도를 시행할 때에 지방에 대한 배려를 하기 시작한 것으로 보인다. 이러한 분위기 속에서 김해 지역에서는 수로왕에 대한 추모 분위기가 조성될 수 있었을 것이다.

"아. 그렇군요. 교수님. 그런데 기존의 번역에서는 재위 31년이라고 하였는데요. 교수님께서는 재위 30년으로 고쳤습니다. 무슨 이유 때문인가요.(허경진)"

"아. 이거요. 큰 차이는 없구요. 다만 재위 30년으로 고치면 역사 연표와 차이가 발생하지 않기 때문입니다."

"아. 그렇군요. 교수님. 그렇다면 위의 글에서 신체부라는 사람이 말한 이야기를 언급한 이유가 무엇인지 궁금합니다.(허경진)"

"아. 점점 난해한 질문을. 신체부라는 사람은 중국의 당(唐)나라 중종과 예종대를 살았던 역사적 인물입니다. 그에 대한 전기가 『구당서(舊唐書)』와 『신당서(新唐書)』에 전합니다. 신체부(辛替否)는 당시에 황제의 잘못을 비판하는 간관(諫官)으로 있었는데, 중종 경룡(景龍)

연간(707~710)에는 좌습유(左拾遺)로 있었다고 합니다. 당시 공주부의 사치와 폐단을 간언하는 등의 행동으로 칭송을 받았던 인물입니다. 예종대에도 당시 정치의 잘잘못을 간언하여 많은 사람들로부터 칭송을 받았다고 합니다. 이처럼 중국에서 칭송받고 있던 인물이 한 이야기를 소개하면서, 일부는 수긍하지만 수로왕묘는 그렇지 않은 부분이 있다는 사실을 좀 더 강조하기 위해 이러한 이야기를 한 것으로 생각됩니다.”

“그렇다면 교수님. 앞에서 살펴 보았듯이 3월 3일에 하늘에서 황금알 여섯이 구지봉으로 내려온 이야기도 있는데요. 굳이 7월 29일의 일을 기념한 것에는 어떤 의미가 있을까요.(김태유)”

“아. 미쳐 생각하지 못하고 있었던 점을 지적하네요. 막연하지만 추측해본다면 김수로왕과 관련된 3월의 행사도 계속되었을 것으로 보입니다. 다만 위에 보이는 내용은 앞에서 검토한 (6)의 내용이 이 당시 사람들에게 더 많은 친근감을 주었다고 생각됩니다. 수로왕과 허왕후 및 구간들이 모두 참여하는 모습을 보여주는 이러한 놀이는 보다 많은 사람들이 참여할 수 있는 것으로, 이 당시 지역민들의 단합을 이루는데에도 도움이 되었을 것으로 생각됩니다.”

“아. 그렇게 생각할 수도 있겠네요. 그런데 교수님. 왜 7월 29일인가요.(허경진)”

“좋은 지적입니다. 위의 내용에서 말 달리기와 배 달리기 경주가 시작되는 장소인 망산도는 지금의 칠산(七山) 지역으로 보는 기존의 견해를 따를 수 있습니다. 또한 이들의 놀이가 끝나는 장소인 옛날 포구인 고포(古浦)는 사람들이 모여 있는 승점(乘岾)으로 봉황대(鳳凰臺)에서 가까운 곳으로 볼 수 있습니다. 앞에서 검토한 (6)의 기록에 의하면, 김수로왕이 유천간과 신귀간에게 망산도로 나아가 왕후를 기다리게 한 것이 7월 27일입니다. 한편 수로왕과 허왕후가 만나 함께 환궁한 것은 8월 1일입니다. 그런데 환궁하기 이전에 왕과 왕후가 맑게 갠 밤을 두 번 보내고 대낮이 한번 지나갔다고 되어 있습니다. 그렇다면 허왕후가 이 지역에 도착한 날은 7월 29일이라고 볼 수 있겠습니다. 또한 이러한 행사는 당시 지금주사로 있던 김양일에 의해 주도되었을 것으로 생각됩니다."

문인 김양감이 『가락국기』를 편찬하다.

45

연대(A.D.)	간지	고려 왕력
1080	경신	문종 34년

(52) 가락국기[(고려) 문종조(文宗朝; 제11대 왕. 1047~1083년 재위)의 태강(太康) 연간(1075~1084)에 금관지주사(金官知州事)의 문인이 지은 것이다. 지금은 줄여서 싣는다].[1]

"교수님. 기존의 연구에서는 『가락국기』를 누가 펴냈는가라는 문제에 대한 검토가 별로 없는 것 같아요. 그런데 교수님께서는 김양감이 편찬한 것으로 보았는데요. 어떠한 근거가 있나요.(김태유)"

"아주 좋은 지적입니다. 기존의 연구에서는 '금관지주사(金官知州事) 문인소찬야(文人所撰也)'라는 구절을 크게 주목하지 않았다고 생각됩니다. 그러다보니 대체로 금관지주사와 문인이 동일한 인물로 보는 것 같습니다. 하지만 위의 글에 보이는 금관지주사는 앞에서 살폈

---

1) (52) 駕洛國記[文廟朝 太康年間 金官知州事 文人所撰也 今略而載之].

던 지금주사 김양일이었을 것으로 보입니다. 또한 여기의 문인은 김양일의 문인이었을 것으로 보아야 합니다. 말하자면 금관지주사와 문인은 동일한 인물이 아니고 서로 다른 인물로 보아야 한다는 것입니다. 이와 관련해서 김양감과 관련된 기록을 『고려사절요』에서 요약해보면 아래와 같습니다.[2]"

Ⓐ (고려 문종) 재위 27년(1073) 8월 태복경(太僕卿) 김양감(金良鑑)과 중서사인(中書舍人) 노단(盧旦)을 보내 송나라에 가서 사은하고 겸하여 방물을 바쳤다. 『고려사절요』 권5, 「문종 인효대왕」 재위 27년조.

Ⓑ 재위 35년(1081) 봄 정월에 김양감을 참지정사(參知政事) 판상서병부사(判尙書兵部事) 겸서경유수사(兼西京留守使) 주국(柱國)으로 삼았다. (…) 3월 김양감을 권판중추원사(權判中樞院事)로 삼았다. (…) 11월에 이정공(李靖恭)을 참지정사로 삼아 국사를 편수하게 하였다.; 『고려사절요』 권5, 「문종 인효대왕」 재위 35년조.

Ⓒ 재위 37년(1083) 봄 정월 (…) 이정공과 최석을 함께 중서시랑 동중서문하평장사로, 김양감과 왕석(王錫)을 좌우복야(左右僕射)로 삼았다.; 『고려사절요』 권5, 「문종 인효대왕」 재위 37년조.

Ⓓ (선종 3년; 1086) 여름 4월 (…) 이정공을 문하시중 판상서이부사로, 최석과 김양감을 아울러 문하시랑평장사로 삼았다.; 『고려사절요』 권6, 「선종 사효대왕」 재위 3년조.

Ⓔ (선종 재위 4년; 1087) 3월 (…) 선정전에 나와 정사를 보는데 문하시랑평장사 최석과 김양감 및 중서시랑평장사 류홍이 당시 정사의 득실을 논하였다. 12월 (…) 최석을 수태위 판상서이부사 감수국사로, 김양감을 수태위로, 류홍을 수사공으로, 최사량을 수국사로, 문황을 지중추원사로, 이자위(李子威)를 동지중추원사로 삼았다.; 『고려사절요』 권6, 「선종 사효대왕」 재위 4년조.

위의 글에 의하면, 김양감은 고려 문종과 선종대에 개경의 중앙 정

---

2) 최영호, 「고려전기 광양김씨 김양감 가문의 성장과 그 성격」 『석당논총』 42, 2008.

치 무대에서 활동한 인물임을 알 수 있다. 또한 ⑧의 자료에는 수주(樹州) 이씨인 문충공(文忠公) 이정공이 국사(國史)를 편수하였다는 기록이 보인다. 또한 ⑤에서는 최석(崔奭)을 수태위 판상서이부사 감수국사(監修國史)로, 해주최씨인 최사량을 수국사(修國史)로 삼았다는 기록도 주목된다. 이러한 사실을 통해, 당시에는 이전 역사에 대한 관심이 높았던 것으로 보인다.

한편 광양(光陽) 김씨인 문안공(文安公) 김양감의 아들인 김약온(金若溫; 1059~1140)은 이자연의 아들인 이정(李頲)의 딸과 혼인하였다는 사실도 주목된다. 이렇게 보면 김양감과 경원(慶源) 이씨는 혼인으로 맺어진 긴밀한 관계였다고 볼 수 있다.

"아. 그렇군요. 그렇다면 교수님께서는 경원 이씨 가문과 광양 김씨인 김양감이 상당히 가까운 사이였다고 보는 것 같습니다. 이러한 점을 이야기하는 이유는 무엇인가요.(허경진)"

"좋은 지적입니다. 김양감이 이때 『가락국기』를 펴내는 이면에는 경원 이씨의 지원이 있었을 것으로 저는 보고 있습니다. 이 당시 활동한 이자연(李子淵; 1003~1061)은 8자 3녀를 두었습니다. 그런데 그의 세 딸은 모두 문종의 왕비인 인예태후(仁睿太后)와 인경현비(仁敬賢妃) 및 인절현비(仁節賢妃)가 되고 있습니다. 이에 문종과 선종대 활동한 경원 이씨 인물들과 관련된 내용을 『고려사절요』를 중심으로 정리해보면 아래와 같습니다."

문종 원년(1047) 4월; 이자연을 '이부상서 참지정사'로 임명.
재위 3년(1049) 2월; 이자연을 '수사도(守司徒)'로 임명.

재위 7년(1053) 7월; 이자연을 '문하시랑평장사'로 임명.

재위 8년(1054) 4월; 이자연에게 태부(太傅)를 더해 줌.

재위 9년(1055) 7월; 이자연을 '문하시중 판상서이부사'로 임명.

재위 10년(1056) 11월; 시중(侍中) 이자연.

재위 11년(1057) 8월; 시중 이자연.

재위 12년(1058) 5월; 이자연.

재위 29년(1075) 12월; 이정(李頲)을 판사북면병마사로 임명.

재위 30년(1076) 4월; 형부시랑(刑部侍郎) 이자위(李子威).

재위 35년(1081) 4월; 이부시랑(吏部侍郎) 이자위.

재위 37년(1083) 11월; 시어사(侍御史) 이자인(李資仁; ?~1091).

선종 2년(1085) 8월; 병부시랑(兵部侍郎) 이자인.

재위 3년(1086) 5월; 예빈경(禮賓卿) 이자지(李資智).

재위 4년(1087) 12월; 이자위를 '동지중추원사'로 임명.

재위 7년(1090) 2월; 이자위를 '상서우복야 참지정사 수국사'로 임명. 7월. 호부상서(戶部尙書) 이자의(李資義; ?~1095).

재위 9년(1092) 8월; 이자위를 '상서우복야 권지문하성사 겸서경유수사'로 임명.

재위 11년(1094) 6월; 이자위를 '문하시랑평장사'로 임명. 이자의를 '지중추원사(知中樞院事)'로 임명.

위의 내용을 살펴보면 문종과 선종대에 경원이씨(慶源李氏) 인물들이 많은 활동을 하였음을 알 수 있다.[3] 이 가운데에서 선종 재위 7년(1090) 2월에 이자위를 '상서우복야 참지정사 수국사'로 임명한 점도 주목된다.

한편 조선 전기에 편찬된 『신증동국여지승람』 인천도호부(仁川都護府)의 인물조에도 경원 이씨들이 많이 수록되어 있다. 이를 간단히 정리해 보면 아래와 같다.

이허겸(李許謙), 이한(李翰), 이자연(李子淵), 이자량(李資諒; ?~

---

3) 경원 이씨는 인천(仁川)을 본관으로 하였기 때문에 인주(仁州) 이씨로 널리 알려져 있다.

1123),　이자인,　이자현(李資玄;　1061∼1125),　이오(李顗;　1050∼
1110),　이공수(李公壽;　?∼1137),　이지저(李之氐;　1092∼1145),　이인
로(李仁老),　이장용(李藏用;　1201∼1272),　이영(李頴),　이광진(李光
縉;　?∼1178),　이문화(李文和;　1358∼1414).

『인천이씨대동보』　권1　「소성후상계(邵城侯上系)」에서는　『구여지
승람(舊輿地勝覽)』을　인용하면서　1세　이허기(李許奇)에서부터　10세
이허겸(李許謙)까지를　소개하고　있다.　또한　위의『신증동국여지승람』
의　기록을　통해,　고려　문종과　선종대에　경원　이씨들이　중앙정계에서
많은　활약을　하였음을　알　수　있다.　이러한　상황에서　김양감이『가락
국기』를　편찬하는데에　경원　이씨들의　보이지　않는　지원이　있었을　것
으로　추측된다.[4]

　　"아.　그렇군요.　그런데　교수님께서는　앞의　책　머리에서　이야기했듯
이,『가락국기』가　편찬된　이후　60여년　뒤에　김부식이『삼국사기』를
편찬할　때에『가락국기』를　참고하지　않았다고　보았습니다.　이러한　부
분에　대한　교수님의　입장은　무엇인가요.(김태유)"
　　"아.　좋은　지적입니다.　위에　제시한　자료에서　활약한　인물　가운데에
서　이자의(李資義;　?∼1095)는　숙종대(1054∼1105.　재위;　1095∼1105)에
숙청되고　있습니다.　또한　위의　자료에　보이는　이자량(李資諒;　?∼1123)
의　형인　이자겸(李資謙;　?∼1126)이　인종　초기에　역모를　꾀하다가　숙청
됩니다.　이러한　배경에서　김부식이『삼국사기』를　편찬할　때에『가락국
기』를　기본　자료로　중요하게　취급하지　않았다고　볼　수　있겠습니다."

---

4)『가락국기』편찬에　경원　이씨가　관여했을　것이라는　주장은　이미　정중환(『가라사연구』,　혜안,
　　2000,　366쪽)이　제기한　적이　있다.

"아. 그렇군요. 교수님. 그렇다면 일연이『삼국유사』에『가락국기』를 기이(紀異)2에 다시 넣은 것은 어떻게 보아야 할까요.(허경진)"

"매우 좋은 지적입니다. 일연은 79세(1284, 충렬왕 10년, 갑신)부터 입적하는 84세(1289, 충렬왕 15년, 기축)까지 청도 운문사에 주석하면서『삼국유사』를 편찬하였습니다. 당시 일연은『가락국기』가 저술된 배경 및 누가 편찬하였는지를 알고 있었을 것입니다. 이 당시 일연도 이자의와 이자겸의 국정농단에는 비판적인 입장을 가지고 있었기 때문에 저술자의 이름을 밝히지 않았을 것으로 보입니다. 하지만 가락국의 역사를 가장 자세하게 기록하고 있는『가락국기』를 외면할 수 없었기 때문에『삼국유사』기이2에 다시 수록하였을 것으로 생각됩니다."

"아. 그렇군요. 교수님. 이렇게 해서『가락국기』에 대한 검토가 거의 마무리되는 것 같습니다. 이렇게 끝인가요. 아쉬움이 남습니다.(김태유)"

"저도『가락국기』평전 스터디를 하면서, 나라다운 나라를 세운다는 의미가 무엇인지 다시 한번 생각해 봅니다. 그런데 저도 또한 여러 모로 아쉬움이 남기는 마찬가지입니다.(허경진)"

"아. 그런가요. 태유나 경진이의 아쉬운 마음은 이해됩니다. 그런데『주역』의 64괘는 앞에서 검토한 중천건괘와 중지곤괘로부터 시작하고 있습니다. 그런데 63번째 괘는 이미 건넜다는 의미를 갖는 수화기제(水火旣濟)이고,[5] 64번째 괘는 아직 건너지 않았다는 의미를 내포

---

[5] 아래는 불이고 위는 물이니 괘명은 모든 것이 바르게 다스려졌다는 뜻의 기제(旣濟)이다. 대상(大象)에, "사환이예방지(思患而豫防之)"라고 하였다. 쉽게 풀이하면, 근심될 것을 생각하여 미리 예방하라는 의미로 이해된다.

하고 있는 화수미제(火水未濟)로6) 끝이 나고 있습니다. 『가락국기』에 대한 검토는 그럭저럭 끝났지만, 『가락국기』 편찬과 일연이 다시 『삼국유사』 기이2에 『가락국기』를 다시 수록한 사실이 이후에 어떤 영향을 미치고 있었는지도 궁금합니다. 이러한 부분은 다음 단락에서 조금 더 살펴보려고 합니다. 괜찮을까요"

"안그래도 아쉬움이 남는데, 저희도 그런 부분을 좀 더 알고 쉽네요.(허경진)"

"저도 동의합니다.(김태유)"

---

6) 아래는 물이고 위는 불이니 괘명은 모든 것이 다스려지지 못했다는 뜻의 미제(未濟)이다. 대상(大象)에, "신변물(愼辨物) 거방(居方)"이라고 하였다. 쉽게 풀이하면, 사물을 신중하게 분별하여 알맞은 위치에 머무르라는 의미로 이해된다.

46

고려 명종대에 만어사를 다시 창건하다.

연대(A.D.)	간지	고려 왕력	금(金)
1180	경자	명종 10년	세종 대정 20년

Ⓐ 『고기』에서 말하기를, "만어사는 옛 자성산인데 또는 아야사산
으로,[마땅히 마야사로 써야 한다. 이것은 물고기를 말한다] 곁
에 가라국이 있다. 옛날 하늘에서 알이 바닷가로 내려와 사람이
되어 나라를 다스렸으니 곧 수로왕이다. 이 때 경내에 옥지가
있었는데, 연못에 독룡이 있었다. 만어산에 다섯 나찰녀가 있었
는데, (독룡과) 왕래하면서 사귀고 통하면서 때로 번개와 비를
내려 4년 동안 오곡이 익지 않았다. 왕이 주술로 금하려고 했으
나 할 수 없게 되자, 머리를 조아려 부처님께 법을 설해 줄 것
을 요청하였다. 그런 뒤에 나찰녀가 오계를 받은 이후부터 재해
가 없어졌다. 이러한 이유로 동해의 어룡이 드디어 골짜기에 가
득한 돌로 변하였는데, 각각 종과 경쇠의 소리가 났다"라고 하
였다.[이상은 『고기』이다.][1]

---

[1] 『삼국유사』 권3 탑상4 「어산불영」, "古記云 萬魚寺者 古之慈成山也 又阿耶斯山[當作 摩耶斯 此
云 魚也] 傍有呵囉國 昔天卵下于海邊 作人御國 即首露王 當此時 境內 有玉池 池有毒龍焉 萬魚
山 有五羅刹女 往來交通 故時降電雨 歷四年 五穀不成 王呪禁不能 稽首請佛說法 然後 羅刹女 受
五戒 而無後害 故東海魚龍 遂化爲滿洞之石 各有鍾磬之聲[己上古記]".

ⓑ 또 살펴보면 대정 20년 경자(1180) 즉 명종 10년에 처음으로 만
어사를 세웠다. 동량 보림이 장계를 올린 글에 의하면, "이 산중
의 기이한 자취가 북천축 가라국의 부처 그림자 사적과 부합하
는 것이 세 가지가 있습니다. 첫째, 산 곁 가까운 곳인 양주 지
역 경내인 옥지에도 독룡이 칩거하고 있다는 것입니다. 둘째,
때때로 강변에서 구름이 일어나 산정에 이르면 구름 속에서 음
악 소리가 들리는 것입니다. 셋째, 부처 그림자의 서북쪽 반석
에 항상 물이 고여 마르지 않는데, 이곳은 부처님께서 가사를
빨던 곳이라고 하는 것이 이것입니다"라고 하였다. 이상은 모두
보림의 주장이다.[2]

"교수님. 위의 내용은 두 부분으로 되어 있네요. 이러한 내용은 어
떻게 이해하면 좋을까요.(김태유)"

"좋은 지적입니다. Ⓐ에서 말하는 『고기』가 오래전부터 전해지고
있었다고 생각됩니다. 그런데 『가락국기』가 편찬되면서 Ⓑ에 보이듯
이, 고려 명종대에 만어사가 다시 창건되었다고 생각됩니다."

"아. 그렇군요. 그런데 위에 보이는 만어사는 어디에 있는 사찰인
가요.(허경진)"

"만어사는 현재 경상남도 밀양시 삼랑진읍 용전리에 있습니다. 지
리적으로 보면 낙동강이 흐르고 있고, 밀양시와 김해시 경계 부근으
로 보시면 되겠습니다."

"그런데 교수님. 위의 내용에 의하면 동해의 어룡이 골짜기에 가득
한 돌로 변했는데, 종과 경쇠의 소리가 났다고 되어 있습니다. 이런
부분은 어떻게 이해하면 좋을까요.(김태유)"

---

2) 『삼국유사』 권3 탑상4 「어산불영」, "又按 大定 二十年 庚子 卽明宗 十年也 始創萬魚寺 棟梁寶
林狀奏 所稱山中 奇異之迹 與北天竺 訶羅國佛影事 符同者有三 一 山之側近地 梁州界玉池 亦毒
龍所蟄是也 二 有時自江邊 雲氣始出 來至山頂 雲中有音樂之聲是也 三 影之西北有盤石 常貯水不
絶 云是佛浣濯袈裟之地 是也 已上皆寶林之說".

"글쎄요. 현재 밀양 만어사 경내에는 미륵전(彌勒殿)이 있는데, 그 안에는 용왕이 미륵으로 변하여 돌이 되었다는 미륵암이 남아 있습니다. 또 미륵전 아래 계곡에는 어룡들이 변하여 돌이 되었다는 만어석(萬魚石)이 곳곳에 있는데, 두드릴 때마다 맑은 소리가 나기 때문에 종석(鍾石)이라고 불려집니다. 조선시대 선조대(宣祖代, 1552~1608. 1567~1608년 재위)의 학자인 권문해(權文海; 1534~1591)가 편찬한 『대동운부군옥(大東韻府群玉)』 권20에는 세종대(世宗代)에 이 돌로 경(磬)을 만들기도 하였다는 이야기가 전하고 있기도 합니다.

한편 위에 보이는 어산(魚山)은 불교에서 재(齋)를 올릴 때 부르는 노래인 범패(梵唄)의 다른 이름이기도 합니다. 최치원(崔致遠; 857~?)이 지은 「쌍계사진감선사대공탑비」에 의하면, 진감선사(眞鑑禪師) 혜소(慧昭; 774~850)의 범패는 매우 아름다웠기 때문에 어산(魚山)의 신묘함을 배우려는 사람들이 많았다고 되어 있습니다. 조선시대에 간행된 『불조역대통재(佛祖歷代通載)』 권5에서는 어산(魚山)으로 놀러 갔다가 아름다운 소리를 듣고 범패를 처음 만들었다는 이야기가 실려 있기도 합니다."

"아. 그렇게 볼 수도 있겠네요. 교수님. 그런데 위의 내용에 보이는 만어(萬魚)는 수많은 물고기라는 의미로 이해됩니다. 여기에 보이는 물고기는 무엇을 상징하고 있는 것인가요.(허경진)"

"글쎄요. 세계 각국의 신화를 살펴보면 물고기와 관련된 이야기가 많이 찾아집니다. 이런 부분까지 살펴보려면 많은 시간이 필요합니다. 일단 『삼국유사』(권4, 의해5) 「이혜동진(二惠同塵)」조에서는 원효(元曉; 617~686)와 혜공(惠空) 스님이 시냇가에서 물고기와 새우를 잡아먹었다는 이야기를 전하면서, 이 절이 오어사(吾魚寺)가 된 유래를 설명하고 있습니다. 또한 부산광역시 금정구 청룡동의 금정산(金井山)에 있는 범어사(梵魚寺)의 사찰 이름에도 물고기가 보입니다. 이렇게 보면 물고기가 등장하는 신화는 불교와 깊은 관련이 있다고 하겠습니다."

"아. 그렇군요. 교수님. 그런데 김해 동북쪽의 삼방동에도 신어산(神魚山; 631.1m)이라는 산이 있어요.[3] 그 산에는 가락고찰(駕洛古刹)로 알려진 은하사(銀河寺)라는 사찰이 있는데요. 그 절의 대웅전 대들보에는 인도 아유타국의 수호신인 신어(神魚)가 그려져 있더라구요. 이런 부분은 어떻게 이해하면 좋을까요.(김태유)"

"글쎄요. 앞에서 저는 16나한(羅漢)을 16은한(銀漢)으로 바꾸어 해석했습니다. 이때 16은한은 은하수를 상징한다고 했었는데요. 이러한 부분과도 깊은 연관이 있어 보입니다. 하지만 제가 아직까지 김해를 가본 적이 없어서요. 현재 김해 지방에는 가락고찰이 상당히 많이 있을 것으로 보입니다. 다음에 태유 그리고 경진이와 함께 이 지역을 직접 답사하면서 다양한 자료를 수집하고 검토할 기회가 있었으면 합니다."

---

3) 신령한 물고기 산이므로 신어산(神魚山)이라고 하였다. 허왕후를 따라온 장유화상이 신어산에 동림사와 서림사(은하사)를 세웠고 부처님이 산을 열었으니, 그 중요 상징을 산 이름으로 했다는 것이다. 또한 이러한 점을 수로왕릉 납릉 정문이나 은하사 대웅전 수미단에 있는 신어(神魚)와 연결시키기도 한다.
이러한 신어산의 이름이 처음 보이는『경상도지리지(1425년)』는 고기 어(魚)가 아닌 어조사 어(於)로 되어 있다. 고기 어(魚)는 29년 뒤의『세종실록지리지(1454년)』부터이다. 신(神)에 의미를 두고, 어조사 어(於)를 '의'로 새겨, '신의 산' 또는 '신령스러운 산'으로 해석되므로, 산신이나 지모신에서 비롯된 이름으로 보려는 견해도 있다.
한편 은하(銀河)는 하늘의 강으로 천하(天河)이다. 산스크리트어와 일부 인도 아리아어에서 은하수는 '하늘의 갠지스강'이라 불리고, 힌두교 성서에서도 '신성한 강'으로 불린다. 은하의 다른 이름인 성한(星漢)이 신라의 문무왕릉과 김인문 비문에서 경주 김씨의 태조를 가리키는 뜻으로 쓰였던 것처럼, 가락국 시조 수로왕과 관련되는 연상의 결과일 수도 있다.; 이영식,『새로 쓰는 김해지리지; 김해학』, 미(美)세움, 2014. 127쪽 및 135쪽. 이러한 부분과 관련해서는 정연식(「신라의 태조 미추왕과 은하수 성한(星漢)」『한국고대사연구』62, 2011)의 논문이 참고된다.

47

고려 고종대에 일연이 만어사를 직접 답사하다.

연대(A.D.)	간지	고려 왕력
1238	무술	고종 25년

지금 직접 와서 참례하고 보니 또한 분명히 공경하여 믿을만한 것이 두 가지가 있다. 골짜기 안의 돌이 무릇 3분의 2가 모두 금과 옥의 소리를 내는 것이 그 하나이다. 멀리서보면 곧 나타나고 가까이서 보면 보이지 않으니 혹은 보이기도 하고 안보이기도 하는 것 등이 그 하나이다. (…) 우리나라 사람들이 이 산을 아나사라고 이름하였는데, 마땅히 마나사라고 해야 한다. 이것을 번역하면 물고기이니, 대개 저 북천축의 사적을 취하여 부른 것이다.[1]

"교수님. 위의 내용은 일연이 만어사를 직접 답사하였다는 내용을 전하는 것으로 보이는데요. 이러한 부분은 어떻게 이해하면 좋을까요.(김태유)"

---

1) 『삼국유사』 권3 탑상4 「어산불영」, "今親來瞻禮 亦乃彰現 可敬信者 有二 洞中之石 凡三分之二 皆有金玉之聲 是一也 遠瞻即現 近瞻不見 或見 不見等 是一也 (…) 海東人名此山 爲阿那斯 當作 摩那斯 此飜爲魚 蓋取彼北天竺事而稱之爾".

"예. 맞습니다. 일연은 60갑자로 무술(戊戌)이 되던 해에 33세의 나이로 경상남도 밀양에 있는 만어사를 직접 답사한 것으로 보입니다. 저는 2009년부터 고려대학교 아세아문제연구소에서 디지털『삼국유사』개발팀의 연구원으로 활동하면서,『삼국유사』에 전하는 국내 및 해외의 다양한 유적지를 직접 답사할 수 있었습니다. 그런 속에서 밀양 만어사도 답사한 적이 있습니다."

"아. 그런데 교수님. 올해가 정유년(丁酉年)이니, 내년인 2018년은 60 갑자로 무술(戊戌)이 되는 해가 됩니다. 이 무슨 인연인가요.(허경진)"

"아. 그렇군요. 일연 스님이 30대에 전국의 문화 유적을 답사했던 것처럼, 태유와 경진이도 2018년에 뜻하는 모든 일들을 성취하면서도 우리나라의 수많은 문화유적을 직접 답사했으면 좋겠다는 바람을 가져봅니다."

"교수님. 그렇다면 어떤 자세로 문화유적지를 직접 둘러 보면 좋을까요.(김태유)"

"글쎄요. 이성선(李聖善; 1941~2001)의 시(詩)가 생각납니다. '영혼이 깨끗한 사람은 눈동자가 따뜻하다. 그의 발은 외롭지만 가슴은 보석으로 세상을 찬란히 껴안는다. 때론 무너지는 허공 앞에서 번뇌는 절망보다 깊지만 목소리는 숲 속에 천둥처럼 맑다. 눈동자가 따뜻한 사람은 가장 단순한 사랑으로 깨어 있다.' 이러한 시인의 마음으로 문화 유적을 답사하면 좋을 것 같습니다."

48

다시 만날 날을 기약하다.

　　　　　지난 5월 9일 핸드폰을 받으면서부터 옛 인연을 이어 새로운 인연으로 김태유와 허경진을 10여년 뒤에 다시 만나게 되었다. 이후부터 주말마다 만나서 다시 검토하기 시작한 『가락국기 평전』 스터디는 12월 3번째 주말에 이르러 마무리를 하게 되었다.

　"교수님. 개벽(開闢)으로부터 시작되는 『가락국기』의 내용이 고려후기까지 어떻게 전승되어 왔는지를 지금까지 검토해 왔는데요. 그속에서 참으로 많은 신화적인 내용 및 역사적 사건들과 만날 수 있었습니다. 그렇다면 조선시대에 수로왕과 허왕후의 전승을 보존하려는 노력은 어떻게 이루어지고 있었는지 궁금합니다.(허경진)"

　"좋은 지적입니다. 조선시대 실학자들도 다양한 연구를 통해 가야사의 많은 부분을 밝혔다고 생각됩니다. 이러한 부분은 앞에서 간략하게 검토하였습니다. 또한 앞에서 살펴보았듯이, 고려시대 고종대에는 일연이 경상남도 밀양의 만어사를 직접 답사하였다는 사실을 알 수 있습니다. 그런데 김수로왕릉과 허왕후릉을 보존하려는 노력은 조선시대에도 계속되었습니다. 이와 관련된 기록은 조금 장황하긴 하지만, 조선후기 고종대에 활동한 공암 허전의 비문을 통해 살펴보겠습니다."

조선 왕조로 바뀌고 난 뒤에 전례(典禮)를 거행할 겨를이 없었는데 나라 사람들이, '신성한 임금을 감히 제사지내지 않을 수 없다'라고 하면서 매년 동짓날에 제사를 지내는 것을 중단하지 않았다. 후손인 의성현령(義城縣令) [서강(西岡)] 김계금(金係錦; 1405~1493)과[1] 문민공(文愍公) 김일손(金馹孫; 1464~1498)이 이 땅에 거주하면서 서로 더불어 옛 조상을 추모하고 근본을 보답하는 도리에 정성을 다하였다.

만력(萬曆) 8년 경진년(선조 재위 13년, 1580)에 우리 10대조 허엽(許曄; 1517~1580)이 두 능을 대대적으로 수리하고 제사지내는 의례를 갖추었다. 그로부터 13년 뒤인 임진년(선조 재위 25년, 1592)에 왜구(倭寇)가 왕릉(王陵)을 파헤치자 신병(神兵)이 일어나서 무찔렀으며, 직장(直長)으로 있던 [죽암(竹庵)] 허경윤(許景胤; 1573~1646)이[2] 고을 사람들을 거느리고 봉분(封墳)을 쌓았다. 그로부터 53년 뒤인 을유년(인조 재위 23년, 1645)에 영상(領相) 허적(許積; 1610~1680)이 도백(道伯)으로 있을 때에 능침(陵寢)을 더 크게 늘려 수리하고 비석을 세웠는데, 비문은 우의정 허목(許穆; 1595~1682)이 지었다.

우리 영종대왕(英宗大王; 필자주, 영조를 말함) 을축년(재위 21년, 1745)에 이르러 명하시기를, "수로왕의 능과 허왕후의 능에 제사를 일체 거행하라"고 하였다. 정종대왕(正宗大王; 필자주, 정조를 말함) 임자년(재위 16년, 1792)에 각신(閣臣) 이만수(李晩秀; 1752~

---

1) 서강 김계금은 김해김씨 거강파의 중시조로 세조에 의한 단종의 퇴위(1455년)를 참지 못한 충신이다. 김계금과 관련된 목판들은 도문화재 352호(1850년 제작, 20장)로 지정되어 진영 신용리 미양서원에 보관되어 있다.; 이영식, 『새로 쓰는 김해지리지; 김해학, 길 위에 서다』, 미(美)세움, 2014, 282쪽.

2) 죽암 허경윤은 임진왜란 당시 왜적에게 도굴되고 훼손되었던 수로왕릉과 남명 조식 선생의 신산서원(대동면 주동리)를 복구하고 재건하였다. 또한 병자호란 때에는 '통고일향창의여부토로적문(通告一鄕倡義旅赴討虜賊文)'이라는 격문을 지으면서 의병을 일으켰다. 현재 구천서원(龜川書院)에서는 죽암 허경윤 선생을 기리며 추모하고 있다.; 이영식, 위의 책, 2014, 332쪽.

1820)를 보내어 두 능에 함께 제사지내는 의식을 세심하게 받들도록 하니, (그가) 치제문(致祭文)을 직접 지었다. 제문에 이르기를, "성왕(聖王)께서 세상을 개벽하시니 하늘만이 그의 짝이 되었다. 운운(云云)"라고 하였다. 이로 인하여 항상 제사할 때의 축문(祝文)으로 삼도록 하고, 토지를 하사(下賜)하고 희생(犧牲)을 주어 봄 가을로 제사를 지내도록 하였다.

지금 우리 통천 융운 조극 돈륜 성상(統天隆運肇極敦倫聖上) 15년 무인년(고종 재위 15년, 1878)에 제가 상소(上疏)하여 요청한 일로 인하여 묘당(廟堂)에서 품정(稟定)하라고 명하였는데, 영의정 이최응(李最應; 1815~1882)이 "동경(東京)의 숭덕전(崇德殿) 전례(前例)에 따라 거행해야 합니다"라고 하니, 성상께서 윤허하셨다. 이에 침묘(寢廟)를 개축(改築)하고, 전호(殿號)를 '숭선전(崇善殿)'이라고 하였다. 그리하여 옛 전례(典例)와 같이 함께 제사하고, 침낭(寢郎)을 두고 후손 가운데에서 김씨(金氏)와 허씨(許氏) 두 성씨를 번갈아 제수하여 받들어 지키게 하였다. 성조(聖朝)께서 융성하게 보답한 의리(義理)와 실천한 덕(德)은 하늘처럼 높고 땅과 같이 두텁다고 할 것이다.[3]

위의 기록을 통해, 조선 시대에는 서강(西岡) 김계금(金係錦)·문민공(文愍公) 김일손(金馹孫)·허엽(許曄)·허경윤(許景胤)·허적(許積)·허목(許穆)·영조·정조·이만수(李晩秀)·고종·이최응(李最應) 등이 김수로왕릉과 허왕후릉을 유지하고 보존하려는 노력을 계속하였음을 알 수 있다. 그 가운데에서도 특히 조선후기 고종대에 활동한 공암 허전의 노력이 더욱 돋보인다고 할 것이다. 뿐만 아니라

---

3) 허전,『성재집』「숭선전비」(『성재선생문집』권19), "革代以後 未遑典禮 邦人 以爲神聖之君 不敢不享 每以冬至日 俎豆不絶 裔孫 義城縣令 金係錦 文愍公 金馹孫 居是邦 相與盡誠 於追遠報本之道 萬曆 八年 庚辰 我十世祖曄 爲嶺南觀察使 大修二陵 而備祭儀 後十三年 壬辰 倭寇掘王陵 神兵起而滅之 直長 許景胤 率鄕人 封築之 後五十三年 乙酉 領相許積 爲道伯時 增修陵寢立碑 碑文 右議政穆撰 逮我英宗大王 乙丑 命曰 首露王陵 許后陵 祭享 一體擧行 正宗大王 壬子 遣閣臣 李晩秀 奉審二陵 行合享之儀 親製致祭文 若曰 惟聖啓土 惟天作合云云 因以爲常享祝冊 錫之土田 釐以牲牢 春秋修其歲事 今我 聖上 十五年 戊寅 因傳之 上疏陳乞 命廟堂稟定 領議政 李最應 議 以爲當依東京崇德殿成規 上允之 於是 改築寢廟 賜號曰 崇善殿 合享如舊禮 設置寢郎 以後孫中 金許兩姓 迭代薦授 使之奉守 聖朝 崇報之義之德 天高而地厚矣".

위의 자료에는 보이지 않지만 이러한 노력에 함께 참여하였던 수많은 사람들의 노고와 염원도 함께 기억해야 할 것이다. 또한 임진왜란 당시 김해 지역을 지키기 위해 자신들의 생명을 돌아보지 않았던 송빈(宋賓; 1542~1592), 이대형(李大亨; 1543~1592), 김득기(金得器, 1549~1592), 류식(柳湜; 1552~1592) 선생과 김해 지역의 백성들을 중심으로 활약하였던 의병(義兵)들의 활동도 무시되어서는 안될 것이다.

"아. 그렇군요. 교수님. 문득 생각이 났는데요. 해마다 음력 3월 15일과 9월 15일에 김해에서는 전국에 살고 있는 김수로왕의 후손인 김씨와 허씨 및 인주 이씨들이 모여 시조제를 지내고 있습니다. 말하자면 시조 김수로왕과 왕비 허왕후의 종묘인 숭선전에서 춘추향대제가 행해지고 있습니다. 내년 봄에 교수님과 경진이를 김해로 한번 초대하려고 하는데 괜찮을까요.(김태유)"

"아주 반가운 소리네요. 매년 봄과 가을에 다시 만났으면 합니다. 그리고 전라도 지역에서 계속 발굴되고 있는 가야와 관련된 유적지와 관련된 내용은 경진이가 틈틈이 조사해서 카페 자료실에 올려줬으면 합니다. 앞으로 시간이 된다면 전라북도 부안 일대도 다시 한번 더 답사했으면 좋겠습니다."

"아. 좋은데요. 교수님. 다시 만날 그날이 기다려집니다. 그렇다면 어떤 마음으로 다시 만날 그 날을 기다리면 좋을까요.(허경진)"

"글쎄요. 저도 그 날이 기다려집니다. 시인 정안면의 '아름다운 사람을 만나고 싶다'라는 시가 생각납니다. '항상 마음이 푸른 사람을 만나고 싶다. 항상 푸른 잎새로 살아가는 사람을 오늘 만나고 싶다.

언제 보아도 언제 바람으로 스쳐 만나도 마음이 따뜻한 사람. 밤하늘의 별 같은 사람을 만나고 싶다. (…) 언제나 제 갈 길을 묵묵히 걸어가는 의연한 사람을 만나고 싶다. (…) 아침 햇살에 투명한 이슬로 반짝이는 사람. 바라다보면 바라다 볼수록 온화한 미소로 마음이 편안한 사람을 만나고 싶다. 결코 화려하지도 투박하지도 않으면서 소박한 삶의 모습으로 오늘 제 삶의 갈 길을 묵묵히 가는 그런 사람의 아름다운 마음 하나 곱게 간직하고 싶다' 이러한 시인의 마음으로 저와 태유 및 경진이가 여기까지 오게 된 것으로 생각됩니다."

"아. 그렇군요. 교수님. 날씨가 매섭습니다. 문득 제주도에서 오랜 세월 유배생활을 했던 추사(秋史) 김정희(金正喜; 1786~1856) 선생의 세한도(歲寒圖)에 담겨 있는 애잔한 스토리가 생각납니다.(김태유)"

"아. 그런가요. 공자는 『논어(論語)』 「자한(子罕)」편에서, '세한연후(歲寒然後) 지송백지후조(知松柏之後凋; 한겨울 추운 날씨가 되어야 소나무와 잣나무가 늦게 시들음을 알 수 있다)'라고 했습니다. 추사 김정희는 우선(藕船) 이상적(李尚迪)에게 세한도를 선물로 보내면서 감상하도록 했다고 합니다. 그러면서 그림의 아랫 부분에 '장무상망(長毋相忘; 오래도록 서로 잊지 말기를)'이라는 소망을 담았다고 합니다. 지금은 우리가 비록 헤어지지만 다시 만날 그날까지 오래도록 서로를 잊어버리지 않았으면 합니다."

지금까지 이런 저런 질문을 진지하게 하면서 공부 모임에 꾸준히 참여해 온 내 마음 속의 경진이와 태유에게 고마움을 전한다. 또한 지금까지 『가락국기 평전』의 내용을 끈기있게 읽어주실 독자 여러분의 노고에도 진심으로 감사하다는 마음을 전하고 싶다.

나름대로 내용에 충실하려고 노력했지만, 가야사에 대한 최근의 연구 성과들에 대해 충분한 이해가 되어 있지 못한 상태에서 검토하다 보니 여러 모로 부족한 부분이 많았을 것이다. 또한 현장 답사가 충실하지 못한 점도 아쉬움으로 남는다. 이러한 문제를 해결하려면, 『일본서기』를 비롯한 관련 문헌을 좀 더 치밀하게 재검토할 뿐만 아니라 최근 계속해서 발굴되는 자료를 통해 새롭게 알려지는 고고학 자료도 적극 활용할 필요가 있다고 생각된다.

본고는 곳곳에 허점과 빈틈이 많이 있을 것이다. 이러한 부분은 앞으로 개별 논문으로 작성하면서 수정 보완해 나가도록 하겠다. 마지막으로 이 글을 읽게 될 독자 여러분들의 수없이 많은 충고와 지적이 남무희의 한국사 강의 카페의 「가락국기 평전」 게시판에 올라왔으면 하는 바람과 소망을 가져본다.[4]

---

4) (http://cafe.daum.net/bulsazoa.)

『가락국기』 원문 해석

(52) 가락국기[(고려) 문종조(文宗朝; 1047~1083년 재위)의 태강(太康) 연간(1075~1084)에 금관지주사(金官知州事)의 문인이 지은 것이다. 지금은 줄여서 싣는다.].1)

(1) (하늘과 땅이) 개벽한 뒤로 이 땅에는 아직 나라의 호칭이 없었고 또한 임금과 신하의 명칭도 없었다.2)

(2) 세월이 지나 아도간(我刀干), 여도간(汝刀干), 피도간(彼刀干), 오도간(五刀干), 유수간(留水干), 유천간(留天干), 신천간(神天干), 오천간(五天干), 신귀간(神鬼干) 등의 구간(九干)이 있었다. 이들은 추장으로 모든 백성을 거느렸는데, 대체로 1만호에 75,000명의 사람으로 많았다. 스스로 산과 들을 도읍으로 삼았는데, 우물을 파서 (물을) 마시고 토지를 경작하여 식량을 마련하였다.3)

---

1) (52) 駕洛國記[文廟朝 太康年間 金官知州事 文人所撰也 今略而載之].

2) (1) 開闢之後 此地 未有邦國之號 亦無君臣之稱.

3) (2) 越有我刀干 汝刀干 彼刀干 五刀干 留水干 留天干 神天干 五天干 神鬼干等 九干者 是酋長 領總百姓 凡一萬戶 七萬五千人多 以自都山野 鑿井而飮 耕田而食.

(3)—㉮ 후한(後漢) 세조(世祖) 광무제(光武帝; 25~57년 재위) 건무(建武; 25~56) 18년 임인(42) 3월 계욕일(禊浴日)에 자신들이 살고 있던 곳의 북쪽 구지(龜旨)[이것은 작은 산봉우리의 이름인데, 10 마리의 거북이 엎드린 모양과 같으므로 이렇게 불렀다]에서 수상한 소리로 부르는 기운이 있었다. 무리 200~300의 사람이 이곳에 모이자, 사람의 소리와 같은 것이 있었다. 그 모습은 숨기고 소리를 내며 말하기를, "이곳에 사람이 있는가"라고 하였다. 구간들이 말하기를, "우리들이 있다"라고 하였다. 또 말하기를, "내가 있는 곳은 어디인가"라고 하였다. (구간들이) 대답하기를, "구지이다"라고 하였다. 또 말하기를, "황천(皇天)이 나에게 명하기를, '이곳에 가서 새로 나라를 세우고 임금이 되라'고 하였기 때문에 내려온 것이다. 너희들은 모름지기 (구지)봉 정상의 흙을 파면서 노래하기를, '거북아 거북아, 머리를 드러내어라. 만일 드러내지 않으면 구워 먹겠다'라고 하면서 발을 구르고 춤을 추어라. 그렇게 하면 대왕을 맞이하게 되어 기쁘게 펄쩍 펄쩍 뛰며 춤을 추게 될 것이다"라고 하였다.4)

(3)—㉯ 구간들이 그 말처럼 모두 기쁘게 노래하고 춤을 추었다. 얼마 후에 (하늘을) 우러러 보니 오직 자주색 줄이 하늘로부터 내려와 땅에 닿았다. 줄의 끝을 찾아보니 붉은 보자기로 싸여 있는 금합이 보였다. (금합을) 열어 보니 황금알 여섯 개가 있었는데, 해와 같이 둥글었다. 모여 있는 사람들이 모두 다 놀라고 기뻐하면서 (몸을) 폈다가 일으키면서 백 번 절을 하였다. 조금 뒤에 다시 보자기에 싸서 안고 아

---

4) (3)—㉮ 屬後漢 世祖 光武帝 建武 十八年 壬寅 三月 禊浴之日 所居北龜旨[是峯巒之稱 若十朋伏之狀 故云也] 有殊常聲氣呼喚 衆庶二三百人 集會於此 有如人音 隱其形 而發其音曰 此有人否 九干等云 吾徒在 又曰 吾所在爲何 對云 龜旨也 又曰 皇天所以命我者 御是處 惟新家邦 爲君后 爲玆故降矣 爾等 須掘峰頂撮土 歌之云 龜何 龜何 首其現也 若不現也 燔灼而喫也 以之踏舞 則是迎大王 歡喜踴躍之也.

도(간)의 집으로 돌아와 평상 위에 두고 그 무리는 각각 흩어졌다.[5]

(3)—㉯ 12일이 지난 그 이튿날 아침에 다시 무리들이 모여 (금합을) 열어 보니 여섯 개의 알이 어린 아이로 변해 있었는데 용모가 매우 위대하였다. 이에 평상에 앉히고 무리들이 절을 하고 축하하면서 지극하게 공경함을 다하였다. (아이들은) 나날이 커졌는데, 십여 일이 지나자 키가 9척이 되었다. 그렇다면 은(殷)나라의 탕왕(湯王)인 천을(天乙)과 같았고 얼굴은 용처럼 생겨 한(漢)나라의 고조(高祖)와 같았다. 눈썹이 여덟 가지 색채인 것은 당(唐)나라의 요(堯)임금과 같았고, 눈동자가 겹으로 된 것은 우(虞)나라의 순(舜)임금과 같았다. 그 달 보름날에 왕위에 올랐다.

처음으로 (모습을) 드러내었기 때문에 이름을 수로(首露)라고 하였는데, 혹은 수릉(首陵)[수릉은 세상을 떠난 뒤의 시호이다]이라고 하였다. 나라는 대가락(大駕洛)이라고 불렸는데 가야국(伽耶國)이라고도 하였으니, 곧 6가야의 하나였다. 나머지 다섯 명도 각각 돌아가 5가야의 주인이 되었다.

동쪽은 황산강(黃山江)의 서쪽이고, 남쪽은 창해(蒼海)이다. 서북쪽은 지리산(地理山)의 동쪽이고, 북쪽은 가야산(伽耶山)이며 남쪽은 나라의 끝이었다.

임시로 궁궐을 짓고 들어가 살았는데 단지 질박하고 검소한 것을 중요하게 여겼다. 이엉을 자르지 않았으며 흙으로 만든 계단도 3척이었다.[6]

---

5) (3)—㉯ 九干等 如其言 咸忻而歌舞 未幾仰而觀之 唯紫繩自天 垂而着地 尋繩之下 乃見紅幅 裹金合子 開而視之 有黃金卵六 圓如日者 衆人 悉皆驚喜 俱伸百拜 尋還 裹著抱持 而歸我刀家 寘榻上 其衆各散.

6) (3)—㉯ 過浹辰 翌日平明 衆庶復相 聚集開合 而六卵 化爲童子 容貌甚偉 仍坐於床 衆庶拜賀 盡

(4) 2년 계묘(43) 봄 정월에 왕이 말하기를, "짐이 경도(京都)를 정하여 두려고 한다"라고 하였다. 이에 수레를 타고 임시로 지은 궁궐 남쪽의 신답평(新畓坪)[이곳은 옛날부터 한전(閑田)인데, 새로 경작하였기 때문에 이렇게 불렀다. 답(畓)은 (우리나라에서 사용하는) 세속의 글자이다]으로 나아가 사방의 산악을 바라보고 좌우를 돌아보면서 말하기를, "이 땅은 여뀌잎처럼 협소하지만, 빼어나고 기이하여 16 은한(銀漢)이 머무를만한 곳이다. 하물며 하나로부터 셋이 이루어지고 셋으로부터 일곱이 이루어지니, 일곱 분의 성인[칠성(七聖)]이 머무를 수 있는 땅으로 진실로 적합하다. 이에 이 땅을 개척하고 강토를 열어 마침내 좋은 곳이 되지 않겠는가"라고 하였다.

1,500보로 주위를 둘러싸는 나성(羅城)과 궁궐 전각 및 여러 관청의 청사와 무기고 및 창고의 자리를 쌓도록 하였다. 일이 끝나자 궁궐로 돌아왔다. 널리 나라 안의 장정과 인부와 장인들을 징발하여 그 달 20일에 금성탕지를 쌓는 일을 시작하였는데, 3월 10일이 되어 공사를 마쳤다. 그 궁궐과 옥사(屋舍)는 농한기를 기다려서 지었으므로, 그 해 10월부터 시작하였다.[7]

(5) 갑진(44) 2월에 이르러 완공하였다. 좋은 날을 택하여 새로운 궁궐로 옮겨 들어가서 모든 정사를 처리하고 여러 업무도 부지런히

恭敬止 日日而大 踰十餘晨昏 身長九尺 則殷之天乙 顏如龍焉 則漢之高祖 眉之八彩 則有唐之堯 眼之重瞳 則有虞之舜 其於月望日卽位也 始現故 諱首路 或云 首陵[首陵 是崩後諡也] 國稱大駕洛 又稱伽耶國 卽六伽耶之一也 餘五人各歸 爲五伽耶 東以黃山江西 南以滄海 西北以地理山東 北 以伽耶山 南而爲國尾 俾創假宮而入御 但要質儉 茅茨不剪 土階三尺.

7) (4) 二年 癸卯 春正月 王若曰 朕欲定置京都 仍駕幸 假宮之南 新畓坪[是古來閑田 新耕作 故云也 畓乃俗文也] 四望山嶽 顧左右曰 此地狹小 如蓼葉 然而秀異 可爲十六銀[필자주: 라(羅)를 은(銀) 으로 수정함]羅漢住地 何況自一成三 自三成七 七聖住地 固合于是 托土開疆 終然允臧歟 築置一 千五百步 周廻羅城 宮禁殿宇 及諸有司屋宇 武庫倉廩之地 事訖還宮 徧徵國內 丁壯人夫工匠 以其 月二十日 資始金湯 曁三月十日役畢 其宮闕屋舍 侯農隙而作之 經始于厥年十月.

처리하였다.

갑자기 완하국(琓夏國) 함달왕(含達王)의 부인이 임신을 하였는데, 10달이 되어 알을 낳았다. 알이 사람으로 변하였는데 이름을 탈해(脫解)라고 하였다. (탈해는) 바다로부터 왔는데, 키가 9척 5촌이었고 머리 둘레는 3척 2촌이었다. (탈해는) 즐거운 마음으로 대궐에 가서 왕에게 말하기를, "나는 왕의 자리를 빼앗으려고 하였기 때문에 왔다"라고 하였다. 왕이 대답하기를, "하늘이 나에게 명하여 왕위에 오르게 하였다. (나는) 장차 나라 안을 안정시키고 아래로 백성을 편안하도록 하였다. 감히 천명을 어기고 왕위를 (자네에게) 줄 수 없다. 또 감히 내 나라와 내 백성을 자네에게 맡길 수도 없다"라고 하였다. 탈해가 말하기를, "그렇다면 술수로 다툴 수 있다"라고 하였다. 왕이 말하기를, "좋다"라고 하였다. 잠깐 사이에 탈해가 변하여 매가 되니 왕은 변하여 독수리가 되었다. 또 탈해가 변하여 참새가 되니, 왕은 변하여 새매가 되었다. 이렇게 하는 것이 매우 짧은 시간이었다. 탈해가 본래의 몸으로 돌아오니, 왕도 역시 (본래의 몸으로) 돌아왔다. 탈해가 항복하면서 말하기를, "제가 술수를 다투는 마당에서 매가 독수리에게서, 참새가 새매에게 잡힘을 모면한 것은 모두 성인이 살생을 싫어하는 인자함 때문이었습니다. 제가 왕과 더불어 왕위를 다투는 일은 진실로 어렵습니다"라고 하였다. 곧바로 (탈해는) 작별하는 절을 하고 나가서는 인근 교외의 나루터에 이르러 중국으로부터 오는 배가 닿는 물길을 따라 가려고 하였다.

왕은 (탈해가) 머물면서 반란을 일으킬 것을 마음으로 염려하였다. 급히 수군을 실은 배 500척을 보내어 뒤쫓도록 하였다. 탈해가 도망하여 계림의 땅 경계로 들어가니, 수군들은 모두 돌아왔다. (그런데)

이러한 일이 실려 있는 기록은 신라의 것과는 다른 것이 많이 있다.[8]

(6)—⑦ 건무 24년 무신(48) 7월 27일에 구간 등이 조알(朝謁)할 때에 건의하여 말하기를, "대왕께서 하늘로부터 신령하게 내려오신 이래로 아직까지 좋은 배필을 얻지 못하였습니다. 청컨대 신(臣) 등의 딸 가운데에서 가장 좋은 사람을 골라 궁중으로 들여 배필로 삼으시기 바랍니다"라고 하였다. 왕이 말하기를, "짐이 이곳에 내려온 것은 하늘의 명령이다. 짐의 배필로 왕후가 되는 것도 또한 하늘이 명령할 것이다. 경들은 염려하지 말라"라고 하였다. 드디어 유천간에게 가벼운 배와 빠른 말을 가지고 망산도에 이르러 서서 기다리게 하였다. 또 신귀간에게 명령하여 승점[망산도는 서울 남쪽의 섬이고, 승점은 (임금이 타고 있는) 수레 아래의 나라이다]으로 나가도록 하였다.[9]

(6)—⑭ 홀연히 바다 서남쪽의 모퉁이로부터 붉은 비단돛을 달고, 적황색기를 펄럭이는 배가 북쪽을 향해 오고 있었다. 유천간 등이 섬에서 먼저 불을 올리니, (배에 타고 있던 사람들이) 다투어 물을 건너 육지로 내려와 앞다투어 달려왔다. 신귀간이 이것을 바라보고 궁궐로 달려들어가 (왕에게) 아뢰었다. 왕이 듣고 좋아하였다. 이에 구간 등을 보내 목란으로 만든 노를 정비하고, 계수나무로 만든 아름다운 돛대를 펴고 영접하면서 빠르게 대궐 안으로 모시려고 하였다. 이에 왕

---

8) (5) 逮甲辰二月而成 涓吉辰御新宮 理萬機而勲庶務 忽有琓夏國 含達王之夫人妊娠 彌月生卵 卵化爲人 名曰脫解 從海而來 身長九尺七寸 頭圍三尺二寸 悅焉詣闕 語於王云 我欲奪王之位 故來耳 王答曰 天命我俾卽于位 將令安中國 而綏下民 不敢違天之命 以與之位 又不敢以吾國吾民 付囑於汝 解云 若爾可爭其術 王曰可也 俄頃之間 解化爲鷹 王化爲鷲 又解化爲雀 王化爲鸇 于此際也 寸陰未移 解還本身 王亦復然 解乃伏膺曰 僕也 適於角術之場 鷹之於鷲 雀之於鸇 獲免焉 此盖聖人惡殺之仁而然乎 僕之與王 爭位良難 便拜辭而出 到鄰郊外渡頭 將中朝來泊之水道而行 王竊恐滯留謀亂 急發舟師 五百艘而追之 解奔入雞林地界 舟師盡還 事記所載 多異與新羅.

9) (6)—⑦ 屬建武 二十四年 戊申 七月 二十七日 九干等 朝謁之次 獻言曰 大王 降靈已來 好仇未得 請臣等所有處女絶好者 選入宮闈 俾爲伉儷 王曰 朕降于兹 天命也 配朕而作后 亦天之命 卿等無慮 遂命留天干 押輕舟 持駿馬 到望山島立待 申命神鬼干 就乘岾[望山島 京南島嶼也 乘岾 輦下國也].

후가 말하기를, "나는 너희들을 평생 동안 처음 보는데 어찌 감히 경솔하게 따라가겠는가"라고 하였다. 유천간 등이 돌아와 왕후의 말씀을 전달하였다. 왕도 그렇다고 여겨 관리를 거느리고 어가를 움직여 궁궐 아래로부터 서남쪽으로 6,000여보 거리의 땅 산자락에 장막으로 친 궁전을 설치하고 (왕후를) 기다렸다.[10]

(6)─㉰ 왕후는 산 너머 별포의 나루에 배를 매어두고 뭍으로 올라 높은 언덕에서 쉬었다. (왕후는) 입었던 비단 바지를 벗어 예물로 삼아 산신령에게 보냈다. 그 나라에서 시종한 잉신(媵臣) 두 사람은 이름을 신보와 조광이라고 하였다. 두 사람의 처는 모정과 모량이라고 하였다. 또 다른 노비는 합해서 20여 명이었다. 가지고 온 금수능라와 의상필단 및 금은주옥과 아름다운 패옥이 달린 옷 및 보배로운 기물 등은 모두 다 기록할 수 없었다.

왕후가 점점 행궁으로 가까이 오니, 왕이 나와 맞이하면서 함께 장막을 친 궁궐로 들어갔다. 잉신 이하 무리들이 계단 아래로 나아가 뵙고 곧바로 물러나왔다. 왕이 관리에게 명하여 잉신 부부를 인도하며 말하기를, "사람들은 각각 한 방에 편안하게 있도록 하고, 이하 노비는 각기 한 방에 대여섯 명씩 편안하게 있도록 하라"라고 하였다. (그들에게) 난초로 만든 음료와 혜초로 빚은 술을 주고 무늬와 채색이 있는 자리에서 자도록 하였다. 의복과 필단 및 보화류는 많은 군인을 가려 모아 지키게 하였다.[11]

---

10) (6)─㉰ 忽自海之西南隅 掛緋帆 張茜旗 而指乎北 留天等 先擧火於島上 則競渡下陸 爭奔而來 神鬼望之 走入闕奏之 上聞欣欣 尋遣九干等 整蘭橈 揚桂楫而迎之 旋欲陪入內 王后乃曰 我與爾等 素昧平生 焉敢輕忽 相隨而去 留天等返 達后之語 王然之 率有司動蹕 從闕下西南 六十[필자 주; 천(千)으로 수정함]步許地 山邊設幔殿祗候.

11) (6)─㉰ 王后於山外 別浦津頭 維舟登陸 憩於高嶠 解所著綾袴爲贄 遺于山靈也 其地侍從媵臣二員 名曰 申輔 趙匡 其妻二人 號慕貞 慕良 或臧獲 并計二十餘口 所賷錦繡綾羅 衣裳疋段 金銀珠

(6)—㉣ 이에 왕과 왕후는 함께 궁궐의 침전에 있었는데 (왕후가) 왕에게 조용하게 말하기를, "저는 아유타국의 공주로 성은 허씨이고 이름은 황옥으로 나이는 16세입니다. 본국에 있을 때인 금년(48) 5월에 부왕이 황후와 더불어 저를 돌아보시며 말씀하시기를, '아버지와 어머니가 어젯밤 꿈에 함께 황천상제를 뵈었는데 말씀하시기를, 가락국의 원군(元君)인 수로는 하늘에서 내려 보내 왕위에 오르게 하였으니, 신성함은 오직 그 분이다. 또 새롭게 국가를 다스림에 아직 배필을 정하지 못하였다. 경 등은 모름지기 공주를 보내 짝이 되게 하라고 하였습니다. (황천상제는) 말을 마치고 하늘로 올라가셨는데, 꿈을 깬 뒤에도 상제의 말씀이 오히려 귀에 남아 있으니 너는 이제 부모를 하직하고 그곳을 향해 가라'고 하였습니다. 저는 바다에 떠서 멀리 증조를 찾아 가기도 하고 방향을 바꾸어 멀리 가서 반도를 찾아 아름다운 모습을 감히 탐하여 용안을 가까이하게 되었습니다"라고 하였다. 왕이 대답하여 말하기를, "짐은 태어날 때부터 자못 신성하여 공주가 먼 곳으로부터 오시는 것을 미리 알고, 아래 신하들이 왕비를 들이라는 요청을 감히 따르지 않았소. 지금 현숙한 공주가 스스로 오시니 나에게도 다행입니다"라고 하였다. 드디어 동침하여 맑은 밤 이틀을 지내고 또 하루 낮을 보냈다. 이에 드디어 타고 돌아온 배를 돌려보냈는데 뱃사공 15명 모두에게 각각 식량 10석과 베 30필을 주면서 본국으로 돌아가게 하였다.12)

玉 瓊玖服玩器 不可勝記 王后漸近行在 上出迎之 同入帷宮 媵臣已下衆人 就階下而 見之卽退 上命有司 引媵臣夫妻曰 人各以一房安置 已下臧獲 各一房 五六人安置 給之以蘭液蕙醑 寢之以文茵彩薦 至於衣服疋段 寶貨之類 多以軍夫 遍集而護之.

12) (6)—㉣ 於是 王與后 共在御國寢 從容語王曰 妾是 阿踰陁國 公主也 姓許 名黃玉 年二八矣 在本國時 今年 五月中 父王與皇后 顧妾而語曰 爺孃一昨夢中 同見皇天上帝 謂曰 駕洛國 元君 首露者 天所降而 俾御大寶 乃神乃聖 惟其人乎 且以新苻家邦 未定匹偶 卿等 須遣公主 而配之 言

(6)—㉔ 8월 1일에 왕후와 함께 수레를 타고 궁궐로 돌아오는데, 잉신 부부도 말머리를 가지런히 하여 수레를 탔다. 한(漢)나라의 저자에서 산 여러 종류의 물건도 모두 수레에 싣도록 하고 천천히 궁궐로 들어오니 시계는 정오가 되려 하였다. 왕후는 중궁에 거처하게 하고, 잉신 부부와 그들에게 속한 사람들에게는 빈방 2개를 나누어 주어 들어가게 하였다. 나머지 따라온 사람들은 빈관(賓館) 한 채의 20여 칸을 주어 사람 수에 따라 구별하여 편안히 있게 하면서 매일 풍부한 물품을 지급하였다. 그들이 싣고 온 진귀한 보물들은 내고(內庫)에 저장해두고, 왕후가 사시의 비용으로 쓰도록 하였다.[13]

(6)—㉕ 하루는 왕이 신하에게 말하기를, "구간 등은 모두 관료의 우두머리이지만 그 지위와 이름이 모두 소인(宵人)과 시골 사람[야부(野夫)]의 호칭으로 고귀한 직위의 호칭이 될 수 없다. 만일 외부에 알려지면 반드시 웃음거리가 될 것이다"라고 하였다. 드디어 아도를 아궁으로, 여도를 여해로, 피도를 피장으로, 오도를 오상으로 고쳤다. 유수와 유천이란 이름은 윗글자는 움직이지 않고, 아래 글자를 고쳐 유공과 유덕으로 하였다. 신천은 고쳐서 신도로 하고, 오천은 고쳐서 오능으로 하였다. 신귀(神鬼)의 음은 바꾸지 않고, 뜻만 고쳐서 신귀(臣貴)로 하였다. 계림의 직제를 취해 각간, 아질간, 급간의 등급을 두었다. 그 아래의 관료는 주(周)와 한(漢)의 제도로 나누어 정하였다.

訖升天 形開之後 上帝之言 其猶在耳 爾於此而忽辭親 向彼乎往矣 妾也 浮海遐尋於蒸棗 移天夐赴於蟠桃 蟒首敢叨 龍顔是近 王答曰 朕生而頗聖 先知公主 自遠而屆 下臣 有納妃之請 不敢從焉 今也 淑質自臻 眇躬多幸 遂以合歡 兩過清宵 一經白晝 於是 遂還來船 篙工楫師 共十有五人 各賜糧粳 米十碩 布三十疋 令歸本國.

13) (6)—㉔ 八月 一日 廻鑾 與后同輦 媵臣夫妻 齊鑣幷駕 其漢肆雜物 咸使乘載 徐徐入闕 時銅壺欲午 王后 爰處中宮 勅賜 媵臣夫妻 私屬空閑 二室分入 餘外從者 以賓館 一坐 二十餘間 酌定人數 區別安置 日給豐羨 其所載珍物 藏於內庫 以爲王后 四時之費.

이것은 옛 것을 고쳐서 새 것으로 정하고, 관직을 설치하고 직책을 나누는 도리였다. 이에 나라를 다스리고 집안을 고르게 하여, 백성을 자식과 같이 사랑하였다. 그 교화는 엄숙하지 않으면서도 위엄이 있었고, 그 정치는 엄격하지 않으면서도 다스려졌다.

하물며 왕후와 더불어 머무른 것을 비유하면 하늘에 대하여 땅이 있고, 해에 대하여 달이 있고 양에 대하여 음이 있는 것과 같았다. 그 공은 도산씨가 하나라의 (우임금을) 돕고, 요임금의 딸들이 (순임금의) 요씨를 일으킨 것과 같았다.[14]

(8) 해마다 용맹한 남자[웅비(熊羆)]를 얻는 조짐의 꿈이 있더니, 태자 거등공이 탄생하였다.[15]

(10) [후한(後漢)] 영제 중평 6년 기사(189) 3월 1일에 왕후가 돌아가시니[붕(崩)] 세수(世壽) 157세였다. 나라 사람들은 마치 땅이 무너진 것처럼 통탄하면서 구지봉 동북쪽 언덕에 장사지냈다. 마침내 (황후가) 아래 백성들을 자식처럼 사랑한 은혜를 잊어버리지 않기 위하여 (왕후가) 처음 와서 닻을 내린 도두촌(渡頭村)을 주포촌이라 부르고, 비단 바지를 벗었던 높은 언덕을 능현이라고 하며, 붉은 깃발을 달고 들어온 바닷가 언덕은 기출변이라고 하였다.[16]

(9) 잉신 천부경 신보와 종정감 조광 등은 나라에 도착한 지 30년

---

14) (6)—⑭ 一日 上語 臣下曰 九干等 俱爲庶僚之長 其位與名 皆是宵人 野夫之號 頓非簪履 職位之稱 儻化外傳聞 必有嗤笑之耻 遂改我刀爲我躬 汝刀爲汝諧 彼刀爲彼藏 五刀爲五常 留水 留天之名 不動上字 改下字 留功 留德 神天改爲神道 五天改爲五能 神鬼之音 不易 改訓爲臣貴 取雞林職儀 置角干 阿叱干 級干之秩 其下官僚 以周判漢儀 而分定之 斯所以革古鼎新 設官分職之道歟 於是 平理國齊家 愛民如子 其教 不肅而威 其政 不嚴而理 況與王后而居也 比如天之有地 日之有月 陽之有陰 其功也 塗山翼夏 唐媛興姚.

15) (8) 頻年 有夢 得熊羆之兆 誕生 太子 居登公.

16) (10) 靈帝 中平 六年 己巳 三月 一日 后崩 壽一百五十七 國人 如嘆坤崩 葬於龜旨 東北塢 遂欲不忘 子愛下民之惠 因號初來 下纜渡頭村 曰主浦村 解綾袴高岡 曰綾峴 茜旗 行入海涯 曰旗出邊.

만에 각각 두 딸을 낳았다. (이들) 부부는 1, 2년 지나 모두 세상을 떠났다.[17]

(7) 그 나머지 노비 무리는 (가락국에) 온 지 7, 8년 사이에 자녀를 낳지 못하였다. 오직 고향을 그리워하는 슬픔을 안고 모두 고향으로 머리를 향하면서 죽었다.[18]

(11) (허황옥을 따라온 사람들이) 머물러 지내던 빈관은 전부 비었고, 원군(元君)은 매일 홀아비의 외로움을 읊으면서 몹시 슬퍼하였다. (왕후가 돌아가신 지) 10여 년이 지난 헌제 건안 4년 기묘(199) 3월 23일에 돌아가시니[조락(殂落)], 세수(世壽) 158세였다. 나라안 사람들은 하늘이 무너진 것처럼 비통해하였는데 왕후가 돌아가신 날보다 심하였다. 드디어 대궐의 동북방[간방(艮方)] 평지에 높이가 1장이고 둘레가 3백 보인 빈궁을 세워 장사지내고 수릉왕묘라고 이름하였다.[19]

(12) (왕위를) 물려받은 아들 거등왕(재위; 199~253)으로부터[20]

(35) 9대손인(필자주; 10대손으로 고쳐야 함) 구형왕대(재위; 521~532)까지 이 수로왕묘에 배향되었다. 모름지기 매년 맹춘(孟春) 3일과 7일, 중하(仲夏) 5월 5일, 중추(仲秋) 초 5일과 15일에 풍성하고 정결한 제사는 서로 계승되어 끊어지지 않았다.[21]

(40)—㉮ 신라 제 30번째 왕 법민(法敏)이 용삭(龍朔) 원년 신유

---

17) (9) 媵臣 泉府卿 申輔 宗正監 趙匡等 到國 三十年後 各産 二女焉 夫與婦 踰一二年 而皆抛信也.

18) (7) 其餘 臧獲之輩 自來七八年間 未有玆子生 唯抱懷土之悲 皆首丘而沒.

19) (11) 所舍賓館 闃其無人 元君乃每歌鰥枕 悲嘆良多 隔二五歲 以獻帝 建安 四年 己卯 三月 二十三日 而殂落 壽一百五十八歲矣 國中之人 若亡天只 悲慟甚於后崩之日 遂於闕之 艮方平地 造立殯宮 高一丈 周三百步而葬之 號首陵王廟也.

20) (12) 自嗣子 居登王.

21) (35) 洎九代孫 仇衡之享是廟 須以每歲 孟春 三之日 七之日 仲夏 重五之日 仲秋 初五之日 十五之日 豐潔之奠 相繼不絶.

(661) 3월 어느 날에 조서를 내려 말하기를, "가야국 원군의 9대손인 (필자주; 10대손으로 고쳐야 함) 구형왕(仇衡王)이 우리 나라에 항복할 때 데리고 온 아들인 세종(世宗)의 아들이 솔우공(率友公)이고, 그 아들 서운(庶云) 잡간의 딸인 문명황후(文明皇后)께서 짐(朕)인 나를 낳으셨다. 이러한 이유로 원군은 나이 어린 사람에게 15대 시조가 된다. (그 분이) 다스렸던 나라는 이미 일찍이 패망하였지만 그 분을 장사지낸 수릉왕묘는 아직도 남아 있으니, 종조(宗祧)와 합하여 계속 제사를 지내도록 하겠다"라고 하였다. 이에 옛날 종묘와 궁궐이 있던 터[서리지지(黍離之趾)]에 사자를 보내 수로왕묘 근처의 상상전(上上田) 30경(頃)을 공영(供營)의 비용으로 사용하게 하였는데, 왕위전(王位田)이라고 부르면서 본래의 토지에 붙여 속하게 하였다.

(수로)왕의 17대손인 갱세(賡世) 급간은 조정의 뜻을 받들어 그 토지를 관장하였다. 매년 때가 되면 술과 식혜를 빚고 떡과 밥, 다과와 여러 가지 맛있는 음식 등을 준비하여 제사를 지냈는데 매년 빠뜨리지 않았다. 그 제사일도 거등왕(居登王)이 정한 1년의 5일을 잃어버리지 않았으니, 향기롭고 효성스러운 제사가 이에 우리에게 맡겨졌다.[22]

(13) 거등왕이 즉위한 기묘년(199)에 편방을 설치하고부터[23]

(34) 구형왕 말년까지 내려오면서 330년 동안(199~529) 수로왕묘에 지내는 의례는 간절하였는데 오랫동안 어김이 없었다.[24]

---

22) (40)—㉮ 洎新羅 第三十王 法敏 龍朔 元年 辛酉 三月日 有制曰 朕是 伽耶國 元君 九代孫 仇衡王之降于當國也 所率來子 世宗之子 率友公之子 庶云匝干之女 文明皇后 寔生我者 玆故元君 於幼沖人 乃爲十五代始祖也 所御國者已曾敗 所葬廟者 今尙存 合于宗祧 續乃祀事 仍遣使於黍離之趾 以近廟 上上田 三十頃 爲供營之資 號稱王位田 付屬本土 王之十七代孫 賡世級干 祇稟朝旨 主掌厥田 每歲時 醸醪醴 設以餅飯茶果 庶羞等奠 年年不墜 其祭日不失 居登王之所定年內五日也 芬苾孝祀 於是乎在於我.

23) (13) 自居登王 卽位 己卯年 置便房.

24) (34) 降及仇衡朝末 三百三十載之中 享廟禮曲 永無違者.

(40)—ⓘ 그 구형왕이 왕위를 잃고 나라를 떠난 이후 용삭 원년 신유(661)까지 60년 사이(601~661)에 이 수로왕묘의 의례를 지내는 것은 간혹 빠뜨리기도 하였다. 아름답도다. 문무왕(文武王)[법민왕의 시호이다]이여. 존귀한 조상을 받드시는 효성을 우선으로 하시니 효성스럽구나. 끊어졌던 제사를 계승해서 다시 시행하셨구나.25)

(42) 신라 말기에 충지(忠至) 잡간이라는 사람이 있었는데, 금관(金官)의 높은 성을 공격하고 빼앗으면서 성주장군이 되었다. 이때에 영규(英規) 아간(阿干)이라는 사람이 장군의 위세를 빌려 수로왕묘의 제사를 빼앗고 함부로 제사를 지냈다. 단오날에 고사(告祠)를 지내는데 사당의 대들보가 이유없이 부러져 떨어지면서 덮쳤는데 깔려 죽었다.

이에 성주장군이 스스로 말하기를, "오래된 전세의 인연으로 다행히 성왕(聖王)께서 다스리던 국성(國城)에서 제사를 받들게 되었다. 마땅히 내가 그 진영을 그리고 향(香)과 등(燈)을 바치면서 깊은 은혜에 보답하고자 한다"라고 하였다. 드디어 3척(尺)의 좋은 비단에 진영을 그려 벽 위에 봉안하고 아침 저녁으로 촛불을 밝히면서 숭상하고 경건하게 받들었다. 3일도 안되어 진영의 두 눈에서 피눈물이 흘러내려 땅 위에 고인 것이 거의 한 말[일두(一斗)]이 되었다. 장군은 크게 두려워하여 그 진영을 받들고 수로왕묘로 나아가 그것을 불살랐다. 곧바로 수로왕의 참다운 후손인 규림(圭林)을 부르고 말하기를, "어제도 상서롭지 못한 일이 있었습니다. 어찌 이런 일이 거듭됩니까. 이것은 반드시 수로왕묘의 위령(威靈)께서, 내가 진영을 그리고 공양하

---

25) (40)—ⓘ 其乃仇衡失位去國 逮龍朔 元年 辛酉 六十年之間 享是廟禮 或闕如也 美矣哉 文武王 [法敏王諡也] 先奉尊祖 孝乎惟孝 繼泯絶之祀 復行之也.

는 것이 불손하다고 진노하신 것입니다. 영규는 이미 죽었고 나도 매우 괴이하고 두려워서 그 진영을 이미 태웠지만 반드시 보이지 않는 벌을 받을 것입니다. 경은 수로왕의 참다운 후손이니 예전처럼 제사를 지내는 것이 진실로 합당합니다"라고 하였다. (이에) 규림이 선대를 계승하면서 제사를 받들다가 나이 88세에 이르러 세상을 떠났다.26)

(43) 그 아들 간원경(間元卿)이 이어서 제사를 지냈다. 단오일 알묘제(謁廟祭)를 지내는데 영규의 아들 준필(俊必)이 또 발광(發狂)하여 수로왕묘에 와서 간원(경)이 차려 놓은 제물을 치워버리고 자기가 차린 제물을 차려 놓고 제사를 지냈다. (그런데) 술잔을 세 번 올리기도 전에 갑자기 병이 나 집으로 돌아와서 죽었다. 그러므로 옛 사람들의 말에, "함부로 제사를 지내면 복이 없고 도리어 그 재앙을 받는다"라고 하였다. 앞의 영규와 뒤의 준필이 있으니, 아버지와 아들을 말하는 것이다.27)

(44)—㉮ 또 도적들이 수로왕묘 안에 금과 옥이 많다고 말하면서 훔쳐가려고 하였다. (도적들이) 처음 왔을 때에 몸에 갑주(甲冑)를 입고 활에 화살을 먹인 용맹한 무사 한 사람이 수로왕묘로부터 나와 사방으로 (화살을) 비오듯이 쏘아 7~8명을 적중하여 죽이니 도적들이 달아났다.

---

26) (42) 新羅季末 有忠至匝干者 攻取金官高城 而爲城主將軍 爰有英規阿干 假威於將軍 奪廟享而淫祀 當端午而致告祠 堂梁無故折墜 因覆壓而死焉 於是將軍自謂 宿因多幸 辱爲聖王 所御 國城之 奠 宜我畵其眞影 香燈供之 以酬玄恩 遂以鮫絹三尺 摸出眞影 安於壁上 旦夕膏炷 瞻仰虔至 才 三日 影之二目 流下血淚 而貯於地上 幾一斗矣 將軍大懼 捧持其眞 就廟而焚之 卽召王之眞孫 圭林而謂曰 昨有不祥事 一何重疊 是必廟之威靈 震怒余之圖畵 而供養不孫 英規旣死 余甚怪畏 影已燒矣 必受陰誅 卿是王之眞孫 信合依舊以祭之 圭林繼世莫酹 年及八十八歲而卒.

27) (43) 其子 間元卿 續而克禋 端午日 謁廟之祭 英規之子 俊必又發狂 來詣廟 俾徹間元之奠 以己 奠陳享 三獻未終 得暴疾 歸家而斃 然古人有言 淫祀無福 反受其殃 前有英規 後有俊必 父子之 謂乎.

㉯ 몇일이 지나 (도적들이) 다시 왔을 때에는 길이가 30여 척(尺)이 되는 큰 이무기[대망(大蟒)]가 있었는데, 눈에서 번갯불과 같은 빛을 내면서 수로왕묘의 방으로부터 나와 8~9명을 물어 죽였다. 겨우 죽음을 모면한 사람들도 모두 엎어지고 넘어지면서 흩어졌다. 그러므로 능원의 안과 밖에는 반드시 신령스러운 존재가 있으면서 보호하고 있음을 알 수 있게 되었다.[28]

(14) 건안(建安) 4년 기묘(199)에 처음 (수릉왕묘를) 만든 때로부터[29]

(51) 지금의 임금님께서 나라를 다스리신 지 30년째인 태강(太康) 2년 병진(1076)까지 무릇 878년(199~1076) 동안 아름다운 봉토는 무너지지 않았으며, (그 당시) 심었던 아름다운 나무들도 마르거나 썩지 않았다. 더군다나 그곳에 배열되어 있던 수많은 옥조각도 또한 상하거나 부서지지 않았다.

이러한 점으로 볼 때 신체부(辛替否)가 말하기를, "옛날부터 지금까지 어찌 망하지 않은 나라와 파괴되지 않은 무덤이 있겠는가"라고 하였다. (하지만) 오직 이 가락국이 옛날에 일찍 멸망하였다는 것은 (신)체부의 말이 증명될 수 있을 것이다. (하지만) 수로왕묘는 허물어지지 않았으니, (신)체부의 말은 믿을만한 것이 되지 못한다.

이 무렵에 다시 놀고 즐기면서 (수로왕을) 사모하는 행사가 있었다. 매년 7월 29일에 이 지역 사람과 관리 및 군사들이 승점(乘岾)으로 올라가 장막을 설치하고, 술과 음식을 먹고 즐기면서 환호하였다. 동서로 눈길을 보내며 건장한 인부들을 좌우로 나뉘어 망산도로부터 말

---

28) (44) 又有賊徒 謂廟中多有金玉 將來盜焉 初之來也 有躬擐甲冑 張弓挾矢 猛士一人 從廟中出 四面雨射 中殺七八人 賊徒奔走 數日再來 有大蟒 長三十餘尺 眼光如電 自廟房出 咬殺八九人 粗得完免者 皆僵仆而散 故知陵園表裏 必有神物護之.

29) (14) 自建安 四年 己卯 始造.

을 급히 달리면서 육지로 빠르게 달리고, 훌륭한 배들은 물 위에 떠서로 밀면서 북쪽의 옛날 포구[고포(古浦)]를 향하여 다투어 빨리 갔다. 무릇 이것은 옛날 유천간(留天干)과 신귀간(神鬼干) 등이 허왕후가 오는 것을 바라보고 수로왕에게 급하게 아뢰었던 유적이다.30)

(41) 가락국이 멸망한 뒤로부터 대대로 칭호는 한결같지 않았다. 신라 제31대 정명왕(政明王)이 즉위한 개요(開耀) 원년 신사(681)에는 금관경(金官京)이라고 부르면서 태수를 두었다.31)

(45) 259년 뒤에 우리 태조가 (후삼국을) 통합한(936) 뒤에 대대로 임해현이라고 하면서 배안사를 설치한 것이 48년 동안이었다(940[태조 천수(天授) 23년]~988[성종 7년]).32)

(47) 다음에 임해군(臨海郡) 또는 김해부(金海府)라고 하면서 도호부(都護府)를 둔 것이 27년이었다(988년부터~1015년[현종 6년]).33)

(49) 또 방어사(防禦使)를 둔 것이 64년이었다(1015~1079[문종 33년]).34)

(48) 순화(淳化) 2년(991)에 김해부 양전사(量田使)로 있던 중대부 조문선(趙文善)이 조사보고서[신성장(申省狀)]에서 말하기를, "수로왕 릉묘에 소속된 전결(田結)의 수가 많습니다. 마땅히 옛날 관례를 따라 15결로 하고 그 나머지는 김해부의 역정(役丁)들에게 나눠 주어야 합

---

30) (51) 逮今上御國 三十一[필자주; 일(一)을 해석하지 않음]載 太康 二年 丙辰 凡八百七十八年 所封美土 不騫不崩 所植佳木 不枯不朽 況所排列 萬蘊玉之片片 亦不頹坼 由是觀之 辛替否曰 自古迄今 豈有不亡之國 不破之墳 唯此駕洛國之昔曾亡 則替否之言 有徵矣 首露廟之不毀 則替否之言 未足信也 此中更有戲樂思慕之事 每以七月 二十九日 土人吏卒 陟乘岵 設帷幕 酒食歡呼 而東西送目 壯健人夫 分類以左右之 自望山島 駿蹄駸駸 而競湊於陸 鷁首泛泛 而相推於水 北指古浦而爭趨 蓋此昔留天神鬼等 望后之來 急促告君之遺迹也.

31) (41) 國亡之後 代代稱號 不一 新羅 第三十一 政明王 卽位 開耀 元年 辛巳 號爲金官京 置太守.

32) (45) 後二百五十九年 屬我太祖 統合之後 代代爲臨海縣 置排岸使 四十八年也.

33) (47) 次爲臨海郡 或爲金海府 置都護府 二十七年也.

34) (49) 又置防禦使 六十四年也.

니다"라고 하였다. 그 일을 담당한 관청에서 장계를 올려 임금에게 아뢰었다. 당시 조정에서 임금의 칙지를 내려 말하기를, "하늘에서 내려온 알이 변하여 성군(聖君)이 되시어 왕위에 계시던 연령이 158세이셨다. 저 삼황(三皇) 이후로 (이에) 비길 만한 사람이 거의 없었다. 수로왕이 세상을 떠나신 후 선대(先代)로부터 수로왕릉묘에 소속시킨 토지인데, 지금 줄여서 없애는 것은 진실로 두려운 일이므로 허락하지 않는다"라고 하였다.

(그런데) 양전사가 다시 거듭 아뢰자 조정에서도 그렇다고 여겨 토지의 절반은 수로왕릉묘에서 움직이지 못하게 하고, 나머지 절반은 김해부에서 일하는 사람들에게 나누어 주도록 하였다. 절사(節使)[양전사를 말한다]가 조정의 명을 받아 절반은 능원(陵園)에 소속시키고 나머지 절반은 김해부에서 요역에 동원되는 호정들에게 나누어 주었다. 일이 거의 끝나갈 무렵에 양전사는 매우 피곤해 하였다.

어느 날 밤 꿈 속에 갑자기 7~8명의 귀신을 보았는데 밧줄을 잡고 칼을 쥐고 와서 말하기를, "자네가 커다란 잘못을 저질렀으니 목을 베어 죽이겠다"라고 하였다. 그 양전사는 형을 받는 것이 너무 아프다고 말하려다가 놀라고 두려워서 깨어났다. 곧바로 병이 들었는데 다른 사람들에게 알리지도 못하고 밤중에 달아나다가 그 병이 낫지 않더니 관문을 지나다가 죽었다. 이러한 이유로 양전도장(量田都帳)에는 (그의) 도장이 찍혀 있지 않았다.

뒤에 명을 받고 온 (또 다른) 양전사가 그 토지를 자세히 조사해보니 11결 12부 9속으로 3결 87부 1속이 부족하였다. 이에 잘못된 부분을 밝혀 내외 관아에 보고하고 칙명으로 만족하게 지급하도록 처리하였으니, 또한 고금에 탄식할만한 것이라 할 수 있다.[35]

(28) 원군의 8대손인 김질왕(金銍王)은 매우 부지런하게 정무를 보았고, 또 진리를 간절하게 숭상하였다. 세조와 허황후(許皇后)의 명복을 빌기 위해 원가(元嘉) 29년 임진(452)에 원군과 황후가 혼례를 치룬 곳에 절을 창건하고 이름을 왕후사(王后寺)라고 하였다. 관리를 보내 그 근처의 평전(平田) 10결을 세밀하게 측량하여 삼보를 공양하고 추억하는 비용으로 사용하였다.36)

(46) 이 왕후사가 있는 때로부터 500년 뒤에(952) 장유사(長遊寺)를 두었는데, 장유사에 바친 토지와 숲[전시(田柴)]이 모두 300결이었다. 이에 장유사의 삼강(三綱)이 왕후사가 장유사의 땔나무를 마련하는 땅의 동남쪽 경계 안에 있다고 하여 왕후사를 없애고 농장으로 만들어 가을에 추수하여 겨울에 저장하는 곡간과 말을 먹이고 소를 기르는 마굿간으로 하였으니, 슬프구나.37)

(50) 세조 아래 9대손이 겪은 세대수[역수(曆數)]는 아래에 기록하였다. 『명(銘)』에서는 말하기를, "① 천지가 비로소 개벽하자 해와 달[이안(利眼)]이 처음으로 밝았다. ② 비록 인륜은 생겨났지만 임금의 지위는 아직 이루어지지 않았다. ③ 중국의 왕조는 여러 대를 지났으

---

35) (48) 淳化 二年 金海府 量田使 中大夫 趙文善 申省狀稱 首露陵王廟 屬田結數多也 宜以十五結 仍舊貫 其餘分折於府之役丁 所司傳狀 奏聞 時廟朝 宣旨曰 天所降卵 化爲聖君 居位而延齡 則一百五十八年也 自彼三皇而下 鮮克比肩者歟 崩後自先代 俾屬廟之蠹敱 而今減除 良堪疑懼 而不允 使又申省 朝廷然之 半不動於陵廟中 半分給於鄕人之丁也 節使[量田使稱也] 受朝旨 乃以半屬於陵園 半以支給於府之 徭役戶丁也 幾臨事畢 而甚勞倦 忽一夕夢 見七八介鬼神 執纍絏 握刀劍而至 云爾有大愆 故加斬戮 其使以謂 受刑而慟楚 驚懼而覺 仍有疾瘵 勿令人知之 宵遁而行 其病不問 渡關而死 是故 量田都帳 不著印也 後人奉使來 審檢厥田 十一結 十二負 九束也 不足者 三結 八十七負 一束矣 乃推鞫斜入處 報告內外官 勅理足支給焉 又有古今 所嘆息者.

36) (28) 元君 八代孫 金銍王 克勤爲政 又切崇眞 爲世祖(母; 필자는 이 글자를 해석하지 않음) 許皇后 奉資冥福 以元嘉 二十九年 壬辰 於元君與皇后 合婚之地 創寺 額曰 王后寺 遣使 審量近側 平田十結 以爲供億 三寶之費.

37) (46) 自有是寺 五百歲後 置長遊寺 所納田柴 幷三百結 於是右寺三剛 以王后寺 在寺柴地 東南標內 罷寺爲莊 作秋收冬藏之場 秣馬養牛之厩 悲夫.

나 동국에서는 서울이 나뉘어 있었다. ④ 계림이 먼저 정해지고 가락은 뒤에 경영되었다. ⑤ 스스로 가리어 주관할 사람이 없으면, 누가 백성을 보살피겠는가. ⑥ 마침내 하늘이 만드시어 저 백성을 돌보셨다. ⑦ 하늘이 제왕이 될 사람에게 부명(符命)을 주어 특별히 정령(精靈)을 보내주셨다. ⑧ 산중에 알이 내려오니 안개 속에 형체를 감추었다. ⑨ 안은 밝지 않았으며, 밖도 역시 드러나지 않고 어두웠다. ⑩ 바라보니 형상이 없는 듯했으나, 들으면 곧 소리가 있었다. ⑪ 무리는 노래를 불러 아뢰고 사람들은 춤을 추어 바쳤다. ⑫ 7일이 지난 뒤 한 번에 편안해졌다. ⑬ 바람이 불고 구름이 걷히자 공중과 하늘은 푸르렀다. ⑭ 6개의 둥근 알이 한 줄기의 자주색 끈에 달려 내려왔다. ⑮ 특이한 지방에 기와집이 즐비하게 되었다. ⑯ 보는 사람은 담처럼 늘어섰고 쳐다보는 사람들도 (국이 끓는 것처럼) 우글거렸다. ⑰ 다섯 분은 각기 읍으로 돌아가고 한 분은 이 성에 계셨다. ⑱ 때와 자취가 같은 것은 형제와 같았다. ⑲ 진실로 하늘이 덕있는 사람을 내셨으니 세상을 위하여 법도(法度)를 만드셨다. ⑳ 보위에 처음 오르자 천하가 깨끗해졌다. ㉑ (궁전의) 화려한 구조는 옛 것을 본받았지만 흙계단은 오히려 평평하였다. ㉒ 만기(萬機)를 처음부터 힘쓰면서 모든 정사를 시행하였다. ㉓ 치우침과 구차함이 없으니 오직 하나로 정성을 다하였다. ㉔ 길을 가는 사람은 서로 (길을) 양보하였고 농사를 짓는 사람은 서로 밭을 가는 순서를 양보하였다. ㉕ 사방이 안정되자, 만백성도 올바르게 되었다. ㉖ 갑자기 부추잎의 이슬처럼 마르니 대춘(大椿)의 나이를 보전하지 못하였다. ㉗ 하늘과 땅의 기운이 변하자 조야가 몹시 슬퍼하였다. ㉘ 그 자취는 황금의 형상이고 그 소리는 옥처럼 떨쳤다. ㉙ 후손이 끊어지지 않았으니 제사 음식을 (조상들이) 흠향하셨

다. ㉚ 세월은 비록 흘러 갔지만 규범과 의례는 기울어지지 않았다"라고 하였다.[38]

(15)—㉮ 거등왕의 아버지는 수로왕이고, 어머니는 허왕후이다. 건안 4년 기묘(199) 3월 23일에 즉위하여 55년 동안 다스렸다(199~253).[39]

(16) 가평 5년 계유(253) 9월 17일에 돌아가셨다.[40]

(15)—㉯ 왕비는 천부경 신보의 딸 모정이고, 태자 마품을 낳았다. 『개황력』에서는 말하기를, "성은 김씨이다. 무릇 나라의 세조가 금알에서 태어났기 때문에 김(金)으로 성을 삼았다"라고 하였다.[41]

(17)—㉮ 마품왕(麻品王)은 또 다른 곳에서는 마품(馬品)이라고도 하였는데, 김씨이다. 가평 5년 계유(253)에 즉위하여 39년 동안 다스렸다(253~291).[42]

(18) 영평(永平) 원년 신해(291) 1월 29일에 세상을 떠났다.[43]

(17)—㉯ 왕비는 종정감 조광의 손녀 호구이며, 태자 거질미를 낳았다.[44]

(19)—㉮ 거질미왕(居叱彌王)은 또 다른 곳에서는 금물(今勿)이라

---

38) (50) 世祖已下 九代孫曆數 委錄于下 銘曰 ① 元胎肇啓 利currency初明 ② 人倫雖誕 君位未成 ③ 中朝累世 東國分言 ④ 雞林先定 駕洛後營 ⑤ 自無銓宰 誰察民氓 ⑥ 遂玆玄造 顧彼蒼生 ⑦ 用授符命 特遣精靈 ⑧ 山中降卵 霧裏藏形 ⑨ 內猶漠漠 外亦冥冥 ⑩ 望如無象 聞乃有聲 ⑪ 群歌而奏 衆舞而呈 ⑫ 七日而後 一時所寧 ⑬ 風吹雲卷 空務天青 ⑭ 下六圓卵 垂一紫纓 ⑮ 殊方異土 比屋連薨 ⑯ 觀者如堵 覩者如羹 ⑰ 五歸各邑 一在玆城 ⑱ 同時同迹 如弟如兄 ⑲ 實天生德 爲世作程 ⑳ 寶位初陟 寰區欲淸 ㉑ 華構徵古 土階尙平 ㉒ 萬機始勉 庶政施行 ㉓ 無偏無儻 惟一惟精 ㉔ 行者讓路 農者讓耕 ㉕ 四方奠枕 萬姓迓衡 ㉖ 俄瑄薤露 靡保椿齡 ㉗ 乾坤變氣 朝野痛情 ㉘ 金相其躅 玉振其聲 ㉙ 來苗不絶 薦藻惟馨 ㉚ 日月雖逝 規儀不傾.

39) (15)—㉮ 居登王 父首露王 母許王后 建安 四年 己卯 三月 二十三日 卽位 治五十五年.

40) (16) 嘉平 五年 癸酉 九月 十七日崩.

41) (15)—㉯ 王妃 泉府卿 申輔女 慕貞 生太子 麻品 開皇曆云 姓金氏 蓋國世祖 從金卵而生 故以金爲姓爾.

42) (17)—㉮ 麻品王 一云 馬品 金氏 嘉平 五年 癸酉 卽位 治三十九年.

43) (18) 永平 元年 辛亥 一月 二十九日崩.

44) (17)—㉯ 王妃 宗正監 趙匡 孫女 好仇 生太子 居叱彌.

고도 하였는데, 김씨이다. 영평 원년(291)에 즉위하여, 56년 동안 다스렸다(291~346).[45)]

(20) 영화 2년 병오(346) 7월 8일에 돌아가셨다.[46)]

(19)—㉯ 왕비는 아궁(阿躬) 아간의 손녀 아지(阿志)로 왕자 이품(伊品)을 낳았다.[47)]

(21)—㉮ 이시품왕은 김씨로 영화 2년(346)에 즉위하여 62년 동안 다스렸다(346~407).[48)]

(22) 의희 3년 정미(407) 4월 10일에 돌아가셨다.[49)]

(21)—㉯ 왕비는 사농경 극충의 딸 정신이며, 왕자 좌지를 낳았다.[50)]

(23)—㉮ 좌지왕(坐知王)은 또 다른 곳에서 김질(金叱)이라고도 하였다. 의희 3년(407)에 왕위에 올라 용녀(傭女)에게 장가를 들었는데, 그 여자의 무리들을 관리로 삼으니 나라 안이 어지러워졌다. 계림국이 나라를 치려고 하였는데 박원도(朴元道)라는 이름을 가진 한 신하가 간언하여 말하기를, "유초(遺草)를 깎아도 털이 나는 법인데 하물며 사람도 그러하지 않겠습니까? 하늘이 무너지고 땅이 꺼지면 사람이 그 어디에서 살 수 있겠습니까? 또 복사(卜士)가 점을 쳐서 해괘(解卦)를 얻었는데, 그 괘사(卦辭)에 '(당신의) 엄지 손가락을 풀면 벗들이 와서 이에 믿을 것입니다'라고 하였습니다. 임금님께서는 『주역(周易)』의 괘사를 귀감(龜鑑)으로 삼으십시요"라고 하였다. 왕은, "(이

---

45) (19)—㉮ 居叱彌王 一云 今勿 金氏 永平 元年 卽位 治五十六年.
46) (20) 永和 二年 丙午 七月 八日崩.
47) (19)—㉯ 王妃 阿躬阿干 孫女 阿志 生王子 伊品.
48) (21)—㉮ 伊尸品王 金氏 永和 二年 卽位 治六十二年.
49) (22) 義熙 三年 丁未 四月 十日崩.
50) (21)—㉯ 王妃 司農卿 克忠女 貞信 生王子 坐知.

말이) 옳다"라고 말하면서 용녀를 하산도(荷山島)로 내쫓고, 그 정치를 고쳐 시행하면서 오랫동안 백성들을 편안하게 하면서 15년 동안 다스렸다(407~421).[51]

(24) 영초 2년(421) 신유 5월 12일에 돌아가셨다.[52]

(23)─㉯ 왕비는 도령(道寧) 대아간의 딸 복수(福壽)로, 아들 취희(吹希)를 낳았다.[53]

(25)─㉠ 취희왕을 또 다른 곳에서는 질가라고도 하였는데, 김씨이다. 영초 2년(421)에 즉위하여 31년 동안 다스렸다(421~451).[54]

(26) 원가 28년(451) 신묘 2월 3일에 돌아가셨다.[55]

(25)─㉯ 왕비는 진사 각간의 딸 인덕이며, 왕자 질지를 낳았다.[56]

(27)─㉠ 질지왕을 또 다른 곳에서는 김질왕이라고 하였다. 원가 28년(451)에 즉위하였다.[57]

(29) 다음 해(452) 세조와 허황옥 왕후를 위한 명복을 받들기 위해 처음 세조와 결합한 곳에 절을 세워 왕후사라고 하면서, 토지 10결을 바쳐 (비용으로) 충당하게 하였다.[58]

(27)─㉯ 42년 동안 다스렸다(451~492).[59]

---

51) (23)─㉠ 坐知王 一云 金叱 義熙 三年 卽位 娶傭女 以女黨爲官 國内擾亂 雞林國 以謀欲伐 有一臣 名朴元道 諫曰 遺草閱閱 亦含羽 況乃人乎 天亡地陷 人保何基 又卜士 筮得解卦 其辭曰 解而拇 朋至斯孚 君鑒易卦乎 王謝曰可 擯傭女 貶於荷山島 改行其政 長御安民也 治十五年.

52) (24) 永初 二年 辛酉 五月 十二日崩.

53) (23)─㉯ 王妃 道寧大阿干女 福壽 生子 吹希.

54) (25)─㉠ 吹希王 一云 叱嘉 金氏 永初 二年 卽位 治三十一年.

55) (26) 元嘉 二十八年 辛卯 二月 三日崩.

56) (25)─㉯ 王妃 進思角干女 仁德 生王子 銍知.

57) (27)─㉠ 銍知王 一云 金銍王 元嘉 二十八年 卽位.

58) (29) 明年 爲世祖 許黃玉王后 奉資冥福 於初與世祖 合御之地 創寺 曰王后寺 納田 十結 充之.

59) (27)─㉯ 治四十二年.

(30) 영명 10년 임신(492) 10월 4일에 돌아가셨다.[60)

(27)—㉰ 왕비는 김상(金相) 사간의 딸인 방원이며, 왕자 겸지를 낳았다.[61)

(31)—㉮ 겸지왕을 또 다른 곳에서는 김겸왕이라고 하였다. 영명 10년(492)에 즉위하여 30년 동안 다스렸다(492~521).[62)

(32) 정광 2년 신축(521) 4월 7일에 돌아가셨다.[63)

(31)—㉯ 왕비는 출충각간의 딸인 숙이며, 왕자 구형을 낳았다.[64)

(33) 구형왕은 김씨로 정광 2년(521)에 즉위하여 42년 동안 다스렸다(521~562).[65)

(38)—㉮ 보정(保定) 2년 임오(562) 9월에 신라 제 24대 군주인 진흥왕(眞興王)이 군사를 일으켜 가까이 쳐들어오자 왕이 친히 군졸을 지휘하였다. (그러나) 적의 수는 많고 아군의 수는 적어서 맞서 싸울 수 없었다. ㉯ 이에 왕은 동기인 탈지이질금(脫知爾叱今)을 보내어 나라에 머물러 있게 하고, 왕자로 상손인 졸지공(卒支公) 등은 항복하여 신라로 들어갔다. 왕비는 분질수이질(分叱水爾叱)의 딸 계화(桂花)로 세 아들을 낳았다. 첫째는 세종(世宗) 각간이고, 둘째는 무도(茂刀) 각간이며, 셋째는 무득(茂得) 각간이다.[66)

---

60) (30) 永明 十年 壬申 十月 四日崩.

61) (27)—㉰ 王妃 金相沙干女 邦媛 生王子 鉗知.

62) (31)—㉮ 鉗知王 一云 金鉗王 永明 十年 卽位 治三十年.

63) (32) 正光 二年 辛丑 四月 七日崩.

64) (31)—㉯ 王妃 出忠角干女 淑 生王子 仇衡.

65) (33) 仇衡王 金氏 正光 二年 卽位 治四十二年.

66) (38) 保定 二年 壬午 九月 新羅 第二十四君 眞興王 興兵薄伐 王使親軍卒 彼衆我寡 不堪對戰也 仍遣同氣 脫知爾叱今 留在於國 王子上孫 卒支公等 降入新羅 王妃 分叱水爾叱女 桂花 生三子 一 世宗角干 二 茂刀角干 三 茂得角干.

(36) 『개황록(開皇錄)』에서 말하기를, "양(梁)나라 중대통(中大通; 529~535) 4년 임자(532)에 신라에 항복하였다"라고 하였다.[67]

(37) 논의하여 말한다. 『삼국사』를 살펴보면, 구형왕이 양 중대통 4년 임자(532)에 국토를 바쳐 신라로 투항하였다. 그렇다면 수로왕이 처음 즉위한 동한 건무 18년 임인(42)으로부터 구형왕 말년 임자(532)에 이르기까지 헤아리면 490년이 된다.[68]

(39) 만약 이 기록으로 생각하면 국토를 바침이 원위 보정 2년 임오(562)이다. 그렇다면 다시 30년을 더하여 전체적으로 520년이 된다. 이제 두 가지를 모두 남겨 둔다.[69]

---

67) (36) 開皇錄云 梁 中大通 四年 壬子 降于新羅.

68) (37) 議曰 案三國史 仇衡 以梁 中大通 四年 壬子 納土投羅 則計自首露初卽位 東漢 建武 十八年 壬寅 至仇衡末 壬子 得四百九十年矣.

69) (39) 若以此記考之 納土 在元魏 保定 二年 壬午 則更三十年 總五百二十年矣 今兩存之.

참고문헌

『삼국사기』『삼국유사』『고려사절요』『동사강목』
『신증동국여지승람』『경상도읍지』『남제서』
『김해읍지』『대동지지』『일본서기』『성재선생문집』

이병기, 『가락국탐사』, 일지사, 1977.
김태식, 『가야연맹사』, 일조각, 1993.
김석진, 『주역점해』, 대유학당, 1994.
김두진, 『한국고대의 건국신화와 제의』, 일조각, 1999.
정중환, 『가라사연구』, 혜안, 2000.
부산대학교 한국민족문화연구소 편, 『한국 고대사 속의 가야』, 혜안, 2001.
강인구・김두진・김상현・장충식・황패강, 『역주 삼국유사』, 한국정신문화연구
　　　원, 이회문화사, 2002~2003.
김두진, 『고려 전기 교종과 선종의 교섭사상사 연구』, 일조각, 2006.
김병모, 『허황옥 루트; 인도에서 가야까지』, 역사의아침, 2008.
김병기, 『가락국의 후예들』, 역사의아침, 2008.
이영식, 『이야기로 떠나는 가야 역사여행』, 지식산업사, 2009.
김주용・남재우・전성주・성진석, 『가야인의 삶, 그리고 흔적』(내 손 안의 경남 6),
　　　도서출판선인, 2011.
김태식, 『사국시대의 가야사 연구』, 서경문화사, 2014.
김태식, 『사국시대의 사국관계사 연구』, 서경문화사, 2014.
이영식, 『새로 쓰는 김해지리지; 김해학』, 미(美)세움, 2014.
최광식・박대재, 『삼국유사』, 고려대 출판부, 2014.
양산시립박물관, 『천신과 용신께 고하다; 황산강 가야진』, 양산시립박물관 개관1
　　　주년 기념 기획특별전시, 2014.
남무희, 『삼국유사 연표』, 자유문고, 2014.
김수종, 『역사 그리고 문화, 그 삶의 흔적을 거닐다』, 도서출판 비엠케이, 2015.
서울역사편찬원, 『서울 역사 답사기 1』(북한산과 도봉산 편), 2017.
양산시립박물관, 『황산역』, 양산시립박물관 특별기획전, 2017.

이도학, 『신라·가라사 연구』, 서경문화사, 2017.

인제대 가야문화연구소, 『가야인의 불교와 사상』, 주류성, 2017.

서동인, 『영원한 제국 가야; 철의 제국, 포상팔국전쟁을 승리로 이끌다.』, 주류성, 2017.

서동인, 『미완의 제국 가야; 제4의 제국, 광개토대왕에 날개 꺾이다.』, 주류성, 2017.

주보돈, 『가야사 새로 읽기』, 주류성, 2017.

조원영, 『가야, 그 끝나지 않은 신화』(개정판), 혜안, 2017.

박태권, 「김해 방언의 형태」 『김해지구종합학술조사보고서』, 부산대학교 한일문화연구소, 1973.

장성진, 「가락국기 <명(銘)> 고찰」 『한국전통문화연구』 1, 1985.

이영식, 「가야제국의 국가형성문제-가야연맹설의 재검토와 전쟁기사의 분석을 중심으로-」 『백산학보』 32, 1985.

김두진, 「통일신라의 역사와 사상」 『전통과 사상』(II), 한국정신문화연구원, 1986.

김두진, 「나말려초 선종산문의 성립과 사상」 『배달문화』 9, 1993.

이도학, 「산청의 전(傳) 구형왕릉에 관한 일고찰; 왕릉설에 관한 문헌적 검토」 『향토문화』 5, 향토문화연구회, 1990.

주보돈, 「서설; 가야사의 새로운 정립을 위하여」 『가야사연구』, 경상북도, 1995.

남재우, 「가야사에서의 '연맹'의 의미」 『창원사학』 2, 1995.

김태식, 「대가야의 세계(世系)와 도설지(道設智)」 『진단학보』 81, 1996.

김태식, 「가락국기 소재 허왕후 설화의 성격」 『한국사연구』 102, 1998.

이구의, 「『가락국기』에 나타난 신이성 고(攷)」 『주역철학과 문화』 3, 2005.

백승충, 「가야의 지역연맹체론」 『지역과 역사』 17, 2005.

주보돈, 「고구려 남진의 성격과 그 영향-광개토왕 남정(南征)의 실상과 그 의의-」 『대구사학』 82, 2006.

권덕영, 「금관가야 '구형왕릉' 전승과 역사화 과정」 『대구사학』 86, 2007.

최영호, 「고려전기 광양김씨 김양감 가문의 성장과 그 성격」 『석당논총』 42, 2008.

정연식, 「신라의 태조 미추왕과 은하수 성한」, 『한국고대사연구』 62, 2011.

백승충, 「가야제국의 존재형태와 '가야지역국가론'」, 『지역과 역사』 34, 2014.

남무희, 「불교가 한국 고대인의 윤리관에 끼친 영향」, 『한국불교사연구』 7, 2015.

장재진, 「'허왕후와 가야불교' 연구에 대한 분석과 방향모색」, 『동아시아불교문화』 29, 2017.

고영섭, 「'가야' 명칭의 어원과 가야불교의 시원」, 『한국불교사연구』, 2017년 제 12호.

정진원, 「가야불교 인물의 발굴과 활동 분석」, 『한국불교사연구』, 2017년 제12호.

최경아, 「남아시아불교와 가야불교의 접점」, 『한국불교사연구』, 2017년 제12호.

김복순, 「가야불교와 신라불교의 특성과 차이」, 『한국불교사연구』, 2017년 제12호.

주보돈, 「가야사 연구의 새로운 진전을 위한 제언」, 『한국고대사연구』 85, 2017.

남무희(南武熙)

경북 영주 출생. 국민대학교 및 방송통신대학교 강사로 출강하고 있다. 국민대학교 국사학과 및 대학원의 석사와 박사과정을 마치고「신라 원측의 유식사상 연구」로 박사학위를 받았다. 주요 논저로는『고구려 승랑 연구』(2011),『신라 자장 연구』(2012),『삼국유사 연표』(2014),『서울 역사 답사기 1(북한산과 도봉산 편)』(공저, 2017) 및 이외 다수의 논문이 있다.

가락국기 평전

초판인쇄 2018년 4월 23일
초판발행 2018년 4월 23일

지은이 남무희
펴낸이 채종준
펴낸곳 한국학술정보㈜
주소 경기도 파주시 회동길 230(문발동)
전화 031) 908-3181(대표)
팩스 031) 908-3189
홈페이지 http://ebook.kstudy.com
전자우편 출판사업부 publish@kstudy.com
등록 제일산-115호(2000. 6. 19)

ISBN 978-89-268-8424-9 93910